준비된 우연
A TURNING POINT

● 일러두기

- 이 책에 등장하는 지명과 인명 등의 외래어 표기는 국립국어원 표기법을 따랐다. 단 국내에 이미 널리 알려진 인물은 잘 알려진 표기 방식을 따랐다. 또한 지명은 글의 뜻을 이해하는 데 꼭 필요하다고 판단되는 경우에만 뒤에 영어로 표기했다.
- 단행본은 『 』, 논문·영화 등은 「 」, 잡지·신문 등은 《 》로 묶었다. 국내에 출간된 저작물의 경우 한국어판 제목을 원제 뒤에 병기했다.
- 부록에 소개하는 인물들은 알파벳순으로 정렬하였다.

> 세계 석학들의 인생을 송두리째 바꾼 결정적 순간

준비된 우연
A TURNING POINT

필립 코틀러, 마셜 골드스미스, 크리스 뱅글 등저
허병민 기획·엮음 | 오수원 옮김

다산3.0

프롤로그

스스로를 믿는 마음을 얻는 법

단 하나의 경험이 당신의 인생을 바꿔놓을 수도 있다

> Give voice to your heart.
> 당신의 마음을 표현하라.
> -Tiffany & Co.

내 인생의 전환점은 언제였던가. 그 이야기는, 한 편의 짤막한 평론에서 시작된다.

2000년 가을, 대학의 마지막 학기를 보내고 있던 나는 타과(국문과) 수업의 발표 준비로 도서관에서 문학잡지란 잡지는 다 뒤적이면서 시간을 보내고 있었다. 그렇게 한 네 시간 쯤 빈둥댔던가. 한 잡지를 이리저리 넘기고 있는데 그 안에 실린 평론 한 편이 내 눈길을 확 잡아당겼다. 뭔가, 느낌이 왔다. 범상치 않은 내용으로 채워져 있을 거란 기묘한 예감. 겪어보지 않은 사람은 알 수가 없다. 뚜껑을 열기도 전에 이미 가슴이 뛰고 있는, 그 희열을.

그 평론은 처음부터 끝까지 시인 김수영을 화끈하게 '까는' 내용으로 채워져 있었다. 김수영이 누구인가? 그 유명한 시 '풀' '폭포'를 쓴, 문단에선 거의 신화적인 존재로 추앙받고 있는 인물 아닌가. 김수영은 풀을 눕혔지만, 이 평론가는 김수영을 눕혔다. 그것도 아주 보기 좋게 '때려'눕혔다.

비록 문학에 대해 아는 거 하나 없는 법학도였지만, 기본적인 상식 정도는 갖고 있었던 나는 필이 꽂힌 상태로 그 자리에서 그 글을 단번에 읽어버렸다. 너무 들뜬 나머지 잡지를 덮고 자리에서 일어나 큰 소리로 이렇게 외쳤던 기억이 난다. "Revolution!"

그 글은 확실히 새롭고 흥미로웠다. 글의 소재나 내용으로 봤을 때 아예 접근법 자체가 달랐다. 기존의 평론들은 대부분 현실비판적인 지식인으로서의 김수영의 모습에 초점을 맞춘 반면, 이 평론은 여성을 바라보는 김수영의 시각에 초점을 맞추고 있었다. 예를 들면 이런 거다. 그의 시에 사용된 몇 가지 여성 비하적인 단어들. '이년' '저년' '여편네' '창녀' '갈보년' '이게' '그것' 등등. 토하고 싶을 정도로 영 불편한 표현들이지만 그 글을 쓴 평론가가 사용한 관점, 그것만큼은 정말 센세이셔널하게 느껴졌다. 지금까지 어떤 평론가도 감히(?) 이런 내용을 바탕으로, 이렇게 속 시원하게 김수영을 박살 낸 평론가는 없었으니까.

어쩌면 내가 신춘문예에 도전하기로 마음먹게 된 계기가 여기에 있는지도 모르겠다. 누구도 해볼 엄두를 내지 못한 것을 해보고 싶어졌다. 또 기왕에 저지를 거면, 이 평론처럼, 아니 이 평론 이상으로 제대로 저질러보고 싶었다.

물론 무턱대고 아무 생각 없이 저지르겠다는 마음을 먹었던 건 아니다. 문학에 대한 기초가 전혀 없었던 평범한 법학도가 뭘 안다고 겁도 없이 그냥 덤비겠는가. 그런데 희한한 건, 그때 내 머릿속은 이미 완성된 한 편의 평론으로 가득 차 있었다는 것. '과연, 해낼 수 있을까.' '괜히 시간만 낭비하는 거 아닐까.' 뭘 믿고 그랬는지는 모르겠지만 이런 우려는 전혀 갖고 있지 않았다. 사실 가질 필요가 없었던 거다. 애초, 잃을 게 없었으므로. 평론을 완성해 신문사에 제출했다고 치자. 심사위원들이 글을 보고 "이건 뭐, 거의 발로 쓴 수준이네."라고 한다 해도 티끌만큼도 걱정이 되지 않았다. 왜? 난 국문과 출신이 아니니까. 나에게서 뭘 바래? 아무도 기대하지 않았을 테니, 당선되지 않는다고 해서 나를 놀리거나 얕잡아볼 사람도 없을 거 아닌가.

그런데 신춘문예 준비를 하면서 한 번도 가져보지 않았던 우려가, 후에 오히려 주변의 관심사가 될 줄이야. 2004년 1월, 신춘문예에 당선되고 나서 주변 사람들로부터 가장 많이 받은 질문이 하나 있다. "어떻게 당선된 거예요?" 이것은 '법학과 출신은 평론 부문에 당선될 수 없다'는 뜻이 담긴 반어적 질문이다. 지금까지 그런 전례가 없었기 때문이다. 처음엔 "잃을 게 없었기 때문이에요. 전 국문과 출신이 아니거든요." 식으로 점잖게 말하고 다녔다. 그런데 시간이 지날수록 이상하게 이게 참 찜찜한 거다. 그게 다일까. 그게 이유의 전부일까. 나 자신에게 질문을 던지기 시작했다.

물론 나도 드라마 「하얀거탑」의 장준혁처럼 "저, 장준혁입니다."라고 뽀대 나게 말하고 싶었다. 더 이상 무슨 말이 필요한가. "저, 허병민입니다." 그런데 역시, 이런 건 드라마에서나 일어나는 일인가 보다. 정작 내가 주변 사람들에게 건넨 답변은 다소 엉뚱하게도 임팩트가 한층 떨어지는 이거였다. "저는 단 한 번도, 제가 당선되지 않을 거라고 생각한 적이 없어요."

잠깐, 미리 오해를 좀 풀고 넘어가야겠다. 첫째, 절대 건방 떨려고 한 말이 아니다. '나, 원래 이 정도로 잘나가는 사람이야'를 의도한 게 아니라는 것. 둘째, 절대 멋져 보이려고 한 말도 아니다. 말만 그럴 듯하게 포장해서 주변에 잘 보이려고 한 말이 아니라는 거다. 셋째, 이게 가장 중요한 건데 절대 머리 굴려서 한 말이 아니다. 이유를 꼼꼼히 분석해 준비한 대답이 아니라는 것.

곰곰이 생각해보니, 신기하게도 나는 진짜로 단 한 번도 당선되지 않을 거라고 생각해본 적이 없었다. 그 긍정적인 마인드는 그럼 선천적인 거냐? 그럴 리가. 난 생각이 많아서 탈인, 까탈스럽기 짝이 없는 '비판적 신중파'에 가깝다. 그럼 만반의 준비를 했기 때문이냐? 준비를 해봤자 얼마나 준비를 했겠는가. 지금에 와서야 말할 수 있지만 당선되지 않을 수 없다고 생각한 것, 그 바탕에는 나를 밀어주고 있던 '빽'이 하나 자리 잡고 있었다.

설렘

집필에 집중하고 있는 그 순간만큼은, 평론을 쓴다는 것이 세상의 모든 놀이를 합쳐놓은 것 이상으로 신나고 재미있는 행위였다. 더 이상 행복할 수 없다고 느낄 정도로 미치도록 행복에 겨웠다. PR 컨설팅 전문업체 THE LAB h의 김호 대표는 언젠가 자신의 블로그에 이런 이야기를 풀어놓은 적이 있다.

친구와 저녁 식사를 했다. 그 친구는 자기 사업을 일찍 시작하였고, 한마디로 돈을 잘 벌어, 앞으로 평생 먹고 살 걱정이 없는 그런 친구였다. 사업을 시작하는 나로서도 그 친구의 성공 비결이 무엇일지가 궁금했다. 그 친구의 대답 중에 흥미를 끄는 부분이 있었다. 성공의 비결은 자신감(自信感)이라는 것인데, 이는 "자신(自)을 신뢰(信)할 수 있는가?"라는 질문에 스스로 "네."라고 이야기할 수 있으면 성공한다는 것이다.

자신감. 우리는 보통 이 단어를 당장 충전해서 바로 써먹을 수 있는 배터리처럼 취급한다. 방전되면 충전하면 그만이라는 식으로.

그런데 자신감은 생각보다 꽤 속이 깊은 친구다. 그런 단순 일회성 에너지 정도로 취급해버리기엔, 솔직히 너무나 아까운 친구다.

한자를 번역해보면 자신감, 그것은 스스로를(自) 믿는(信) 마음(感)이다. 자신감과 스스로를 믿는 마음. 둘을 크게 소리 내어 읽어보면 느낌이 서로 꽤 다르게 다가온다. 자신감이란 것이 그냥 한 번 "으샤으샤" 해서 얻어지는 성질의 것이 아닌 느낌으로 다가온달까. "나는 나를 믿는가"라고 스스로에게 물어봤을 때 "당연하지!"라고 당당하게 대답할 수 있는 것이, 진짜 자신감이라는 거다.

내가 신춘문예에 당선되지 않을 거라고 생각해본 적이 없었던 건, 준비를 하는 그 과정이 정말로 즐거웠기 때문이다. 그 행복의 근원은 재미(fun)였고, 그것은 나도 모르는 사이에 나에게 '스스로를 믿는 마음'을 심어준 것이다. 물론 열심히 준비를 한 끝에 제출한 평론이 실제로 얼마나 수준 있는 평론이었는지, 나는 잘 모른다. 그건 나의 몫이 아닌 심사위원들과 독자들의 몫이므로. 내가 알게 된 것은, 딱 하나다.

실력이 스스로를 믿는 마음과 동의어는 아니라는 것. 실력만이 스스로를 믿는 마음을 꽃피우게 하는 건 아니라는 것. 실력이 대외적으로 증명된 사람만이 스스로를 믿는 마음을 소유할 수 있는 건 아니라는 것. 실력을 뒷받침해주는, 더 본질적인 무언가가 갖춰져야 한다는 것.

KFC의 창업주, 커넬 샌더스. 살면서 수많은 실패를 겪어온 그는 다시 한 번 도전해보겠다는 굳은 결의로 육십 대 중반의 나이에 자신이 개발한 치킨 조리법을 갖고 동업자를 찾아다녔으나 무려 1,008번이나 거절을 당했다고 한다. 그리고 1,009번째에 드디어 자신의 조리법을 사겠다는 동업자를 만난 샌더스. 당시 그의 나이, 예순일곱이었다.

우문처럼 들릴 수도 있겠지만, 이런 생각을 해봤다. '1,008번의 거절을 견딜 수 있는 힘은, 대체 어디에서 비롯되는 걸까?' 자신의 조리법에 대한 확신. 실패에 굴하지 않는 도전 정신. 포기를 모르는 프로 의식. 다 맞는 말처럼 들린다. 그런데 이걸 다 합쳐도 뭔가 개운하지 않은 건 왜일까. 혹시 이 모든 덕목들을 지탱시켜줄 만한, 뭔가 좀 더 근본적인 것이 그 밑에 깔려 있는 건 아닐까.

자신의 조리법을 바라보고 있던 샌더스의 눈빛에 어쩌면 그 힌트가 있는 건 아닐까. 주변 사람들을 전혀 의식하지 않고 오로지 자신이 하고 있는 일에서 느끼는 행복감, 스스로를 믿는 그의 마음에서 연유하는 건 아닐까.

누군가 그런 말을 했다. 경쟁자를 이기는 유일한 방법은, 경쟁자를 이기려는 노력을 그만두는 거라고. 공감한다. 하지만 난 여기에서 감히 한 걸음 더 나아가보고 싶다. 경쟁자를 이기는 유일한 방법은 내가 하고 있는 일에 대해 지금 느끼고 있는 순수한 '긍정의 감정', 바로 그 감정에 온전히 집중하는 거라고.

뭐, 그렇게 했는데도 일이 좀 안 풀리면 어떤가. 남보다 좀 뒤떨어지면 또 어떤가. 내가 그 일을 하면서 진심으로 기쁨을 만끽했다면, 그것으로 이미 충분한 보상을 받은 거 아닐까.

"저는 단 한 번도, 제가 당선되지 않을 거라고 생각한 적이 없어요."

어쩌면 내가 평론의 맛에 빠져 글쓰기의 즐거움을 마음껏 누리고 있던 10년 전 그때 그 마음이 고스란히 응축되어 있는 게 바로 이 말 아닐까. 스스로를 믿는 마음이라는 것, 그것은 '필요'한 게 아니라 자연스럽게 '우러나오는' 걸 거다. 진심으로 뭔가에 빠져 있다면, 굳이 노력하지 않아도 그것은 자연스럽게 따라오는 법이니까.

누구나 크건 작건 자기만의 터닝 포인트가 있습니다. 하지만 실제로 그것에 영향을 받거나 그것을 받아들이는 정도는 사람마다 다를 겁니다. 심지어 그것이 터닝 포인트인지 인식조차 못하는 사람도 있을 거고요. 세계적인 석학·리더들의 인생을 바꾼 터닝 포인트에는 몇 가지 중요한 공통점이 있었습니다.

첫째, 기회를 바라보는 관점입니다. 똑같은 경험도 본인이 그것을 어떻게 받아들이는지, 그것을 토대로 어떠한 행동을 취하는지에 따라 그것이 누군가에게는 인생을 바꾸는 터닝 포인트가 될 수도 있고, 다른 누군가에게는 그저 평범한 일상처럼 아무렇지 않은 일이 될 수도 있겠지요. 둘째, 인생의 터닝 포인트를 잡을 준비가 되어 있었다는 겁니다. 그리고 셋째, 행동했다는 겁니다. 이러한 화두를 참고하셔서 제가 선정한 78명의 석학·리더들, 그들의 인생을 바꾼 『준비된 우연』의 순간들을 만나보셨으면 합니다.

CONTENTS

004 프롤로그 스스로를 믿는 마음을 얻는 법

PART 1
결정적 순간 The Decisive Moment

022	01 타인의 말에 귀를 기울이라	Al Ries
025	02 자기 자신에게 귀를 기울이라	Aleks Krotoski
030	03 여름 캠프	Alan Dershowitz
036	04 내 인생에 가장 아름다운 음악 수업	Bernie Krause
045	05 준비된 위기	Chester Elton
050	06 터닝 포인트	Chris Bangle
056	07 산산이 부서진 생(生)	Daniel Gottlieb
062	08 해고라는 고마운 선물	David Meerman Scott
065	09 의료 사고	Doug Wojcieszak
070	10 지워지지 않는 폭력의 기억	Eduardo Salcedo-Albaran

074	11	병원 응급실 George Kohlrieser
079	12	고등학교 미술 시간 George Lois
082	13	방치된 어린 시절과 어느 TV 프로그램 Irene Pepperberg
085	14	인생을 바꾸는 질문의 힘 Jagdish Sheth
089	15	The Ceiling Jon Acuff
092	16	어떤 저녁 모임 Juan Enriquez
099	17	나의 길을 바꿔놓은 질문 하나 Lee LeFever
103	18	창조의 고통을 발견하게 해준 체험 Magnus Lindkvist
108	19	스승의 조언 Marshall Goldsmith
113	20	Act On Michael Hugos
117	21	종교 여행 Paul Knitter
123	22	자네는 무엇이 두려운 건가? Peter E. Hart
128	23	창조적 저항 : 콘서트 Srdja Popovic
133	24	새로운 차원의 존재 방식을 엿보다 Susan Blackmore
141	25	Leaving Home Wade Davis
146	26	유일한 후회는 어머니가 될 기회를 갖지 못한 것 Wendy Walsh

PART 2
준비된 우연 Serendipity Led Me Here

152	27	스스로에게 던진 질문의 힘 Aubrey de Grey
157	28	우연처럼 찾아온 운명적인 순간 Chris Stringer
159	29	아버지와 함께한 자전거 여행의 의미 Dave Ulrich
165	30	가족을 떠나다 Diane Ravitch
168	31	Do It Yourself Ed Fella
172	32	우연이 나를 이끌었다 Enrique Dans
176	33	Shut Up and Listen Ernesto Sirolli
182	34	신뢰를 쌓아가다 Howard Lindzon
187	35	필생의 로마식 팔랑크스 Howard Moskowitz
200	36	항상 가벼움을 유지하라 Hugh MacLeod
204	37	실패라는 축복 Jacob Goldenberg
209	38	특별한 산책 Jennie Wallden
214	39	평생의 열정 Jonathan Schooler
220	40	마법의 힘 Leonard Kleinrock
223	41	어떤 기회주의자의 성공 Mark Griffiths

228	42	레오나르도 다빈치의 유산 Martin Kemp
233	43	과학자가 행운을 만나는 방법 Michael Fossel
239	44	본능적인 직감 Oliver Burkeman
242	45	예정된 우연들 Phil Cooke
245	46	마케팅을 발견하다 Philip Kotler
249	47	Re-thinking Roger Schank
255	48	가족의 취향 Sigmund Groven
263	49	도날디스트(Donaldist)를 만나다 Stefan Bucher
272	50	변하지 않는 것은 없다 Sundaresan Jayaraman
275	51	고민의 깊이 Thomas Frey
279	52	인내를 배우다 Todd Henry
282	53	준비된 우연 Vincent Paterson
289	54	내가 스스로를 파괴하는 이유 Whitney Johnson
295	55	우연히 행복해지다 Yulia Brodskaya

PART 3 점을 잇다 Connecting the Dots

302	56	답은 언제나 고정관념 밖에 있다 Bruce Lipton
310	57	자신을 사랑하는 일은 아직 늦지 않았다 Bryant McGill
318	58	내 인생을 바꾼 고아원 Claire Diaz-Ortiz
322	59	사진과 함께한 평생 Craig Walker
327	60	경제학자가 되다 Diane Coyle
332	61	우연한 성공 Eamonn Butler
336	62	50년간 내가 넘긴 수많은 책들의 페이지 Gregory Maguire
339	63	'무지한 마에스트로'의 현명한 조언 Itay Talgam
343	64	당신이 식당에서 우연히 스티브 잡스를 만난다면? Jay Elliot
347	65	행복 심장 박동(The Happiness Heartbeat) Jenn Lim
355	66	최초의 프리허그 Juan Mann
360	67	스위트 스팟(The Sweet Spot) Kay Bratt
370	68	인생의 역설 Kishore Mahbubani
374	69	어머니의 선물 Leana Wen
377	70	울타리 밖에서 찾은 돌파구 Maurice Ashley

382	71	인생의 터닝 포인트는 하나가 아니다 Michael Corballis
386	72	가장 중요한 세 가지 Nigel Nicholson
394	73	결국 모든 발견은 개인적인 것이다 Rebecca Costa
404	74	역경 Robert Austin
410	75	점을 잇다 Sebastian Conran
417	76	한 사람을 성장시키려면 온 마을이 필요하다 Tara Hunt
422	77	5만 피트 상공에서 얻은 깨달음 Timothy Corrigan
427	78	목표를 향한 여정 William Damon

431 부록 세계적 석학 78인의 프로필

가지 않은 길
The Road Not Taken

— 로버트 프로스트

단풍 든 숲 속에 두 갈래 길이 있었습니다
몸이 하나니 두 길을 가지 못하는 것을
안타까워하며, 한참을 서서
낮은 수풀로 꺾여 내려가는 한쪽 길을
멀리 끝까지 바라다보았습니다

그리고 다른 길을 택했습니다, 똑같이 아름답고,
아마 더 걸어야 될 길이라 생각했지요
풀이 무성하고 발길을 부르는 듯했으니까요
그 길도 걷다보면 지나간 자취가
두 길을 거의 같도록 하겠지만요

그날 아침 두 길은 똑같이 놓여 있었고
낙엽 위로는 아무런 발자국도 없었습니다
아, 나는 한쪽 길은 훗날을 위해 남겨 놓았습니다
길이란 이어져 있어 계속 가야만 한다는 걸 알기에
다시 돌아올 수 없을 거라 여기면서요

오랜 세월이 지난 후 어디에선가
나는 한숨지으며 이야기할 것입니다
숲 속에 두 갈래 길이 있었고, 나는
사람들이 적게 간 길을 택했다고
그리고 그것이 내 모든 것을 바꾸어놓았다고

PART 1

결정적 순간
The Decisive Moment

01
타인의 말에 귀를 기울이라

1972년, 나와 잭 트라우트(Jack Trout)는 뉴욕에서 광고 기획사를 운영하며, 당시 미국에서 손꼽히는 마케팅 잡지 《Advertising Age(애드버타이징 에이지)》에 '포지셔닝의 시대가 온다'라는 주제로 글을 연재했다. 그 뒤 포지셔닝은 마케팅 업계에서 인기 있는 개념이 되었고, 포지셔닝을 다룬 많은 단행본과 기사, 논문이 순식간에 쏟아졌다. 그리고 잭과 나는 전 세계를 돌아다니며 말 그대로 수백 회의 강연을 펼쳤다.

어느 날 나는 강연에서 청중들에게 이렇게 말했다.

"관심의 범위를 좁히세요. 그래야 고객의 마음을 포지셔닝할 수 있습니다."

그러자 강연을 듣던 한 사람이 일어나 이렇게 반문했다.

"왜 선생님은 자신의 조언을 스스로 받아들이지 않으십니까?"

나는 순간 망연자실했다. 당황한 나는 대충 몇 마디로 대답을 얼버무리고는 연단에서 내려왔다. 하지만 그 뒤로도 그 청중의 질문은 오랫동안 머릿속에서 떠나지 않았다.

나와 잭은 광고 기획사를 운영하면서 포지셔닝 개념을 대중화시켰고, 덕분에 포지셔닝에 관한 전략적 조언을 필요로 하는 많은 기업으로부터 일거리를 받아왔다. 그래서 우리가 한창 강연을 다니던 1980년 무렵에는 회사의 업무가 기존에 하던 광고기획 서비스와 전략 컨설팅으로 나뉘어 있었다. 청중의 말처럼 우리는 관심의 범위를 좁히지 못하고 있었던 것이다!

회사를 처음 차렸을 때 나와 잭은 전략 컨설팅 업무를 고객 확보를 위한 첫 번째 단계라 여기며, 우리가 관심 범위를 좁히지 못하는 건 어쩔 수 없는 일이라고 정당화했다. 하지만 곰곰이 생각해보니 컨설팅을 받으면서 동시에 우리에게 광고를 맡기는 기업은 거의 존재하지 않았다. 왜 그럴까? 어떤 고객의 말처럼 우리는 전략적 사고를 하고자 하는 사람들이 우리의 조언을 받아들이길 바라면서도 다른 한편으로는 전략적 사고를 하지 않는 사람들, 즉 '생각이 없는' 사람들이 우리에게 광고를 맡기기를 바랐기 때문이었다. 그야말로 자기모순이었던 셈이다.

쉽지 않았지만 잭과 나는 결국 광고 대행 서비스를 그만두고 전략 컨설팅에 집중하기로 결정했다. 그러나 진행하던 일을 하룻밤 사이에 접을 수는 없었다. 임대차 계약 기간이 2년이나 남은 사무실이 남아 있었기 때문이다. 그래서 우리는 직원들에게 2년 뒤 광고 기획사 문을 닫을 생각이니 그 안에 아무 때건 회사를 떠나도 좋다고 말했다. 그리고 고맙게도 많은 수의 직원이 마지막까지 남아서 맡은 바를 해주었다.

광고 기획사는 반드시 뉴욕이라는 대도시에 있어야 한다. 조판과 사진 서비스를 쉽게 해결할 수 있고, 미디어 담당자도 꾸준히 만나야 하기 때문이다. 반면에 전략 컨설팅 회사는 대도시에 있을 필요가 없다. 이메일을 주고받거나 전화로 이야기를 나누면 된다. 결국 우리는 기존에 운영하던 광고 기획사가 전문 컨설팅 회사로 거듭났다는 사실을 알리고, 사무실 임대차 비용을 줄이기 위해 코네티컷 주의 그리니치라는 작은 도시로 회사를 옮겼다.

이게 벌써 25년 전의 일이다. 그때의 결정을 잭과 나는 단 한 순간도 후회한 적이 없다. 광고기획 서비스로 벌 수 있는 돈보다 훨씬 더 많은 돈을 전략 컨설팅으로 벌어들였기 때문이다. 게다가 경영자의 입장에서 직원을 감독하는 일보다 마케팅 문제를 해결하는 데 더 많은 시간을 투자할 수 있게 되었다.

이 모든 변화는 다음과 같이 물었던 청중 덕분에 가능했다.
"왜 당신은 자신의 조언을 스스로 받아들이지 않습니까?"

● 마케팅 전문가 | 알 리스

02
자기 자신에게 귀를 기울이라

　십 대라면 누구나 그렇겠지만, 나 역시 그때에는 내 문제에만 골몰해 있었고, 세상을 다 아는 성인군자인 척 하면서도 불안하고 위태로웠다. 십 대로 산다는 것은 자기 자신이 되는 경험의 일부다. 다시 말해 사회적·심리적 세계의 망 속에서 자신을 인식하는 하나의 발달 과정이다. 그리고 발달 과정을 거치는 동안 우리는 많은 실수를 저지르게 된다. 나는 십 대 때 내가 저지른 실수들이 페이스북 같은 소셜미디어에 기록되어 있지 않다는 사실이 다행스러울 뿐이다.
　이야기가 다른 길로 빗나갔다. 이제 내 인생의 터닝 포인트에 관한 이야기를 해보자. 열아홉 살이 된 나는 대학 입학 후 외국에서 공부를 하기 위해 스코틀랜드 글래스고로 떠났다. 그때 내가 가진 능력 중에는 온전한 것이 하나도 없었다. 나는 혼돈과 결핍 그 자체였고, 주변 사람들의 지지와 조언을 통해 충족함을 느끼려 했다. 시선은 언제나 외부를 향해 있었으며, 방황하는 배를 정착시켜 줄 타인을 찾아 헤매면서 나를 완전히 잃고 말았다.

스코틀랜드의 매서운 겨울을 보내면서 나와 친구들은 엄청난 양의 술을 마셨다. 그런 생활을 즐긴 건 아니었지만 딱히 다른 선택권도 없었다. 그저 사람들과 어울리면서 위안을 찾을 뿐, 나 자신을 들여다보는 고단한 일은 하지 않으려고 했다. 내면에 대한 성찰보다는 다른 사람이 나를 좋아하게 만드는 일에 골몰해 있었다.

다행히 나는 다른 사람의 인기를 얻는 데 소질이 있었던 것 같다. 대학 노조 학생회 대표로 선출되었고, 함께 술을 마실 친구도 많았으며, 외국인 억양을 구사하면서도 스코틀랜드 '토박이' 문화를 충분히 경험했다. 그만큼 나는 근사한 시간을 보냈다. 그리고 뭔가를 확실히 배웠다. 물론 대부분 공부보다는 술자리에 관한 것들이었지만…….

당시 기숙사에 살았던 나는 '알리(Ali)'라는 이름의 여학생과 친구가 되었다. 기숙사에는 1학년 학생이 많이 살았는데, 나와 알리는 그 안에서 제법 나이가 많은 편이었다. 알리는 대학에 입학하기 전 몇 년 동안 다른 생활을 했고, 그녀의 가족 중 최초로 대학생이 된, 인상적인 이력의 소유자였다. 또 그녀는 공부를 똑소리 나게 잘했고, 철학책을 즐겨 읽었으며, 탁월한 논리를 펼치는 명석한 학생이었다. 그녀는 무엇보다도 자신을 아끼고 사랑할 줄 알았다.

알리는 스코틀랜드 소도시의 공공주택단지에서 태어났다. 그녀의 아버지는 식당에서 요리사로 일했는데, 알코올 중독에 우울증이라는 제법 심각한 정신적 문제를 지니고 있었다. 하지만 알리는 그런 아버지의 존재를 숨기려 하지 않았다. 오히려 나중에 아버지가 알코올 중독에서 벗어난 사실을 자랑스럽게 얘기했다.

나는 알리만큼 자신의 배경에 대해 떳떳한 사람을 본 적이 없었다. 자신이 스코틀랜드인인 것, 노동자 계층의 자녀인 것, 알코올 중독자의 딸인 것을 자랑스럽게 여겼다. 가끔 우울함을 호소하거나 스스로를 비판하기도 했지만, 그녀는 내가 아는 사람들 중 정서적으로 가장 견고하고 안정적인 인간이었다. 그리고 나는 내 인생의 터닝 포인트가 알리와의 만남이었다고 생각한다.

우리는 누군가 자신을 깨워주는 시점, 자아 발달 과정에서 누군가 자신을 특별히 불러주는 시점이 오기를 바란다. 그 시점이 어느 날 밤 나를 찾아왔다. 그날 나는 여느 때처럼 춤추고 술 마시다가 학생 대표들을 위해 따로 마련된 사무실로 들어갔다. 시끄러운 음악과 흥분한 사람들을 피해 휴식을 취할 생각이었다. 마음 깊은 곳에서는 나만의 시간을 갖고 싶었던 것도 같다.

가만히 의자에 앉아 있는데 물병이 보였다. 전에 마신 술 때문에 갈증이 났던 나는 그 병에 있는 물을 들이켰다. 그러나 그것은 물이 아니라 테레빈유(페인트나 구두약을 만드는 데 쓰이는 송진을 수증기로 증류하여 얻는 중유)였다. 정신이 번쩍 들었다. 나는 얼른 물로 입을 씻어내고, 혹시 스며들었을지도 모르는 독극물을 중화시키기 위해 우유 한 통을 다 마셨다. 그리고 얼음처럼 싸늘한 정신으로 기숙사까지 걸어가 알리의 방문을 두드렸다.

알리는 그동안 내 삶이 쾌락과 근심으로 뒤범벅되어 파손된 차량처럼 망가지는 모습을 지켜봤다. 그런데 기름을 삼킬 뻔한 사건은 기존에 있었던 일보다 훨씬 심한 것이다. 그녀는 내게 빵과 차 한 잔을 주고는 어려운 질문들을 던지기 시작했다. 그것은 오래 전부터 내가 스스로에게 던졌어야 할 질문들이었다. 예를 들자면 "오늘 밤 어디를 갈까?"가 아닌 "네가 정말로 원하는 게 뭐니?"와 같은 질문. 언어의 마술사였던 알리는 마지막으로 내가 잊지 못할 얘기를 들려주었다. "너는 평생 네 인생의 주인공이 될 유일한 사람이야." 무슨 이유에선지 그날 알리가 했던 말들은 내가 들었던 그 어떤 말보다도 가슴에 깊이 와 닿았다.

기름을 들이켰던 사건 이후 나는 예전만큼 밖으로 돌아다니지 않고 거짓말처럼 술도 끊었다. 대신, 내가 살게 될 거라 예상했던 그런 삶을 살고 있는 사람들을 새로이 발견했다. 나와 알리는 스코틀랜드의 자연으로 모험을 떠나고, 수영과 요리를 즐기며 공연도 관람했다. 건전한 친구들과 어울리며 그동안 내가 자신을 나 아닌 다른 무엇인가로 규정하려 애썼다는 사실도 깨달았다. 그 채워지지 않는 갈증 때문에 나는 점점 더 불만을 가졌던 것이다. 다행히 알리가 어려운 질문을 던졌던 그날 밤 이후, 나는 자신에게 더 많은 질문을 던지며 대답에도 귀를 기울이기 시작했다.

어른이 된다는 건 자신이 스스로 설 수 있고, 누군가에게 온전한 믿음을 줄 수 있으며, 미래에 대해 뚜렷한 비전을 가져야 한다는 사실을 깨닫는 일련의 과정이다. 물론 깨달음만 중요한 것은 아니다. 깨달음에 맞게 행동해야 한다. 알리는 우리의 삶이 항상 유동적이며, 타인의 생각과 결정에 자신의 미래를 맡기는 사람은 자신이 가지고 있는 힘을 발휘하지 못한다는 걸 일깨워주었다.

자신감은 술잔 바닥이나 주변 사람으로부터 오는 게 아니다. 술자리나 주변 사람도 나름대로의 의미는 있다. 그러나 자신에 대한 확신은 내면을 살피고, 난해한 질문을 피하지 않는 일에서부터 비롯된다.

● 소셜 미디어 연구자 · 저널리스트 | 알렉스 크로토스키

03
여름 캠프

내 인생의 터닝 포인트는 고등학교를 졸업하고 대학에 입학하기 전 열일곱 살 여름에 찾아왔다.

1955년 6월, 나는 형편없는 성적으로 유대교 교구의 한 고등학교를 간신히 졸업했다. 고등학교 시절의 내 성적은 그야말로 낙제점이었다. 마지막 학기 첫 번째 중간고사 성적표에는 60점을 받아 낙제한 수학과 물리학, 65점을 받아 간신히 통과한 히브리어와 역사, 그리고 그나마 좀 나았던 85점짜리 영어 성적이 적혀 있었다. 진로 상담 교사와 다른 선생님들은 우리 부모님께 내가 '대학에 갈 재목'은 아니라고 얘기했다. 특히 교장 선생님은 내게 머리보다는 입을 쓰는 일을 하는 게 낫겠다고 충고했다. 그만큼 학업에 관한 내 미래는 암울했다. 직업이나 경제적인 전망도 우울하긴 마찬가지였다. 나는 돈도 연줄도 없는 집안 출신이었기 때문이다.

다행히 뉴욕시에는 주민에게 등록금을 면제해주는 브루클린 대학이 있었다. 나는 객관식으로 출제된 대학 입학시험을 통과했고, 장학금을 받을 수 있는 다른 시험에서도 높은 점수를 받았다. 그렇게 나는 따로 아르바이트를 하지 않고도 대학을 다닐 수 있게 되었다. 그리고 고등학교를 졸업한 이후의 짧은 여름 방학 동안 '평범한 고등학교의 형편없는 학생'에서 창창한 경쟁력을 갖춘 '우수한 시립대학의 뛰어난 학생'으로 바뀌어야 할 필요성을 느꼈다.

여름 방학 동안 있었던 터닝 포인트를 이야기하기 전에 결과적으로 내가 뛰어난 학생으로의 변신에 성공했다는 사실을 밝혀야겠다. 나는 대학에 입학하자마자 고등학교에서 낙제점을 받았던 과목까지 포함해 모든 과목에서 최고 우등생이 되었다. 최근 출간된 나, 앨런 더쇼비츠의 전기에는 이렇게 적혀 있다.

"더쇼비츠가 허둥지둥 브루클린 대학의 입학 허가를 받아냈을 무렵, 그는 갑자기 일어난 지진처럼 아무 경고도 없이 엄청난 힘을 통해 새로운 앨런 더쇼비츠가 되었다. 미국 최고의 명망을 갖춘 법조인 중 한 사람으로 알려진 더쇼비츠는 브루클린 대학 문턱을 넘었던 첫날 완전히 다시 태어난 것 같다."

책을 쓴 전기 작가의 소개는 대체로 맞는 말이다. 새로 시작된 대학 생활은 내 인생을 180도 바꾸어놓았다. 실패로 점철되었던 고등학교 시절을 만회라도 하듯 대학 생활은 성공의 연속이었다. 나는 거의 완벽한 학점을 받았으며, 학생회장과 토론팀장에 당선되었고, 교내 스타급 운동선수로 활약했다. 그때부터 모든 것이 제대로 돌아가기 시작했다. 브루클린 대학 생활을 마친 뒤 들어간 예일대 로스쿨에서도 나는 성공적인 3년을 보냈다. 반에서는 언제나 1등을 차지했고, 《Yale Law Review(예일 로 리뷰)》의 편집장으로 활동했으며, 대법원 보좌관으로 선발되었다.

그러나 이 모든 변화가 '지진처럼 갑자기' 생겨났다는 말은 사실이 아니다. 새로운 더쇼비츠는 브루클린 대학 문턱을 넘은 날 '태어'났을지 모르지만, 새로운 더쇼비츠가 '잉태'된 때는 고등학교를 갓 졸업한 1955년 여름, 두 달 동안이었다. 그때 도대체 무슨 일이 일어났던 걸까?

나는 내 인생의 터닝 포인트에게 대해 상당히 깊게 생각해보았으며, 여러분에게 마법 같은 단 한 번의 순간을 제시하고 싶다. 하지만 현실의 삶은 마법처럼 짠 하고 펼쳐지지 않는다. 1955년 여름은 내 인생의 분기점이었지만, 그렇다고 해서 딱히 극적인 것은 아니었다.

그때 내가 참가했던 여름 방학 프로그램은 정통 유대교 캠프였다. 캠프는 내가 다녔던 고등학교의 캠프와 매우 비슷한 분위기를 가지고 있었는데, 실제로 참가한 사람들도 그 고등학교 출신들이었다.

물론 새로운 사람들도 있었다. 그리고 다행히도 그들은 내가 고등학교 시절 별 볼 일 없는 학생이었다는 사실을 알지 못했다. 새로운 사람들과 함께하는 여름 캠프는 내가 힘을 키우기에 알맞은 기회였다. 그 안에서 나는 뛰어난 운동선수이자 타고난 리더였으며, 여자아이들과도 잘 지내는 다정한 사람이었다. 실제로 한 번은 젊은 아가씨와 진지한 연애를 하기도 했다. 중요한 건 1955년 여름 방학 동안에 이 같은 모든 일들이 한꺼번에 찾아왔다는 점이다. 캠프 안에서 나는 유대인 팀의 우두머리 가운데 한 명이 될 수 있었다. 성공적으로 보낸 두 달의 시간은 내가 찬란한 대학 생활을 영위하는 데 밑거름이 되어주었다.

가장 중요한 변화는 사람들이 내게 똑똑하다고 말해주었다는 것이다. 그 전까지 내게 똑똑하다거나 멋지다는 말을 한 사람은 두어 명에 불과했고, 대부분은 나를 건방지고 어리석은 녀석이라 생각했다. 그러나 1955년 여름, 캠프에서 만났던 사람들은 내가 잠재력을 가지고 있으며, 대학이라는 환경에서 충분히 성공할 수 있다고 격려해주었다.

그렇다고 해서 내가 그해 여름 독서를 많이 했던 것은 아니다. 지적인 면에서 대학 생활을 준비했던 건 아니라는 뜻이다. 대신 정신적으로 나도 모르게 대학에서 공부할 채비를 하고 있었던 것 같다. 고등학교 선생님들과 교장 선생님이 나를 얼마나 과소평가했는지 밝히고 싶었기 때문이다. 그렇다. 나는 그들의 평가가 틀렸다는 걸 입증함으로써 멋지게 복수하고 싶었다.

훗날 대학과 로스쿨에서 탁월한 성적을 받았을 때, 나는 그들이 지금 내 모습을 본다면 어떤 반응을 보일까 종종 상상하곤 했다. 그리고 고등학교 교장 선생님의 아흔 번째 생신날(고등학교를 졸업한 지 50년도 더 지나서!), 한때 그가 내 잠재력을 부정적으로 평가했음을 상기시키는 축하 영상을 보냈다. 영상을 본 뒤 교장 선생님이 어떤 반응을 보였는지는 모르지만, 나는 그 상상을 하는 것만으로도 충분히 즐겁다.

부유한 집안의 아이들과 달리 내게는 사회적 안정망이 전혀 없었다는 사실 또한 내가 공부하게 만드는 동기가 되었다. 열심히 공부해서 인정받지 못하면 고등 교육을 받지 못하고 노동자로 살아가는 우리 부모님의 인생을 답습하게 될 것이 불 보듯 뻔했다. 실패에 대한 공포와 사랑을 얻고 싶다는 마음 역시 효과적인 동기 부여가 되었다. 대학에서 사귄 여자 친구는 실패를 반복했던 내 지난 시절을 극복할 수 있도록 격려해주었다. 하지만 그녀의 부모님은 달랐다. 그녀의 부모님은 아무것도 가진 게 없는 내게 회의적인 시선을 보냈다. 나는 그분들에게 내가 얼마나 괜찮은 사람인지 증명할 필요가 있었다.

무엇보다도 중요한 것은 최정상에 오르겠다는 스스로의 욕망이었다. 나는 선생님이나 주변 사람들의 우려와 달리 내가 반드시 성공하리라 확신했다. 왜 그렇게 자신감이 넘쳤는지는 지금도 잘 모르겠다. 앞에서도 말했듯이 나는 격려를 받아본 적이 거의 없고, 정상에 올라본 적도 없었기 때문이다. 운동을 잘했지만 뛰어난 수준은 아니었고, 재미있게 말할 줄은 알았지만 나보다 더 재미있는 녀석들이 주변에 널려 있었다. 여자애들 사이에서 인기가 좋은 편이었지만 폭발적인 인기를 끌었던 것도 아니었다.

내가 유일하게 탁월함을 보였던 분야는 '토론'이었다. 토론 활동에서의 성과를 통해 나는 내가 사람들이 생각하는 것 이상으로 똑똑하다는 사실을 깨우쳤다. 그리고 토론 기술을 열심히 갈고 닦은 결과 그 분야에서만큼 정상에 오를 수 있었다. 하지만 나는 글이 말보다 중요한 학문의 세계에서 언변만으로는 성공할 수 없다는 사실을 잘 알고 있었다. 그래서 누구보다도 글쓰기 훈련에 집중했고 결국 《예일 로 리뷰》의 편집장이 되었다!

그 뒤 내 인생은 순풍을 맞은 돛단배처럼 탄탄대로였다. 훌륭한 교육 기관인 예일대 로스쿨을 수석으로 졸업했고, 거대한 문들이 나를 향해 활짝 열렸다. 평범한 고등학교를 간신히 졸업한 지 10년도 채 지나지 않아 세계 최고 하버드 로스쿨의 최연소 조교수가 되었다. 그리고 이렇게 인생의 방향을 바꿀 수 있었던 터닝 포인트는 1955년 참가했던 메이플 레이크의 여름 캠프였다.

* 이 이야기는 앨런 더쇼비츠의 자서전 『법과 함께한 내 인생』에 실린 이야기를 확대 · 재구성한 것이다.

● 변호사 | 앨런 더쇼비츠

04
내 인생에 가장 아름다운 음악 수업

    1960년대에 나는 전문적인 뮤지션으로서 유명 밴드 및 뮤지션들과 함께 기타나 신시사이저(synthesizer)를 연주하고 수많은 영화 음악을 제작했다. 하지만 왕성한 활동을 펼치면서도 나는 늘 뭔가 부족함을 느꼈다. 우선 음악의 진화에 대해 답하지 못하는 질문이 너무 많았다. 특히 서양 음악이 그랬다.

    1950년대 내가 다니던 음대 교수들의 가르침에 따르면, 서양 클래식이 아닌 다른 음악은 모두 '민속 음악'이나 '원시 음악'의 영역으로 분류되었다. 그래서 유럽이나 미국에서 만들어지는 음악은 진짜 음악으로 인정받기 위해 고대 그리스나 유럽 클래식에서 그 기원을 찾으려 했다. 나는 이런 상황이 미덥지 않고 불편했다.

나를 괴롭혔던 불확실성이 해소되고 새로운 길이 펼쳐진 건 어느 아메리카 원주민 노인을 만나면서부터다. 그는 서양의 음악 학교가 제공한 최고의 교육을 넘어 인간과 자연이 더 가까이 교류 하던 고대의 뿌리까지 올라가야 인류의 음악을 만날 수 있다고 했다. 이 특별한 순간은 그 당시 내가 띄엄띄엄 알고 있던 격언 같은 지식들을 서로 이어주었고, 내 남은 삶을 근원적인 자연의 소리를 이해하는 여정으로 이끌어주었다. 인류는 이 근원적인 음향을 모방하면서 음악으로 발전시켜왔던 것이다.

1969년, 초기 북아메리카 토착 문화를 연구하던 한 친구가 내게 네즈 퍼스(Nez Perce)라는 아메리카 원주민 부족에 관한 책을 한 권 건넸다. 책에는 네즈 퍼스 족의 추장 요셉(Chief Joseph)의 연설 몇 편이 실려 있었다. 요셉은 19세기 말 미국 정부의 원주민 억압에 맞서 자유를 옹호하는 감명 깊은 연설을 펼친 유명한 인물이었다.

책에는 미국 군인들과 정착민들의 다양한 일지도 함께 실려 있었다. 그들은 아메리카 북서부를 관통하고 미지의 땅에 대한 권리를 요구하는 여정 속에서 네즈 퍼스 족과 마주쳤던 사람들이었다. 군인들과 요셉 추장의 인터뷰, 또 민간인 목격자들의 이야기가 모두 달랐던 데 호기심을 느낀 나는 그 당시에 일어났던 정부군과 네즈 퍼스 족에 대한 이야기를 재구성하기 시작했다. 특히 요셉 추장의 연설 중에서 네즈 퍼스 족과 자연환경의 관계를 언급한 부분에 큰 흥미를 느끼고, 네즈 퍼스 족이 느꼈던 정서의 일부를 각색

해 세 번째 앨범에 넣기로 결심했다. 지금은 고인이 된 음악 파트너 폴 비버(Paul Beaver)가 워너브라더스(Warner Brothers) 레코드로부터 위탁받은 앨범이었다.

요셉 추장의 연설에 영감을 받은 나는 특별한 계획도 없이 새로운 음악 모험의 여정을 시작했다. 네즈 퍼스 족과의 접촉은 쉽지 않았다. 대부분의 부족민은 나를 경계하는 태도를 보였다. 원주민과 정착민 사이의 어두운 역사를 고려하면 그럴 만도 했다. 내가 도움을 요청했던 대학 연구자들도 내 계획을 그다지 좋아하지 않았다. 대개의 음악 인류학자들은 '외부자'와 같은 영역을 놓고 경쟁하는 것을 원하지 않았다. 내가 새로운 발견을 함으로써 자신들이 소외될지도 모른다고 걱정하는 눈치였다. 어쨌든 그들로부터는 전화나 편지에 대한 답신을 받기가 어려웠다.

그러나 나는 계속해서 연락을 시도했고 찾을 수 있는 모든 문헌을 연구했다. 특히 1877년 네즈 퍼스 족이 이루어낸 2,700킬로미터에 이르는 대장정과 다섯 차례의 승리, 결국 패배하여 하워드 장군의 육군 연대에 생포될 때까지의 기록을 샅샅이 조사했다.

아디아호 주의 원주민 보호 구역을 방문하기로 결정했을 무렵, 고난이 시작되었다. 나는 네즈 퍼스 부족 위원회가 그들의 언어를 기록하고 보관할 수 있도록 노래 등의 청각 자료를 녹취하는 데 도움을 주겠다고 제안했다. 하지만 그들은 내 제안에 관심을 보이지 않았다. 부족 내에서 나와 접촉하길 원하는 사람은 거의 없었

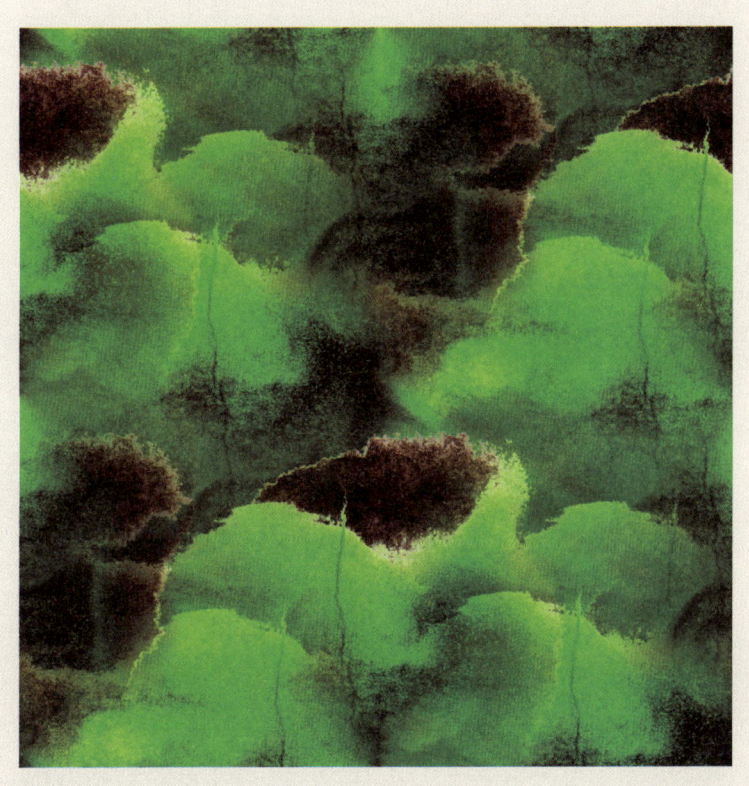

다. 자신들을 핍박했던 백인이었으니 당연한 일이었다.

그래도 나는 물러서지 않았다. 그리고 마침내 부족의 어르신 격인 엘리자베스 윌슨(Elizabeth Wilson)이라는 구십 대 여성을 소개받았다. 그분은 친절했고, 나와 폴의 진정성을 높이 평가했으며, 자신의 이야기가 기록으로 남아 젊은 부족민들이 '옛 시절'을 기억하는 데 도움이 되길 바랐다. 엘리자베스는 스스럼없이 자신의 노래와 이야기를 들려주었고, 부족의 종교와 문화에 기독교 선교사들이 미친 영향에 대해서도 날카로운 통찰력을 보였다.

느리게 움직이는 병들고 쇠약한 몸과 세월을 고스란히 담고 있는 주름진 얼굴은 그녀가 견뎌왔을 지독한 인생사를 고스란히 보여주었다. 그렇게 힘에 부치는데도 불구하고 그녀는 우리가 그녀의 작은 통나무 오두막을 방문할 때마다 반갑게 맞아주었다. 자신이 직접 지었다는 날염 면옷을 입고 화려한 머리띠를 두른 채 문까지 직접 나와 손을 흔들었다. 그러고는 마이크와 녹음기를 설치하기 전부터 이야기를 들려주기 시작했다.

엘리자베스의 증언에 의하면, 그녀는 1904년 펜실베이니아 주의 칼라일 인디언 학교를 졸업하면서 요셉 추장과 하워드 장군을 만났다. 두 사람 모두 졸업식 연설을 부탁받았던 것이다. 엘리자베스의 표현대로 그녀는 '점잖고 문명화된 서양 속기술(速記術)'을 알고 있었기 때문에 요셉 추장의 연설을 옮겨 적어 번역했다. 그녀가 번역했던 요셉 추장의 연설문은 다음과 같다.

"우리 부족의 아이들이 학교에서 교육을 받게 되어 매우 기쁩니다. 정말 만족스럽습니다. 아이들에게 가능한 많은 교육을 받게 하는 것이 좋습니다. 우리 아이들을 이곳에서 보게 되어 기쁩니다. 집에 돌아올 때마다 나는 우리 아이들에게 교육을 받으라고 격려할 것입니다. 여러분과 이곳에 있게 되어 기쁩니다. 이곳에 외팔이(하워드 장군은 남북 전쟁에서 한 팔을 잃었고, 네즈 퍼스 족은 그를 외팔이라고 불렀다)가 앉아 있습니다. 우리는 전쟁에서 적이었고, 그 당시 나는 내가 그를 쏘아 죽여야 만족스러울 거라 생각했습니다. 이제 늙고 보니 그는 내 친구이고 나는 그를 좋아합니다. 나는 다시는 절대로 그와 적이 되지 않겠습니다. 이제 우리의 전쟁은 끝났으니까요."

그게 추장의 마지막 연설이었다. 그는 몇 달 후 숨을 거두었다.

엘리자베스와의 만남이 끝나갈 무렵 그녀는 자신의 아들 앵거스(Angus)를 소개해주었다. 그 역시 부족의 어르신이자 뛰어난 원주민 북의 고수이고 가수였다. 칠십 대 중반의 조용하고 겸손한 성격을 가진 그와의 만남이 내가 받았던 가장 귀중한 음악 교육이 될 줄은 그 당시엔 몰랐다. 그는 학교에서 절대로 배우지 못할 가르침을 우리에게 가르쳐주었다.

처음 만난 자리에서 앵거스는 우리가 무슨 일을 하는지 물었다. 나는 그에게 우리가 음악가라고 말해주었다. 그러자 그가 말했다. "당신들은 자신이 음악에 대해 알고 있다고 생각하시오? 당신들은 아무것도 몰라요. 원한다면 보여주겠지만 그러려면 특별한 장소까지 가야 할 거요."

쌀쌀해지기 시작한 10월의 어느 날, 새벽 4시에 앵거스가 우리를 태우러 숙소로 찾아왔다. 우리는 의구심을 안은 채 그의 차에 몸을 기대고 오리건 주의 북동쪽으로 몇 시간을 이동했다. 네즈 퍼스 족과 요셉이 이끌었던 사람들이 신성시여기는, 레이크 왈로와(Lake Wallowa)라는 곳이었다. 요셉의 아버지는 19세기 중반 이 호수의 북쪽 끝에 묻혔고, 그 주변 땅 또한 신성한 곳이라고 여겨졌다. 그 때문에 앵거스가 우리를 그곳으로 데려간 것 같았다

하지만 1970년대 초반부터 이미 불길한 변화의 조짐은 나타나고 있었다. 자연 그대로의 모습을 유지하고 있던 호숫가에 콘도와 집들이 세워지고 있었던 것이다. 가능한 모든 부지에 보트 정박지가 건설되었고, 호수를 둘러싸고 있던 거대한 소나무 숲은 이미 높은 곳까지 베어진 상태였다. 얼마 안 되는 호수의 지류를 따라서는 상당수의 피크닉용 벤치들이 우후죽순 자리를 잡았다. 그럼에도 불구하고 아직 사람의 손길이 닿지 않은 곳이 조금 남아 있었는데, 앵거스는 우리를 그중 한 곳으로 데려갔다.

우리는 10분간 그곳에 앉아 있었다. 또 20분. 앵거스는 15미터 정도 떨어진 곳에 홀로 앉아 있었다. 그는 우리가 있다는 사실을 잊은 채 호수의 지류를 고요한 눈빛으로 응시했다. 몹시 추운 날씨였다. 영하 5도가량은 되는 듯 했다. 대지와 주변 초목에 서리가 두

텁게 내려앉았고, 이른 아침 햇살이 서리 표면에 반사되어 반짝였다. 우리는 허공을 응시한 채 몸을 잔뜩 웅크렸다. 그야말로 우리는 낯선 땅의 고독하고 고단한 이방인이었다. 시간이 흐를수록 좌절감은 깊어졌고, 마음은 어수선해졌다. 어서 따뜻한 모텔로 돌아가 몸을 누이고픈 마음뿐이었다.

시간이 흐를수록 추위는 몸을 파고들었고 마침내 자연 체험은 이걸로 충분하다고 생각했을 때, 계곡에서 불어오는 미풍이 사시나무와 침엽수들 사이로 휘파람을 불기 시작했다. 그러자 놀랍게도 돌연 으르렁거리는 강력한 음향이 일제히 들려왔다. 거대한 파이프 오르간을 누군가 한꺼번에 누르는 듯한 웅장한 음향이었다.

나와 폴은 서로를 멍하니 쳐다보았다. 환영의 목소리를 들었다는 충격에 망연자실한 표정으로 말이다. 마침내 앵거스가 우리를 바라보더니 자리에서 일어나 천천히 걸어왔다. 우리의 표정을 읽은 그는 이 소리가 어디서 오는지 아느냐고 물었다. 나와 폴은 고개를 흔들었다.

앵거스는 우리의 어깨를 꽉 움켜쥐고 일어나라는 몸짓을 취한 다음 호숫가로 이끌었다. 그는 우리에게 주변을 둘러보라고 했다. 하지만 나와 폴은 특이할 만한 점을 발견하지 못했다. 그런데 차차 우리가 듣고 있는 소리가 무엇인지 감이 오기 시작했다. 호수의 지류 맞은편에 서로 다른 길이의 갈대 수백 개가 고개를 숙인 채 늘어져 있었다. 그리고 바람이 불어올 때마다 갈대들이 공명하는 거대한 팬파이프처럼 웅장한 음향을 쏟아내는 것이었다.

계시 같은 순간은 그뿐만이 아니었다. 앵거스는 나이프를 들고 낮은 물길을 가로질러 가더니 1미터 길이의 갈대를 하나 잘랐다. 그러고는 갈대의 몇 부분에 구멍을 내더니 손으로 한쪽 끝을 막고 다른 쪽을 불어서 길고 낮은 톤의 소리를 냈다. 일련의 호흡음이 이어졌다. 그는 우리를 힐끗 본 다음, 다시 물가를 따라 늘어선 갈대로 시선을 돌리며 말했다. "바람이 무슨 일을 하는지 알겠소? 우리는 이렇게 우리의 음악을, 당신들은 당신들의 음악을 얻었소. 하지만 당신들을 이것들을 다 잊어버렸지."

이 순수하고 소박했던 계시의 순간은 처음에는 적잖은 당혹감과 부끄러움으로 다가왔다. 나는 음악계에서 인정받는 전문가였지만, 실제로는 아는 게 없었다는 사실을 빨리 깨달았다. 불시의 공격을 받고 전에는 상상하지 못했던 현실로 들어선 느낌이었다. 전혀 새로운 세계, 호기심 가득한 아이의 세계가 다시 열린 것이다.

결국 쌀쌀했던 10월의 어느 날 아침, 그 광막한 자연 속에서 마주했던 순간은 내게 강렬한 인상을 남겼고 그 이후 나는 자연의 음향, 특히 생물음과 모든 문화권 음악의 직접적인 연관성을 밝히는 탐구의 길로 들어섰다. 그리고 그 길이야말로 내가 한없는 안락함과 기쁨을 느끼는 곳이다.

● 생태 소리 음향 전문가 | 버니 크라우스

05
준비된 위기

나는 19년 동안 대기업에서 근무했고, 나의 글쓰기 파트너이자 오랜 친구인 아드리안 고스틱(Adrian Gostick)과 함께 책을 썼다. 우리가 15년 동안 함께 쓴 긍정적이고 생산적인 일터를 만드는 방법을 다룬 일곱 권의 책은 베스트셀러가 되었고 100만 부 이상 팔렸다.

우리는 금전적으로 매우 안정적인 상태였다. 겉으로 나타난 수치로만 보자면 우리는 꽤 행복한 상태임에 분명했다. 그러나 뭔가가 빠져 있었다. 사실 우리는 불행했을 뿐만 아니라 비참했다. 이때 대기업의 안정적인 환경을 떠나 우리만의 길을 가기로 결정한 건 내 인생의 가장 큰 터닝 포인트였다.

아드리안과 함께 글을 쓰기 시작한 건 내가 다니던 회사의 CEO이자 훌륭한 리더였던 켄트 머독(Kent Murdock)과 함께 일하면서부터였다. 우리에게는 출판과 강연, 교육 프로그램을 통해 고객들에게 큰 변화를 선물할 수 있다는 비전이 있었다. 우리는 장차 '사유의 리더', '일터의 전문가'가 되어 진정한 영향력을 갖게 될 것이라고 생각했다. 이는 회사를 위해서나, 고객들을 위해서나 즐거운 일이었다. 우리는 진정한 변화를 일구어낼 작정이었다. 그리고 예상은 적중했다! 우리는 정말 '사유의 리더'이자 '일터의 전문가'가 되었다.

그러나 전 세계를 상대로 글을 쓰고, 강연을 하고, 교육 프로그램을 진행하면서 우리는 현재의 조직 구성으로는 고객들과 깊이 있는 관계를 맺을 수 없다는 사실을 발견했다. 그 당시 우리의 작업은 콘퍼런스에서 강연을 하고 특정 기업과 의견 교환을 한 다음, 나머지 일을 지역의 담당자에게 위임하는 방식이었다. 일은 신속하게 진행되었지만 그다지 만족스럽지 못했다. 작업을 할 때마다 우리가 정말 변화를 초래했는지 알 길이 없었기 때문이다.

무엇보다도 발을 담갔다 빼는 속도가 지나치게 빨랐다. 근사한 책들을 써냈지만 우리에겐 우리만의 고유한 업무가 없었다. 아드리안과 내가 하는 일은 꽤 근사했고 회사의 지원도 풍족했지만, 어느 시점에선가 우리는 우리만의 일을 하고 싶다는 생각을 가지게 되었다. 자리를 옮기지 않으면 불가능한 일이었다.

그러던 중 회사 수뇌부가 바뀌었다. 더불어 우리가 고객들과 관계를 맺는 빈도도 줄었다. 지난 10년 동안 나와 아드리안의 힘은 고갈되어 버렸다. 문자 그대로 내 인생과 에너지는 우리가 일구어놓은 브랜드에 다 빨려버렸다. 내게 동력을 주던 모든 것이 다 죽어버렸다는 느낌이 들었다. 나는 늘 실의에 빠져 있었고, 우리의 탁월한 성과를 기업 정치와 이기적 야욕에 얽혀들도록 방치했다는 사실에 화가 났다. 나는 스스로를 책망했다. 정서적으로 너무 힘들어서 돌아버릴 지경이었다. 가족들까지도 나의 불안한 상태를 느낄 정도였다!

결정을 내려야 했다. 여기에 안락하게 머물며 돈이나 벌 것인가, 아니면 스스로 박차고 나갈 것인가. 쉰두 살 때 내 인생 최초로 창업을 하겠다는 생각은 두려움 이상의 감정을 안겨주었다. 그러나 다행히도 내게는 근사한 조언을 해줄 멋진 사람들이 옆에 있었다.

내게 가장 큰 힘이 된 사람은 아내 하이디(Heidi)였다. 그녀는 내 고민 속으로 걸어 들어와 나를 위한 선택을 해주었다. 그녀의 조언에 의하면 중요한 것은 '떠날까 말까'의 여부가 아니라 '언제 떠날 것인가'였다. 그녀는 나의 정체 상태가 나를 천천히 죽이고 있으며, 그리고 그 사실이 가족들에게도 독이 될 점이라는 점을 꿰뚫어 보았던 것이다. 어찌 되었건 우리는 떠나야 했다. 아내는 남편을 되찾고 싶었고, 아이들에게는 분노에 찌들지 않은 아빠가 필요했다.

거의 20년 동안 몸담았던 직장을 떠날 수 있게 격려해주고, 아드리안과 나만의 사업을 시작하도록 도와준 사람은 아내 하이디였다. 그녀는 내가 어떤 사람인지 일깨워주고 확신을 가지게 함으로써 우리만의 사업을 일굴 수 있다고 가르쳐주었다. 나 혼자서는 결코 내리지 못했을 결정이었다.

글쓰기 파트너이자 친애하는 벗인 아드리안 고스틱도 든든한 지원자였다. 우리가 거둔 성공은 그가 가진 글쓰기 재능 덕분에 가능한 것들이었다. 그가 없었다면 나는 회사의 울타리를 벗어나지 못했을 것이다. 운명의 장난인지 그 또한 나와 같은 감정을 느끼고 회사를 떠날 준비가 되어 있었다. 그리고 마침내 우리는 한결같은 신뢰를 보내주었던 에이전트 케빈 스몰(Kevin Small)의 도움을 받아 다른 길을 향해 도약했다. 그 도약이야말로 내 인생의 모든 것을 바꾸어놓은 터닝 포인트였다.

그동안 전혀 예상하지 못했던 이 터닝 포인트는 내 인생을 완전히 바꾸어놓았다. 이 터닝 포인트가 없었더라면 나는 인생의 황혼기에도 자신이 가야 할 길을 바꿀 수 있다는 사실을 깨닫지 못했을 것이다. 인생에는 다른 도전의 길이 있다는 사실, 19년 동안 걸어왔다는 이유만으로 그곳에 머물 필요는 없다는 사실도 깨닫지 못했을 것이다. 무엇보다도 나는 이 변화를 통해 내게 훌륭한 가족과 친구가 있음을, 얼마나 많은 이가 나를 응원해주는지 깨달았다. 우울하고 의기소침했던 나는 결코 혼자가 아니었다. 이는 배우기 힘든 교훈이었다. 독립해서 스스로의 힘으로 모험을 하지 않았다면, 한곳에 머물렀더라면 결코 배울 수 없었던 교훈이었다.

그로부터 5년이 흘렀고 우리는 여전히 큰 성공을 누리고 있다. 아드리안과 나는 교육 프로그램뿐 아니라 컨설팅 비즈니스의 기반이 되는 우리만의 베스트셀러들을 갖추고 있다. 우리는 컨설팅 교육 사업을 통해 고객들과 의미 있는 관계를 맺고 있으며, 그토록 그리워했던 일을 하고 있다. 진정한 변화를 이끌어나가고 있는 것이다. 아마도 이보다 더 충만한 삶은 없으리라.

● 동기 부여 전문가 | 체스터 엘튼

06
터닝 포인트

　자동차 디자인의 세계를 잘 몰랐던 젊은 시절, 내 첫 직장은 독일에 있는 오펠(Opel)이었고 쿠르트 루드비히(Kurt Ludwig)가 거느리는 인테리어 디자인 스튜디오에서 근무했다. 루드비히 씨는 키가 크고 건장한 체격이었으며, 당장이라도 육중한 몸으로 상대를 뭉개버릴 것처럼 몸을 기대어 오는 타입이었다. 게다가 그는 벌겋게 타오르는 담배 끝의 재를 상대의 면전에 흔들거나, 맹렬하게 담배를 빨아들여 30초면 다 태워버리는 골초였다. 그만큼 그는 디자인 스튜디오에서 다른 이의 이목을 끄는 인물이었다.
　나는 루드비히 씨에게 호감과 두려움을 동시에 느꼈다. 우선 그는 웃음이 많고 외국인에게 친절하게 대하는 호쾌한 상사였다.

하지만 돌이켜 보면 나는 처음엔 내가 하려는 일에 그다지 진지하지 않았고, 루드비히 씨 같은 상사의 지도 아래에서 어떻게 디자인을 배울 수 있을지 의심했다. 루드비히 씨는 부하 직원이 일을 스스로 파악하게 내버려두는 타입의 상사였기 때문이다.

또 우리가 루드비히 씨 같은 노익장들을 존경했는지도 잘 모르겠다. 그들의 작업은 젊은 디자이너들이 추구하던 참신한 디자인이나 자동차의 모습과 거리가 있어 보였다. 내 생각에 루드비히 씨는 내가 그렸던 자동차 스케치에 대해 다소 겁을 먹었던 것 같기도 하다. 나는 분명 그의 의견을 능동적으로 수용하지 않았다. 그럼에도 그는 처음 몇 달 동안 내게 매우 만족하는 듯한 모습을 보여주었고, 나의 작업에 대해서 한마디도 비판을 하지 않았다.

그러던 어느 날 루드비히 씨가 퍽 맘에 들어 했던 내 자동차 핸들 디자인(오펠의 코르사[Corsa] 스포츠카용으로 오늘날에는 찾아보기 어려운 디자인이다)이 생산 담당 엔지니어들의 심사를 받아야 할 일이 생겼다. 루드비히 씨는 나를 엔지니어들의 사무실로 보냈다. 엔지니어들은 교양 넘치고 친절한 사람들이었지만, 단호한 태도로 내 디자인을 비판했다. 엔지니어들은 서로 다른 재질을 함께 사용하기 위해 내가 남겨 놓은 공간이 '몇 밀리미터'만큼 모자라서 디자인을 그대로 사용할 수 없다고 말했다. 내가 디자인한 핸들 스포크는 현대적이면서도 클래식한 외양을 표현하기 위해 세 개의 구멍을 가지고 있었는데, 그들은 공간 문제 때문에 이제는 아무도 핸들 스포크에 구멍을 내지 않는다고 주장했다. 그러면서 내 스케치를 말아서 팔 아래 끼워주고는 구멍이 없는 핸들로 디자인을 수정해 오라고 했다.

그렇게 무안을 당한 뒤 나는 디자인 센터로 돌아오다 입구에서 루드비히 씨와 마주쳤다. 그는 미팅 결과를 물었고, 나는 별생각 없이 엔지니어들의 의견을 전했다. 그 당시 나는 문제를 해결하는 것이 디자이너의 일이므로 구멍이 없는 핸들이 해결책이라면 그걸 디자인하는 게 내 업무라는 식의 태도를 갖고 있었다. 나는 루드비히 씨에게 "새 디자인을 고안하려고요."라고 말했다.

루드비히 씨에게 딱히 어떤 반응을 기대한 것은 아니었다. 그런데 루드비히 씨를 올려다보는 순간 나는 깜짝 놀랐다. 그는 얼음장같이 굳은 채 불타는 눈길로 나를 응시하고 있었다. 얼굴은 무시무시한 분노로 일그러졌고, 입에 문 담배는 커다랗게 숨을 들이쉬면서 나를 향해 소리 지르는 통에 연기로 변해 사라졌다. "뭐야?" 그가 고함쳤다. "그냥 그렇게 당신이 디자인한 걸 포기하겠다고? 고작 몇 밀리미터 공간이 부족하다는 이유로 모든 걸 포기하겠다는 거야?" 분노로 부풀어 오른 루드비히 씨는 몸을 한껏 세우고는 내 앞에 우뚝 섰다. 작은 나룻배 앞에 나타난 거대한 유조선의 뱃머리 같은 모습이었다. 혐오감으로 가득한 그의 어조로 보건대, 그는 엔지니어들의 주장을 액면 그대로 받아들이고 아무런 이의조차 제기하지 못하는 나 같은 사람을 경멸하는 게 확실했다.

온몸의 피가 갑자기 얼어붙는 것 같은 느낌에 나는 핸들 청사진을 뒤로 숨겼다. 하지만 루드비히 씨는 그 스케치를 낚아채더니 대기실 테이블 위에 있던 잡지와 재떨이를 쓸어버리고 스케치를 넓게 펼쳤다. 쿵 소리를 내며 의자에 앉은 그는 가슴 주머니에서 10센티미터짜리 작은 자와 샤프펜슬을 꺼냈다. 나는 뭔가 쓸모가 될 만한 자세를 취해보려 했지만 루드비히 씨가 몸을 구부리고 테이블 위를 모두 차지하는 바람에 어쩔 도리가 없었다. 그저 그의 옆에 무릎을 꿇은 채 가만히 지켜볼 수밖에.

루드비히 씨는 엔지니어들이 필요하다고 말했던 여분의 공간에 대한 요소를 다시 그리기 시작했다. 투덜거리면서 연신 담배 연기를 내뿜고, 지우고, 그리고, 또 지우고, 다시 그리면서 초기의 구조를 바탕으로 한 수십 장의 대안 디자인을 만들었다. 가끔씩 독일어로 무슨 숫자를 중얼거렸는데, 내 생각엔 내게 욕을 하거나 담배 연기를 뿜기 위해 입을 여는 것 같았다.

땀방울이 그의 이마에서 굴러떨어졌다. 30분, 또 30분이 지났다. 주변 공기는 우울하고 어두웠다. 마침내 그는 엔지니어들의 불만을 해결할 수 있는 하나의 디자인을 찾아냈다. 그들이 소중히 여기는 밀리미터만큼 내구력을 지키고, 디자인도 원래의 구멍과 모양을 유지할 수 있는 도안이었다. 나는 내가 만든 참담한 재앙이 그의 어깨 너머에서 기적으로 바뀌는 것을 보았다. 루드비히 씨는 단 몇 도 디자인을 기울여서 단단한 부분들이 서로 잘 어울리면서도 인체 공학적인 자세를 망치지 않도록 만들어놓았다.

그는 쓰던 도구를 주머니에 집어넣고 종이를 도로 말아서 단호한 태도로 내게 건네주었다. 그의 퉁명스러운 얼굴 표정은 엔지니어 팀과 이 젊은 미국인 신참 직원이 둘 다 틀렸음을 입증한 기쁨에도 불구하고 전혀 풀어지지 않았다. 그가 다시 입을 열었다.

"엔지니어의 의견은 그저 하나의 의견일 뿐이야. 물론 엔지니어들은 모래 위에 높은 내구성을 지닌 강철성을 짓지. 그리고 그들은 자신이 왜 옳은지 객관적인 이유를 들어서 설명해. 하지만 이걸 알아야 해. 그들이 짓는 결론은 언제나 주관적 전제라는 부드러운 모래 위에 있다는 것을. 그리고 그 주관적 전제는 디자이너가 제공하는 거야. 모래에 작은 변화만 생겨도 큰 성은 돌연 엉뚱한 것이 될 수 있어. 대안이 될 방법은 늘 있어. 하지만 당신이 그 대안을 찾지 못하면 엔지니어들 또한 당신에게 그 대안을 찾아주지 못해."

내가 떨어진 물건들을 정리하는 동안 그는 일어나서 자리를 떴다. 그리고 문을 나서기 전 마지막 조언 몇 마디를 더 던졌다. "엔지니어들에게 다시 가서 이 빌어먹을 핸들을 생산하라고 지시하게. 내가 승인한 당신의 디자인 그대로 말이야. **이건 아름다운 디자인이고, 아름다운 디자인은 싸울 만한 가치가 있어. 언제나 디자인을 위해 싸우란 말이야!**"

바로 그날 디자인을 대하는 내 태도는 돌변했다. 나는 다시 돌아가서 그 핸들을 생산할 수 있도록 엔지니어들과 논쟁을 벌였고,

그 이후의 다른 도전에도 정면으로 맞섰다. 그러면서 '디자인을 위해 싸우라'던 루드비히 씨의 말이 무슨 뜻인지 이해하게 되었다. 디자인을 지키기 위해 싸운다는 것은, 해결책은 항상 디자인을 중심으로 이루어져야 하며, 디자이너는 외부적인 요인을 모두 이해할 수 있을 만큼 똑똑해져야 한다는 사실을 의미했다. 엔지니어와 디자이너는 부딪히는 일이 종종 있지만, 그것은 단지 엔지니어들이 디자이너들이 시도하는 변화에 맞추기 위해 최선을 다하기 때문이며, 디자이너는 엔지니어를 설득할 수 있을 만큼 영리해야 했다. 이것이 루드비히 씨의 첫 번째 교훈이었다.

루드비히 씨가 내게 가르쳐 준 두 번째 교훈은 내가 창조한 디자인에 자부심을 가지라는 것이었다. 내 디자인을 살리고 더 나은 것으로 만들기 위해 땀과 눈물을 쏟을 만큼 애정을 쏟으라는 것이었다. '디자인을 위해 싸우라'는 슬로건은 공세적으로 굴거나 엔지니어들에게 호통을 치라는 뜻이 아니었다. 그것은 나의 게으름과 아둔함에 맞서 싸우라는 얘기였다.

좋은 교훈이었다. 그날 나는 대기실을 떠나면서 인생의 한 모퉁이를 돌았다. 그 사건이야말로 내 안에 잠자고 있던 진지한 자동차 디자이너 본능을 깨운 터닝 포인트였다.

● 공학 디자이너 | 크리스 뱅글

07
산산이 부서진 생(生)

많은 이들이 그러하듯, 나의 인생사 또한 모든 것을 변화시키는 예기치 못한 사건들의 연속이었다. 느닷없이 삶에 닥치는 사건들로 인해 우리는 어쩔 수 없이 변하게 된다.

지난해 나는 사고로 사지마비 환자가 된 지 33주년 기념일을 맞았다. 그 기념일이 내게 의미심장했던 또 하나의 이유는 그해 예순여섯 번째 생일을 맞았기 때문이었다. 정확히 인생의 절반을 마비 환자로 살았던 셈이다. 그날 나는 연인이자 벗인 여인과 스타벅스에서 만나 이야기를 나누었다. 그녀는 인생의 절반을 휠체어에서 보낸 지난날들을 돌아보라고 권유했다. 나는 두 눈을 감고 나를 지금 이 순간으로 이끌었던 모든 사건들을 돌아보기 시작했다.

지금 나는 카페에서 사랑하는 여인과 테이블을 사이에 두고 마주앉아 있다. 그리고 이제 나는 사람들이 자신의 인생을 좀 더 행복하게 살 수 있도록 도움을 줄 수 있다. 지금 나는 살아 있는 존재에 대한 애정으로 충만하다. 어떻게 나는 여기까지 온 것일까?

어디서부터 시작해야 할까? 7학년 담임에게 성적(性的)으로 학대당했던 때가 좋을까? 아니면 갓난아이 둘을 키우던 상황에서 아내가 악성 흑색종에 걸렸던 스물다섯 살 무렵부터 시작할까? 내 나이 서른셋, 그때까지 알던 삶이 끝났을 때? 그로부터 10년 후 누이를 뇌종양으로 잃었을 때?

물론 이 모든 사건과 그 이상의 많은 일들이 내 인생의 터닝 포인트다. '외상 후 성장'이라는 대중에겐 생소한 심리학 연구 분야가 있다. 연구에 의하면 인생에서 중대한 외상을 겪은 대다수의 사람은 아픔을 통해 자신이 더 지혜롭고 나은 인간이 되었다고 회고한다. '외상 후 스트레스 장애'를 겪는 사람들을 과소평가하자는 얘기가 아니다. 고통과 장애가 상실 후에 얻을 수 있는 지혜에 반드시 방해가 되지는 않는다는 사실을 말하고자 할 뿐이다.

나에게는 두드러진 전환점이 두 개 있다. 첫 번째 전환점에 관해서는 『샘에게 보내는 편지』에 고백한 바 있다. 교통사고를 당한 뒤 내 몸과 영혼은 산산이 부서졌다. 사랑하는 사람들에게 짐만 될 게 빤하다고 생각했기 때문에 치욕과 무기력, 절망 속에서 하루하루를 살았다. 세상에 살 만한 가치가 없는 존재라는 느낌이었다.

내가 바라는 일이라곤 눈을 감고 두 번 다시 뜨지 않는 것이었다.

심각한 자기 연민과 자살에 대한 생각에 빠져 중환자실에 누워 있던 어느 날 밤, 간호사 한 명이 다가오더니 내가 심리학자라는 말을 들었다고 했다. 그렇다는 내 대답에 그녀는 자신의 이야기를 해도 되겠느냐고 물었다. 그 당시 나는 목에 철제 보조기를 차고 있었기 때문에 고개를 돌려 그녀의 얼굴을 볼 수 없었다. 하지만 그녀는 상관하지 않고 자기 이야기를 들려주었다. 상실과 배반에 관한 이야기였다. 그녀는 깊은 시름에 잠겨 있었고 이대로 계속 살아야 할지 모르겠다고 말했다.

나는 그녀의 심정에 깊이 공감했다. 나야말로 그녀와 같은 생각이었기 때문이다. 그녀 또한 내가 말하지 않아도 자신의 심정을 헤아리고 있다는 사실을 알고 있었다. 그녀는 망가진 내 몸을 전혀 신경 쓰지 않았다. 내 몸에 연결된 소변줄도, 내가 움직일 수 없다는 사실도 개의치 않았다. 그녀는 그저 나를 자신에게 도움이 될 한 사람의 인간이자 동지로 여겼던 것이다. 나 또한 사고 이후 처음으로 자신을 그런 존재로 느꼈다. 이야기가 끝난 뒤 나는 그 간호사에게 치료 전문가를 따로 소개해주었고, 그녀는 내게 감사하다고 말했다. 그때 나는 두 눈을 감고 자신에게 이렇게 속삭였다.

"그래. 이거면 살 수 있어."

그 간호사는 내게 단지 무엇인가를 물었을 뿐이었다. 그 단순한 행위만으로 그녀는 내가 가치 있는 인간이라는 사실을 다시 일깨워주었던 것이다. 그럼에도 불구하고 나는 친지들에게 향후 3년 동안 사지마비 환자로 사는 일에 적응하기 위해 애써보겠다고 말했다. 만일 그 후에도 지금처럼 고통스럽다면 그때 가서 삶을 선택할지 죽음을 선택할지 다시 결정하겠다는 얘기였다.

그렇게 3년이 흐르는 동안 나는 내밀한 대화를 나누었다. 대상이 누구였는지는 확실치 않다. 아마도 누군가 더 강한 힘을 가진 존재였거나, 내 가장 깊은 내면의 진실이었을 것이다. 어쨌든 나는 그 존재를 향해 이렇게 말했다. "좋습니다. 이 상태로 살겠습니다. 하지만 언젠가 다시 걸을 수 있다는 희망을 주십시오." 그리고 다음과 같은 대답을 들었다. "희망은 없다. 이것이 너의 삶이다. 삶을 선택하든 죽음을 선택하든 네 몫이다." 나는 굴하지 않고 협상을 계속했다. "그렇다면 앞으로 이렇게 항상 아프지는 않으리라는 희망만이라도 주십시오." 하지만 돌아온 대답은 같았다. 결국 내게 주어진 삶을 살거나 포기하는 결정은 오롯이 나의 몫이었다.

선택을 마주했던 그 순간이야말로 진정한 선물이었다. 물론 나는 삶을 택했다. 처음엔 삶을 택한 이유가 아이들에게 내가 필요하기 때문이라고 생각했다. 그 이후에는 부모나 친구들, 내게 상담을 청하는 환자들을 위한 것이라 여겼다. 그러나 2년이 흐른 뒤 나는 깨달았다. 삶을 선택했던 나의 결정은 다른 무엇 때문이 아니라 생을 사랑하는 나 자신 때문이었다는 것을. 그 자각 이후 내 인생은 목표와 열의와 감사로 더욱 충만한 삶이 되었다.

최근에 출간한 『Restoring Our Faith in Ourselves(우리가 타고난 지혜)』(국내 미출간)에 나는 '내면의 지혜'라는 소질을 타고난 인간에 대해 기술했다. 우리가 가지고 태어난 지혜는 충동과 자존심, 에고(ego) 등의 다른 감정적 현상에 가려져 좀처럼 드러나지 않는다. 하지만 상실과 그로 인한 삶의 변화를 겪을 때마다 점점 더 삶 자체에 열린 태도를 갖게 되고, 마침내 내면의 지혜를 깨닫게 된다.

아래의 글은 상처와 치유의 과정을 담은 나의 시다.

부서진 인생들, 그리고 열린 마음들

삶이 돌연 피에 굶주려 맹렬한 기세로 당신에게 달려들 때
발가벗은 채 피를 흘리며 낯선 땅에 서 있는 자신을 발견할 때
세상이 부서지고 약한 내 모습을 지켜본다는 느낌이 들 때
그 어느 때보다도 깊이 치욕스러울 때
얼굴을 가리고 두려움에 떨며 일단 시작되면 멈출 수 없을 울음을 터뜨리지도 못하고 있을 때
진실이라 생각했던 모든 것들이 사라져버렸을 때
이제 지도 한 장 없이 당신은 일어선다.
공포에 떠는 약한 모습 그대로 미지의 세계를 향해 불안한 첫걸음을 내딛는다.
어제로 다시 돌아가고 싶다는 비밀스런 염원과 내일에 대한 두려움에 떠는 당신.

의사를 찾아 육신의 상처를 치료해도 상처의 흔적은 지워지지 않는다.

다른 의사를 찾아 부서진 마음을 치유해도 그 흔적 또한 영원히 사라지지 않는다.

충격과 노여움과 자기 연민과 적의에 들뜬 시간이 지나고

이젠 너무 지쳐 내 삶의 진실과 맞붙어 싸울 힘조차 남아 있지 않을 때

당신은 울고, 울고 또 운다. 당신은 자신이 잃은 것 때문에 울고 고통 받는 스스로를 위해 울며 고통에 신음하는 모든 이들을 위해 운다.

이제 당신은 새로운 생을 향해 눈을 뜬다. 그리고 이렇게 말한다. "좋아. 이제 어떻게 하지?"

이제 새로운 삶이 다시 시작된다. 전과는 전혀 다른 삶이다. 당신은 이제 강한 육신을 가지지 못했다는 사실 뿐만 아니라, 나약함을 숨길 힘조차 갖고 있지 못한 자신의 모습을 발견한다.

그리고 당신은 비로소 깨닫는다.

이제 대기는 더 달콤하고 태양은 더 찬란히 빛난다는 사실을.

당신의 사랑은 더 확고하고 풍부하다는 사실을.

당신의 사랑이 전보다 더 충만해지기 시작하고 사랑이 더 쉬워 보인다는 사실을.

그리고 결국 깨닫는다. 이 모든 사람이 당신의 부서진 마음의 상처를 통해 나온다는 사실을.

● 심리 치료사 ｜ 대니얼 고틀립

08
해고라는 고마운 선물

　2002년 나는 해고당했다. 버려지고 제거당했다. 불필요한 잉여 인간이 되었다. 부티드 아웃(Booted out). 그야말로 잘린 것이다.
　해고는 믿을 수 없는 선물이었다. 하지만 당시에는 몰랐다. 근무하던 회사가 대기업에 인수된 뒤 마케팅 부사장이라는 내 직책은 사라졌다. 웹을 기반으로 한 내 마케팅 아이디어가 새로 온 상사에게 지나치게 급진적이라 느껴져 해고된 것이라 믿고 싶다.
　아니면 내가 누군가를 화나게 해서 해고된 것일 수도 있다. 나는 회사 내에서 별로 유명한 사람이 아니었다. 그래서 회사에 깊은 인상을 남기고 싶어 지나치게 공격적인 언행을 했는지도 모른다. 그럼에도 불구하고 나는 자신을 회사에 각인시키는 데 실패했다.

기존에 있던 직원들은 서로들 잘 알았지만, 나는 그렇지 못했다. 기업에서는 익숙한 사람들이 대개 승자가 된다. 내 해고 사유는 사람들이 날 몰랐기 때문일 수도 있다. 이유야 어찌됐건 나는 6년 동안 다니던 회사에서 혈혈단신 거리로 쫓겨났다.

나의 해고는 미국 역사상 최악의 상황에 처한 취업 시장에서 일어난 일이었다. 때는 2001년이었고 9·11 테러가 발생한 바로 몇 달 후였다. 정말 끔찍했다. 그러나 다른 한편으로, 해고는 믿을 수 없을 만큼 강렬한 해방감을 내게 가져다주었다.

오늘날의 입장에서 그때의 해고가 성공의 기반이 되었다고 말한다면, 그것은 그 당시 내가 처했던 어려움을 과소평가하는 일이나 다름없다. 나는 15년 동안 생계유지를 위해 꾸준히 직장을 다닌 상태였고, 나만의 능력으로도 먹고살 수 있다는 생각을 하기까지는 꽤 오랜 시간이 필요했다. 십 대 시절 이웃의 정원 일을 해주고 처음 돈을 받았던 이후, 나는 늘 누군가에게 고용되어 있었다.

해고당한 뒤 다른 정규직 부사장 자리를 구하기 위해 나섰지만 경제 상황은 그야말로 절망적이었다. 보스턴에 내가 일할 만한 직장은 없었다. 해고의 아픔으로 생긴 상처를 통해 무엇인가 새로운 도전을 해보려 했지만 정말 쉽지 않았다.

나는 튼실한 기업이라는 젖꼭지를 빠는 데 익숙한 인간이었다. 기업이라는 유모가 제공하는 법인 카드와 명망에 젖어 있었다. 하지만 이제는 큰 기업의 품에서 벗어나 1인 기업의 창업주가 되어야 할 판이었다. 결국 나는 내 사업을 시작하면서 웹 마케팅에 대한 아이디어를 정교하게 가다듬었다. 그리고 지금은 내가 엄선한 고객들과 함께 일하며, 책을 쓰고, 사람들을 교육하고 있다.

여기서 나는 묻고 싶다.

"당신은 여전히 실업자인가?"

나는 가족과 친구들, 동료들에게 '마케팅 판매 전략가'가 실업자를 가리키는 완곡어법이 아니라는 사실을 납득시키는 데 오랜 시간이 걸렸다. 아니, 아예 노골적으로 주장했다. 내가 강연하고, 글을 쓰고, 컨설팅하는 것은 먹고살기 위해 하는 일이며, 정규직이라는 단 열매가 입안으로 떨어지기만을 기다릴 수는 없었노라고.

사실 인생의 궤도를 바꾸기 위해 해고 같은 참사가 필요했다는 식의 조언은 뻔뻔한 상투어다. 하지만 그 뻔뻔한 상투어가 내게는 절대적으로 맞는 말이었다. 만일 톰슨(Thompson)에서 해고되어 보잘것없는 취업 시장에 내던져지지 않았더라면 나는 오늘도 정규직 마케팅 일을 하고 있을 것이다. 해고를 통해 인생의 새로운 방향이라는 선물을 받은 셈이다. 이미 10년도 넘은 일이다. 이제는 그 사건이 내 인생 최고의 나날을 가져왔다고 말해도 좋을 듯싶다.

뭔가를 다시 창조하는 일은 어렵다. 그러나 열심히 노력하면 성공은 불가능한 것이 아니다.

● 마케팅 전문가 | 데이비드 미어만 스콧

09
의료 사고

1998년 나는 의료 과실로 맏형을 잃었다. 심장 마비 증상이 있었던 형은 가슴 통증을 호소하며 병원에 찾아갔지만, 의사들은 심장 기능에는 문제가 없으며 대신 박테리아에 감염되었을 가능성이 높다고 판단했다. 하지만 이건 오진이었다. 의사들은 형과 아버지의 의료 기록을 혼동했던 것이다. 아버지는 형이 세상을 떠나기 두 달 전, 스트레스 상황에 처했을 때 심장 기능에 문제가 없다는 진단을 받았다. 그래서 의사들은 형의 가슴 통증을 진지하게 받아들이지 않았던 것이다. 이틀 후 오진을 발견한 의사들이 심장 절개 수술을 통해 형을 살리려 했지만, 이미 늦은 상태였다.

형이 죽은 뒤 의사와 병원 측은 자신들의 과오를 덮으려 했다.

그들은 우리 가족과 이야기를 나누지 않으려 했고, 우리는 어쩔 수 없이 법적 조치를 취했다. 결국 보상금은 받았지만, 그 당시 우리는 어떤 해명이나 사과도 받지 못했다. 분노로 미쳐버릴 것 같은 시절이었다.

의료 과실로 형을 잃은 뒤 나는 '쏘리 웍스(Sorry Works)!'라는 단체를 조직했다. 쏘리 웍스!는 의사와 간호사를 비롯한 병원 측의 의료 종사자들에게 소통과 공감의 필요성을 이해시키고, 의료 과실에 대한 잘못을 인정하고 사과하도록 가르치는 비정부 국제 조직이다.

지난 7년 동안 나는 전 세계를 돌아다니며 진실을 밝히기 위한 정보 공개와 사과의 필요성을 교육해왔다. 인터넷과 소셜 미디어, 온라인 강의 등을 통해 의료진이 의료 과실로 힘들어하는 사람에게 "미안하다."라고 말해야 한다고 가르쳐왔다. 말 그대로 의료진이 의료 과실에 책임을 지고, 상처 입은 환자들과 가족들에게 금전적·정서적으로 보상하는 방법을 제안한 것이다.

쏘리 웍스!에서의 활동은 내게 큰 카타르시스를 주었다. 이 일을 통해 나는 슬픔과 분노를 극복할 수 있었고, 형의 때 이른 죽음에 특별한 의미를 부여할 수 있었다. 그러나 동시에 나는 두 눈이 휘둥그레질 만큼 충격적인 사실 또한 알게 되었다. 의사들과 간호사들 또한 의료 과실로 인해 큰 고통을 받고 있었던 것이다. 의료진의 고통에 대한 자각은 내 인생에 중요한 하나의 터닝 포인트였다.

병원에서 강연할 때마다 나는 형의 이야기를 청중에게 들려주었다. 그러면 내 이야기를 들은 의료진들은 반대로 의료 과실이 어떻게 자신들의 인생을 파멸시키는지 들려주었다. 정말 가슴이 찢어질 만한 이야기들이었다. 의료 과실 이후 절망에 빠져 일을 그만두거나 조기 퇴직을 신청한 사람, 이혼을 하거나 가정 폭력을 휘두르게 된 사람, 심지어 자살하는 사람도 있었다. 의료 과실을 저지른 의료 종사자가 자살하는 경우가 많다는 건 안타까우면서도 놀라운 이야기였다.

내가 의료진들에게 들은 이야기 중 가장 슬픈 사례는 미국 서부의 병원에서 발생한 일이었다. 당시 나는 그 병원의 의료진에게 정보 공개와 사과에 대한 일련의 교육 프로그램을 진행하고 있었다. 이날도 나는 형 이야기를 했다. 그리고 그날 병원 경영진은 나를 저녁 식사에 초대해 의료 과실로 인해 극심한 고통을 겪는 의료진의 이야기를 들려주었다. 그들은 의료 과실로 일을 그만두거나, 결혼 생활이 파탄에 이른 사람들을 몇 명씩 알고 있었다. 의료 과실이 안락했던 그들의 삶을 송두리째 파괴했던 것이다. 나는 그날의 저녁 식사를 결코 잊지 못한다.

처음 쏘리 웍스!가 착수했던 작업은 의료 과실로 피해를 입은 가족에게 투쟁에 필요한 정보를 가르치는 일이었다. 피해자 가족이 원하는 의료진의 공감과 책임 있는 행동을 이끌어내는 것이었다. 하지만 의료 과실 이후 의사와 간호사들도 지지와 공감을 필요로 한다는 사실을 깨달았다. 그래서 지금은 정보 공개에 관한 교육을 할 때, 의사와 간호사 등의 의료진이 배제되지 않도록 노력한다. 강연을 듣는 이들에게 우리가 배려해야 할 대상에 의료진도 있음을 강조한다.

내 인생의 터닝 포인트는 의료 과실이 발생했을 경우, 실제로 피해를 입는 사람이 생각보다 더 많다는 사실을 인식한 것이다. 상처를 입은 사람뿐만 아니라 과실을 저지른 사람 또한 피해자라는 사실을 깨달은 것이다.

나약한 인간에 불과한 우리는 누구든 비극이 가져오는 고통에서 자유로울 수 없다. 상처를 입은 이들은 사람들은 분노 외에 다른 감정을 느낄 여유가 없기 때문에 의료 과실을 저지른 사람도 슬픔에 빠진다는 걸 인지하지 못한다. 실수를 저지른 사람 또한 신이 주신 따뜻한 심장을 가진 인간이라는 사실을 망각하는 것이다. 의료 과실은 저지른 사람과 당한 사람 모두가 희생자다. 그 사실을 제대로 인식하는 것이 슬픔을 치유하기 위한 중요한 첫걸음이다.

● 정보 공개 트레이닝 컨설턴트 ┃ 더그 워체식

10
지워지지 않는 폭력의 기억

 사건이란 좋든 나쁘든 우리의 기억에 아로새겨져 되살아나며, 평생 동안 우리의 사고방식과 인생의 원칙, 목적을 규정한다. 그리고 우리가 어떤 상황에 처했을 때 행동을 결정하는 전환점으로 작용한다. 내 인생의 목표를 규정했던 전환점 또한 어렸을 때 보았던 어떤 사건이다.

 나는 어린 시절 내내 범죄를 이해하는 데 골몰했다. 열 살이 될 때까지 파블로 에스코바르(Pablo Escobar)에 대한 뉴스를 들으며 자랐기 때문이다. 에스코바르는 콜롬비아 범죄조직인 메데진 카르텔(Medellin Cartel)의 전설의 마약 거물이자 쇼핑센터와 공관, 공항에 폭탄 테러를 저지른 인물이다. 그는 아예 콜롬비아 자체를 지배하고 싶어 했다. 구속된 마약 거래상들을 미국으로 넘겨주지 않고 콜롬비아에 머물게 하면서 마약 거래를 독점하려 했다. 그래서 미국은 에스코바르와 메데진 카르텔을 어떻게 처리할지 늘 고민했다.

심지어 에스코바르는 안전한 범죄 행각을 위해 국회 의원이 되었다. 그러나 다른 의원들은 범죄자인 에스코바르를 인정하지 않았다. 결국 에스코바르는 콜롬비아 사회를 상대로 전쟁을 선포했고 언론인과 정치가, 고위 공직자들을 납치하고 살해하며 폭탄 테러를 저질렀다.

1990년 5월 13일, 그가 설치했던 폭탄 중 하나가 우리 집에서 20블록 떨어진 쇼핑센터에서 터졌다. 나는 그때 들었던 폭발음과 "폭탄이야!"라고 외치던 부모님의 목소리를 생생하게 기억한다. 그날은 토요일인 데다 어버이날 전날이었기 때문에 백화점은 사람들로 엄청나게 북적거렸다.

사실 그때 나는 여덟 살에 불과했기 때문에 테러에 대해 깊이 생각해보지 않았다. 그저 겁에 질려 있을 뿐이었다. 하지만 테러의 피해자들이 마약 거래나 범죄와 아무런 관련이 없다는 사실쯤은 알고 있었다. 그들은 어버이날을 챙기려 했던 마음이 따스한 시민들이었다. 그리고 5월 13일은 콜롬비아 가진 수십 년의 어두운 역사를 장식한 또 하나의 날일뿐이었다.

나는 현재 국제 범죄를 연구하고 정확한 사회적 결정을 내리는 데 필요한 경험 증거를 제공하는 일을 하고 있다. 1990년 5월

13일은 내가 앞으로 어떤 일을 해야 할지 결정한 터닝 포인트였다. 나는 지금도 범죄자의 심리와 행동, 그리고 전 세계를 움직이는 범죄 네트워크를 파악하는 일에 매진하고 있다. 내가 던지는 근본적인 질문은 예나 지금이나 동일하다.

"왜 범죄자는 무고한 사람들을 해치는가?"

처음에는 종교적 질문을 통해 답을 얻으려 했다. 그러나 종교는 논리적이지 못했기 때문에, 나는 철학과 과학에서 그 답을 찾기로 했다. 철학을 전공했던 대학 시절, 나는 범죄자의 심리를 해석하고 구체적으로 사회를 변화시키기 위해서는 혁신적인 유형의 과학이 필요하다고 생각했다. 그래서 급진적 자연주의 사상과 다양한 과학을 통합하려 노력했다. 독단적인 교조주의(教條主義, 특정한 교의나 사상을 절대적인 것으로 받아들여 현실을 무시하고 이를 기계적으로 적용하려는 태도)를 피하고 과학의 핵심적 가치를 증진시키는 게 목적이었다.

그 결과 현재 나는 범죄를 과학적으로 이해하고 분석하면서도 특정 과학 분야에 매달리지는 않는 열려 있는 과학자가 되었다. 나는 도그마와 도그마를 설파하는 리더들의 위험성을 잘 알고 있기 때문에 특정 과학 단체를 옹호하는 일도 피한다. 나는 사회학자도, 경제학자도, 인류학자도 아닌 그저 사회 과학자일 뿐이다.

범죄 연구의 궁극적인 목적은 내가 어렸을 때 보았던 폭력을 예방하는 것이다. 현실을 개선하고 더 나은 사회를 창조하는 대신 스스로를 파멸시키는 데 에너지를 쓰는 사회는 그야말로 불행한 사회다. 과학이 추구해야 할 가장 중요한 가치는 바로 이런 사회 파괴에 맞서는 것이다. 정확한 현실 파악은 인간의 도덕성을 지탱해줄 수 있는 토대이며, 자연의 아름다움과 복잡성을 이해하는 인간은 타인의 아픔에 공감하고 존중하게 되어 있다. 나는 과학이야말로 지속적 사유와 논쟁, 상호 존중을 이끌어낼 수 있는 최적의 모델이라고 생각한다.

나는 범죄를 연구하고 그 해결책을 제안하는 사람이다. 그리고 어찌 보면 인생의 길을 닦는 터닝 포인트를 일찍 만났다는 점에서 운이 좋은 사람이다. 내 인생의 목표는 폭력과 폭발의 이미지들 속에서 형성되었다. 이 터닝 포인트의 강렬함 때문에 나는 범죄 예방을 위해 어떤 위험이라도 감수할 준비가 되어 있다.

범죄를 연구한다고 해서 크게 경제적 이득을 보는 것은 아니다. 그러나 나는 이 일을 통해 내 인생의 충만함을 느낀다. 내가 선택한 일은 활력 넘치는 모험과 같다. 더욱 중요한 것은 이 터닝 포인트를 통해 나 자신만의 길을 창조하고 걸어갈 수 있는 선택권, 파괴를 향해 치닫는 인간의 무시무시한 힘에 대한 지식, 그리고 현실 사회를 변화시키고 개선할 수 있는 자유를 얻었다는 점이다.

● 철학자 · 사회학자 | 에두아르도 살세도 알바란

11
병원 응급실

내 인생의 결정적 순간은 40여 년 전 오하이오 주의 데이턴(Dayton)에 있는 한 병원 응급실에서 발생했다. 그 당시 대학원을 갓 졸업한 젊은 심리학자였던 나는 살인을 줄이기 위한 가정 폭력 관련 특별 프로그램에서 데이턴의 경찰관들과 함께 일하고 있었다. 경찰 내에 인질 협상 팀이 꾸려지기 전이었다.

어느 날 저녁, 우리는 그 지역 병원의 호출을 받고 출동했다. 이혼한 아내의 칼에 찔려 병원으로 실려 온 정신 이상자 때문이었다. 병원에 도착해보니 그 남자는 간호사를 인질로 잡고 죽이겠다 위협하는 중이었다. 상황이 급박했다. 남자의 정신 상태와 동기가 불분명했다. 최루 가스를 쓰거나 다른 강압적인 수단으로 응급실에 진입하는 건 불가능했다. 경찰서 부서장은 누군가 조용히 응급실로 들어가 대화로 그를 진정시키는 게 최선의 방법이라고 결정했다. 그리고 신참인 내게 들어갈 의사가 있는지 물었다. 이성적으로는 거절하는 게 맞는다는 걸 알고 있었지만, 내 마음은 이 난제에 대한 흥미로 들끓었다. 나는 "물론입니다." 하고 대답해버렸다.

나는 아무런 무장도 하지 않은 채, 무엇을 보게 될지, 그리고 어떻게 일을 처리해야 할지에 대한 생각도 없이 응급실 안으로 들어갔다. 응급실에는 두 사람뿐이었다. 샘이라는 이름의 남자가 쉴라라는 간호사의 목에 가위를 겨누고 있었다. 분노에 빠진 남자는 "샘, 필요한 게 뭡니까?"라는 나의 질문에 아무런 답도 하지 않았다. 내가 방에 있다는 사실 만으로도 그는 격하게 반응했다.

몇 분 동안 고함을 지른 뒤 그는 결국 쉴라의 목을 가위로 그었다. 쉴라가 피를 흘리자 그의 분노는 더욱 거세졌다. 그는 쉴라를 끌고 뒷걸음질 치며 사람들을 죽이겠다고 고함을 질렀다. 치료대 뒤쪽에 있는 방에서 나와 정면으로 마주한 그는 내게 가위를 들이밀었다. 나는 무척 겁이 났지만, 평정 상태를 유지하면서 샘에게 다가가 두 손으로 그의 팔을 잡았다. 그러자 그가 가위를 내 목에 겨누었다. 기묘하게도 그의 눈빛에는 분노와 공포, 슬픔이 한데 뒤섞여 있었다. 나는 그를 걱정하는 태도를 유지하며 계속해서 질문을 던졌다. 물론 그는 아무런 대답도 하지 않았다.

나는 절박한 심정으로 그에게 물었다. 이 협상에서 중요한 순간이 될 질문이었다. "샘, 아이들이 당신을 어떻게 기억하기를 바랍니까?" 샘은 아이들 이야기는 입도 뻥긋하지 말라며 고함을 질렀다. 바라던 대답은 아니었지만 그래도 샘은 처음으로 내 질문에 대답을 했다! 그야말로 대화가 시작된 것이다.

나는 온화한 어조로 우리는 아이들을 생각해야 한다고 말했다. 그리고 아이들이 그를 아버지로서 어떻게 기억하게 될지 이야기했다. 그는 아이들을 죽인 뒤 자신도 자살하면 그뿐이라고 대꾸했다. 나는 사라지는 건 육신뿐이며 기억은 사라지지 않는다고 집요하게 말했다. 샘과 나 사이에 오가는 이야기들이 더 명확하고 직접적인 내용을 담게 되면서 대화는 깊은 국면으로 접어들었다.

10분쯤 지났을까. 대화 끝에 나는 쉴라를 놓아주라고 말했다. "쉴라는 어머니고, 당신은 아버지입니다. 나도 아버지고요. 그녀를 놓아주세요. 그녀는 치료를 받아야 하고 우리도 이 문제를 해결해야 합니다." 다행히 그가 내 제안에 동의했다. 또 10분이 흘렀다. 나는 샘에게 "가위를 바닥에 던지든지 내게 주지 않을래요?" 하고 물었다. 그러자 샘은 흉기를 건네며 투항하겠다는 뜻을 밝혔다.

나는 그에게 수갑을 채워야 했다. 그가 너무도 난폭하게 굴었기 때문이다. 하지만 나는 샘에게 선택권을 주었다. "내가 수갑을 채울까요? 아니면 경찰이 채우게 할까요?" 그는 내가 수갑을 채우길 바랐다. 나는 수갑을 앞으로 채울지 뒤로 채울지도 물었다. 이 선택을 통해 샘은 인간으로서의 품위를 지킬 수 있었다.

아이들 이야기를 하면서 샘의 상태는 눈에 띄게 변화를 보였다. 전처와 경찰에 대한 자신의 분노가 아닌 아이들에게 초점을 맞추기 시작했다. 나는 그가 아이들에 대해 매우 슬프게 생각하며, 정신 착란 증세와 폭력적인 성향의 배경에 그 슬픔이 있다는 사실을 알아냈다. 그는 접근 금지 명령을 내린 법원의 조치를 따르지 않고 전처의 집으로 갔다가 그녀의 칼에 찔렸던 것이다.

샘은 투항하기에 앞서 나와 몇 가지 협상을 벌였다. 나는 내가 그의 아이들을 찾아가 아빠가 아이들에 대한 사랑으로 경찰에 투항했다는 사실을 전할 것, 판사에게 샘이 순순히 경찰에 협조했다고 진술할 것을 약속했다. 또 그가 수감될 감옥으로 찾아가 아이들과의 화해를 위해 노력하겠다고 약속했다. 마침내 샘은 수갑을 차고 경찰서로 떠났다.

나는 샘을 고귀한 인간으로 존중하고 배려했다. 폭력범이 아니라 아버지로 그를 대함으로써 슬픔과 사랑이라는 그의 가장 내밀한 동기를 알게 되었다. 그 과정에서 나는 샘이 자신이 초래한 폭력적인 상황에서 평화롭게 빠져나올 수 있는 길을 제시했다.

병원에서도 가장 경비가 삼엄한 곳으로 옮겨진 샘은 내게 할 말이 있다며 만남을 요청했다. 내게 다가온 샘은 수갑을 찬 손으로 내 손을 잡고 이렇게 말했다. "조지, 당신 괜찮은 사람이군. 당신을 죽이지 않아서 다행이야." 그다음 그가 건넨 말을 나는 평생 잊지 못한다. 그는 눈물이 그렁한 눈으로 내 눈을 응시하며 얘기했다.

"조지, 고맙소. 당신은 내가 아이들을 얼마나 사랑하는지 기억하게 도와주었소."

샘의 소박한 인사는 내 머릿속에 영원히 각인되었다. 나는 그 이후 아무리 위험하거나 혐오스러운 사람과도 협상을 할 수 있다는 신념을 갖게 되었다. 1968년의 어느 날 저녁에 배운 그 교훈 덕분에 인질 협상가, 경찰 심리학자, 임상조직 심리학자, 리더십과 조직 행동 교수가 되는 여정으로 들어섰다. 평화 대사로서 분쟁 지역의 중재를 위해 경찰, 군대, 인도주의 단체, 경찰들과 협력해 일할 수 있었다. 데이턴의 응급실에서 싹튼 씨앗은 내가 가진 최상의 무기가 '말하기'와 '듣기', '대화'와 '협상'이라는 확고한 신념이었다. 우리는 대화와 유대 과정을 통해 인질의 사고방식과 파멸을 향한 운명을 바꾸어놓을 수 있다.

그리고 임상 심리학자로서의 경험을 통해 나는 인질 협상 방법이 일상생활에도 적용 가능하다는 생각을 굳히게 되었다. 우리는 상사, 배우자, 심지어 자기 자신의 심리적 인질이 될 수 있다. 이때의 '인질'이라는 개념은 리더십과 자기 계발, 경영 등에도 두루 적용된다. 갈등을 극복하고 타인에게 영향을 미치는 과정이 바로 인질과 협상을 벌이는 과정인 셈이다.

● 심리학자 · 협상 전문가 | 조지 콜라이저

12
고등학교 미술 시간

20세기 초, 카지미르 말레비치(Kazimir Malevich)는 러시아의 아방가르드 미술을 순수추상 미술로 변모시킴으로써 러시아 모던 아트의 미래를 바꾸어놓았다. 그리고 30년 뒤, 열 네 살이었던 우리들은 한 예술 고등학교의 신입생 신분으로 기본 디자인 수업을 받고 있었다. 매일 40분 수업 시간마다 비슷비슷한 작품을 만들어야 했다. 우리는 늘 헤르베르트 바이어(Herbert Bayer), 파울 클레(Paul Klee), 요제프 알베르스(Josef Albers), 몬드리안(Mondrian) 등의 작품을 베꼈고, 패터슨 선생님은 그걸 좋아했다. 나는 그게 정말 지겹고 한심했다.

그해의 마지막 수업에서 또 다시 패터슨 선생님은 18×24 크기의 화판에 직사각형만을 사용한 디자인을 만들라고 근엄한 말투로 지시했다. 그는 그 작품으로 기말 성적을 평가하겠다고 했다. 나는 행동을 개시했다. 26명의 학생들이 미친 듯이 자르고 붙이면서 눈알을 굴릴 때, 나는 조금은 자신만만한 표정으로 아무 일도 하지 않고 앉아 있었다. 패터슨 선생은 그런 내 모습을 주시했다. 교실 통로를 따라 걸으면서 화가 난 얼굴로 나를 계속 쳐다보았다.

마감 시간이 되었다. 선생님은 얼굴이 벌겋게 상기된 상태로 텅 빈 내 화판을 걷으러 왔다. 그리고 선생님이 내 화판 왼쪽 구석에 'G. Lois'라고 적으려 했을 때, 나는 손을 내밀어 선생님을 막았다. 그는 내가 완벽한 18×24의 직사각형, 다시 말해서 궁극의 직사각형 디자인을 '창조했다'는 사실을 깨닫고는 기겁했다.

나는 내 작품이 신선하고 독창적이며 근사해 보인다는 사실을 깨달았다. 패터슨 선생님은 (마지못해) 내게 A를 주었다. 나는 미술에 배경 지식이 반드시 필요하다는 사실을 알고 있었지만, 디자인 과제로 제출했던 텅 빈 백지를 통해서 아이디어야말로 흥미진진한 미술의 본질이라는 것을 실감했다. 학교에서의 탈선행위 이후, 나는 내가 얻은 이 깨달음의 순간을 소중히 여겼다. 문화적 선동가로서의 내 작품 세계는 이 경험을 바탕으로 구축된 것이다. 지금도 나는 내게 깨달음을 준 그 궁극의 직사각형을 생각한다. 이 깨달음은 내게 형태를 그리는 디자이너에 그치지 않고 빅 아이디어(Big Idea)를 고안해내는 사람으로서 살아야 한다는 사실을 알려주었다.

만약 당신이 선택한 직업뿐만 아니라 인생 전체에서 진정으로 성공하고 싶다면 가만히 있지 말라. 다른 사람들을 깜짝 놀라게 하고, 벌떡 일어나게 만들며, 방해하고, 말을 걸고, 명령하고, 선동해야 한다. 그리고 무엇보다도 사람들을 화나게 만들어야 한다.

　당신이 어떤 일을 하는 사람이든 상관없다. 가장 중요한 건 창조성이 모든 문제를 해결할 수 있는 열쇠라는 걸 인식하는 것이다. 창조적 행위, 다시 말해 독창적으로 기존의 관행을 타파하는 행동만이 모든 장애를 극복한다.

● 광고 디자이너 ㅣ 조지 로이스

13
방치된 어린 시절과 어느 TV 프로그램

나는 어려서부터 동물과 관계된 직업을 갖고 싶었다. 하지만 동물-인간 커뮤니케이션 및 동물인지과학 연구자가 되기까지는 많은 굴곡이 있었다. 그중에는 「노바(NOVA)」라는 과학 프로그램에서 본 몇 개의 에피소드도 포함되어 있었다.

나는 언제나 동물을 사랑했고 어렸을 때는 애완용 잉꼬를 여러 마리 길렀다. 나는 내게 말을 거는 동물은 이 잉꼬밖에 없다며 농담을 하곤 했다. 어렸을 때 우리 집은 상가의 위층에 있었고, 근방에는 함께 놀 아이들이 전혀 없었다.

어머니는 아이들에게 아무 관심도 없었고 아이들을 돌보기보다는 일하기를 좋아했다. 어머니는 걸핏하면 내가 당신의 계획에 방해가 된다며 분함을 토로했다. 그녀는 내 물리적 욕구는 다 채워주었지만 정서적 욕구는 전혀 채워주지 못했다.

아버지는 정규직 교사였다. 그는 공부를 하기 위해 밤까지 수업을 듣는 데다, 시간이 나면 늙고 병드신 어머니를 돌보느라 나를 돌볼 시간적 여유가 없었다. 결국 나는 홀로 방치되었다. 지금 동물행동을 연구하는 학자 입장에서 생각해보면 당시 나는 새들에게 '각인(imprint, 刻印)'되었던 듯하다. 각인이란 동물이 본능적으로 가지는 학습 양식의 하나로, 태어난 지 얼마 안 되는 시기에 가까이 있는 대상에게 정서적 충족을 느끼는 현상을 말한다.

그렇다고 처음부터 동물을 연구하겠다고 생각한 것은 아니었다. 나는 성적이 꽤 좋은 아이였고, 특히 고등학교에서는 화학 공부를 잘했다. 아버지와 선생님들은 내게 자연 과학을 전공하라고 추천했다. 나는 그들의 추천에 따라 매사추세츠 공대(MIT)에 입학해서 화학을 전공했다.

그 뒤 나는 이론 화학을 전공하기 위해 하버드 대학원에 진학했다. 하지만 점점 학업에 환멸을 느끼기 시작했다. 가능성 있는 분자 구조에 대한 이론을 만들거나 계산을 하며 보내는 인생은 상상도 하기 싫었다. 그러나 마땅한 다른 대안은 떠오르지 않았다.

「노바」를 처음 볼 때까지는 정말 아무 생각도 없었다. 첫 번째 프로그램은 휘파람을 통한 돌고래의 소통 방식과 교육을 받고 수화로 인간과 소통하는 침팬지를 다룬 것이었다. 그리고 두 번째 프로그램은 '왜 새들은 지저귀는가'를 주제로 다룬 내용이었다.

충격이었다. 나는 아직도 이 프로그램의 여파를 잊을 수 없다. 일종의 계시와도 같았다. 첫 번째로 동물과 소통하는 인간, 인간과 소통하는 동물, 동물 상호 간의 소통 방식에 대한 인간의 이해 등이 그야말로 매력적인 주제로 느껴졌다. 두 번째로 이 연구들은 저명한 대학에서 전문 교수들이 행한 연구였다. 말 그대로 자연 과학이었던 것이다. 내가 원하던 공부가 이런 것이었다는 사실을 바로 깨달았다. 생물학, 심리학, 언어학 또는 현장 연구에 대한 아무런 지식도 없다는 점은 중요하지 않을 만큼 확실한 깨달음이었다.

나는 이론 화학 분야에서 박사 학위를 마쳤지만, 「노바」를 본 이후 짜낼 수 있는 모든 시간을 짜내어 하버드 대학의 생물학, 심리학 강의를 듣는 데 투자했다. 세미나에 참석하고 동물행동과 동물 커뮤니케이션, 아동 언어 발달, 동물과 인간의 인지에 관한 자료들을 탐욕스럽게 읽었다. 그 당시 동물-인간 커뮤니케이션과 동물인지 분야는 유아기 단계였기 때문에 나는 그 학문의 성장과 발달에 기여하고 싶었다. 내 어린 시절의 잉꼬들과, 그들이 어떻게 인간의 말을 했던가를 떠올리면서 나는 앵무새 연구에 매진하기로 결심했다. 그렇게 장장 40년이 넘는 공부의 여정에 올랐다.

● 동물 인지학자 ｜ 아이린 페퍼버그

14
인생을 바꾸는 질문의 힘

1960년 나는 피츠버그 경영 대학원에 입학했다. 두 번째 학기 때 마케팅 전공 담당인 존 하워드(John A. Howard) 교수는 소비자 연구를 주제로 강연을 펼쳤다. 그는 수업을 진행하며 이렇게 말했다. "듀폰(Dupon)이 실시한 마케팅 조사 결과에 의하면 쇼핑 목록 없이 장을 보러 가는 주부들이 늘고 있다고 합니다." 그리고 하워드 교수는 다음과 같은 추론을 덧붙였다. "결국 주부들은 충동구매를 하고 있다는 말이지요."

70여 명이 앉아 있던 강의실에 외국인 학생이라고는 나뿐이었다. 나는 늘 맨 앞에 앉아 교수들의 말을 귀담아듣는 학생이었다. 내 고국 인도에서는 아주 어릴 때부터 부모님들이 '스승은 신

다음 가는 존재이며, 그 이상으로 존경해야 한다'고 가르친다. 따라서 스승이 허락하지 않으면 질문조차 해서는 안 되었다.

그런데 그날따라 큰일을 저지르고 말았다. 충동적으로 손을 들고 질문을 던졌던 것이다. "그렇다면 글을 읽고 쓸 줄 모르는 소비자들은 모두 충동구매를 한다는 말씀이십니까?"

하워드 교수는 깜짝 놀랐다. 타국의 높은 문맹률에 대해 한 번도 생각해본 적이 없었던 것이다. 그는 잠시 생각하더니 이렇게 대답했다. "좋은 질문입니다. 한번 진지하게 생각해보죠." 동급생들은 흥미진진한 갈등 국면을 예상하고 있었다. 그러나 나는 사람들 앞에서 교수를 바보로 만들려는 의도 따위는 전혀 없었다. 모범적인 학생이 할 짓이 아니었기 때문이다.

결국 하워드 교수는 평생의 스승이 되었고, 내게 마케팅을 주제로 박사 학위를 받으라고 격려해주었다. 하워드 교수는 소비자 심리에 매료된 경제학자로서 특정 브랜드에 대한 소비자의 충성도 이론을 개발한 분이다. 이른바 행동 경제학(behavioral economics)이라고 불리는 분야다. 그 당시 이미 하워드 교수는 마케팅 연구 분야의 거물이라 평가받았고, 포드재단(Ford Foundation)으로부터 마케팅 교육과 연구에 대한 자문도 요청받은 상태였다.

또한 하워드 교수는 배움에 대한 열의가 굉장한 사람이었다. "제자가 준비되어 있으면 스승은 나타나는 법이다."라는 중국 속담이 그의 신조였다. 공동 연구를 하면서 나 덕분에 문화 간 차이를 배웠다고 말할 정도로 개방적인 분이었다.

나아가 하워드 교수는 내가 구매자 행동에 대한 당신의 이론을 더 발전시키기를 원했다. 그래서 컬럼비아 대학에서 학과장 자리를 요청받자 내게 함께 가서 연구할 것을 제안했다. 그리고 나는 그와 함께 '하워드-세스 구매자 행동이론'을 개발했다. 1969년 발표한 이 이론은 현재 마케팅 이론의 고전으로 인정받고 있다.

훗날 하워드-세스 구매자 행동이론은 컬럼비아 구매자 행동 프로젝트(Columbia Buyer Behavior Project)라 불리는 장기적 연구 프로젝트의 기초가 되었다. 그로 인해 많은 학자들이 콜롬비아 경영 대학원으로 몰려들었고, 10년이 넘는 시간 동안 여러 명의 세계적 학자들이 배출되었다.

앞에서 말했듯이 하워드 교수와의 만남은 내 인생을 바꾸어놓았다. 하지만 그를 만나기 전까지 나는 가난과 싸우고, 열악한 교육 환경과 싸우는 등 수많은 우여곡절을 겪어야 했다. 그만큼 그와의 만남은 우연이 아니라, 준비된 것이었다.

나는 1938년 버마(미얀마)에서 태어났다. 인도 출신이었던 부모님이 버마로 이민을 갔기 때문이었다. 아버지는 쌀을 거래하는 상인이었는데 형편이 어려워 초등학교만 간신히 졸업했다. 하지만 사업 수완만큼은 뛰어나서 부족하지 않게 가족을 보살폈다.

그런데 1940년대, 일본이 버마를 침공하면서 버마의 화폐 가치는 폭락했다. 우리는 모든 것을 잃고 인도로 돌아갔다. 아버지는 그 충격으로 4년 넘게 우울증을 앓았다. 우리 가족은 누이들이 음식을 만들어 팔면서 근근이 생계를 꾸렸다.

그 상태라면 나 역시 고등학교를 중퇴하고 우리 동네의 가게 주인이 되는 게 가장 현실적이었다. 그러나 다행히 나는 우수한 학생이었고, 누나들은 내가 대학에 갈 수 있도록 뒷바라지를 해주었다. 우리 가족 중에서 첫 번째로 대학에 진학한 사람이 된 것이다. 물론 그때까지도 내가 학자가 되어 소비자 심리를 전공하게 된다는 것은 상상조차 힘든 일이었다. 하지만 나는 운명처럼 대학에서 하워드 교수를 만났고, 그의 도움을 받아 마케팅 업계에서 주목받는 사람이 될 수 있었다.

그러면서 나는 삶의 굴곡을 이기고 살아남은 사람의 내면에는 단단한 힘이 쌓인다는 사실을 알게 되었다. 또 다른 이들이 내 잠재력을 알아보고 실현할 수 있도록 도와준다는 점도 알게 되었다.

나는 늘 이렇게 말한다. 약간의 밀로 빵 한 덩어리를 만들면 세 배의 부가 가치가 생긴다. 다이아몬드 원석을 다듬는 우수한 세공업자는 열 배에서 열다섯 배에 이르는 가치를 더할 수 있다. 하지만 어느 것도 인간을 키우고 가르치는 일의 부가 가치와는 비교할 수 없다. 인간을 키운 결과로 생기는 부가 가치는 무한하다. 인적 자원만큼 강력한 자원은 없다.

● 마케팅 전문가 | 잭디시 세스

15
The Ceiling

사람들은 인생의 변화를 이야기할 때 자신이 영화 속 주인공이라도 되는 것처럼 말하는 경향이 있다.

영화의 극적인 한 장면. 폭발이 일어난다. 주인공은 가혹한 시련을 통해 완전히 새로운 인간으로 거듭나고 당당하게 화염 속을 걸어 나온다.

하지만 나의 터닝 포인트는 그렇게 극적인 것이 아니었다. 마케팅 분야에서 10년을 일한 뒤 더 올라갈 자리가 없다는 사실을 깨닫게 되었다는 사실이, 오히려 내게는 일종의 전환점이었다.

나는 이미 삼십 대 초반에 벌 수 있는 최대한의 돈을 벌었고, 얻을 수 있는 가장 높은 직함도 가지고 있었다. 나는 내 분야의 노련한 저술가였고, 글을 쓰는 일에서도 더 올라갈 곳은 없었다.

그리고 인생의 정점에 올랐을 때 고를 수 있는 선택지.

1. 현실을 받아들이고 일이 있다는 사실에 만족하라.
2. 하던 일을 바꿔라. (내 경우 크리에이티브 디렉터[광고 총괄 감독] 자리로 간다)
3. 완전히 다른 일을 하라.

나는 세 번째 선택지를 골랐다. 블로그를 시작하기로 결심한 것이다.

형편없는 블로그였다. 블로그라고 부를 수도 없을 정도였다. 그저 더 이상 올라갈 곳이 없다는 상황에서 벗어나려고 시작한 일이었다. 그런데 예기치 않은 일이 벌어졌다. 블로그를 시작하자마자 긴 세월 동안 잠자고 있던 나의 창의력이 깨어난 것이다.

블로그를 시작한 뒤 몇 주가 지날 때까지도 방문객은 단 한 명에 불과했다. 그러나 1년 후에는 출판사와 책을 출간하기로 계약했다. 5년이 지난 뒤에는 수백만 명의 방문객이 내 블로그를 방문했다. 나는 《뉴욕타임스(The New York Times)》가 선정한 베스트셀러 작가라는 새 타이틀을 얻었다.

쉬운 일이었느냐고? 물론 그렇지 않다. 가치 있는 일을 이루기란 늘 어려운 법이다.

대부분의 사람처럼 나 또한 내 분야에서 더 이상 나아가지 못하는 천장에 다다랐을 때 인생의 전환점이 찾아왔다. 여러분도 언젠가는 더 이상 올라갈 곳이 없는 천장에 이를 것이다. 그때 세 번째 선택지를 고르라. 앞의 두 가지 선택지는 결국 동일한 한계에 부딪히기 때문이다. 무엇보다 중요한 것은 세 번째 선택지가 가장 재미있다는 사실이다!

● 베스트셀러 작가 ㅣ 존 아쿠프

16
어떤 저녁 모임

매해 신년 주말이 되면 세계에서 가장 저명한 사람들 가운데 일부가 노스캐롤라이나 주에서 '르네상스 위크엔드(Renaissance Weekend)'라는 모임을 갖는다. 배우자와 아이들, 부모님과 친구들도 함께 모인다. 서로 대화를 나누고 상대방의 이야기를 귀 기울여 듣기 위해서다. 주제는 자유롭다. 네 살짜리 아이는 부모와 친구들에게 제일 좋아하는 추억에 관해 말한다. 대통령 후보들과 대법원 판사들은 가족에 대해 이야기한다. 장군들과 활동가들은 세계 문제에 관해 아이디어를 나눈다. 세상이 얼마나 복잡하고 흥미로운지, 거대하면서도 동시에 슬픔으로 가득 차 있는지 알 수 있는 기회다.

나는 가족과 함께 오랫동안 이 주말 모임에 참석했다. 이곳에서 여덟 명의 대통령 후보를 만났고, 많은 것을 배웠으며, 즐거운 시간을 보냈다. 친구도 많이 사귀었다. 그리고 내가 지금부터 하려는 이야기는 20여 년 전 어느 날 저녁, 그 모임에서 내 인생이 완전히 바뀌었다는 것이다.

그날의 모임에서도 많은 대화가 오가고 정치가 이루어졌으며, 배움이 무르익었다. 그때 나는 혼자 앉아 있는 중년 신사를 보았다. 이곳에서 혼자 있는 것은 말도 안 된다고 생각했던 나는 그에게 말을 걸기 위해 다가갔다. 그러자 신사는 내게 '유전학(genomics)'이라는 알쏭달쏭한 과학에 대해 이야기하기 시작했다.

당시 나는 유전학이라는 말을 한 번도 들어본 적이 없었다. 나는 멕시코에서 자랐고, 과학자들과 연구자들을 만나본 적도 별로 없었다. 나의 주요 관심사는 정치와 국제 무역, 비즈니스와 인권 문제였다. 나는 하버드 대학에서 라틴 아메리카의 경제·정치 발달 연구에 주력하고 있었다. 테크놀로지 사업가나 노벨상을 탈 만한 뛰어난 과학자들은 관심 밖이었다.

그런데 이 중년의 신사와 이야기를 나눌수록 나는 그가 말하는 것에 흥미를 느끼기 시작했다. 대화는 몇 시간이고 끝없이 이어졌다. 결국 아내가 나를 찾아냈다. 나는 아내에게 내가 아는 한도 내에서 박테리아의 유전자 암호를 이해하는 것이 왜 그렇게 흥미롭고 중요한가를 설명하려고 애썼다. 아내는 내가 그런 이야기를 할 거라고 생각도 못했을 것이다.

　모임이 끝나고 각자의 방으로 돌아가는 길에 나는 아내에게 그 중년 신사가 항해에도 조예가 깊으며, 아내만 괜찮다면 그날 나누었던 대화를 계속하기 위해 몇 주 동안 그와 대서양을 항해해보고 싶다고 말했다.

　아내는 이해심과 포용력이 넓은 사람이다. 그녀는 언제나 멀리서 묵묵히 나를 지켜봐주었다. 그러나 만난 지 얼마 안 된 낯선 과학자와 드넓은 바다를 항해하겠다는 말은 상상도 못했을 것이다. 그리고 3주 뒤 겨울이 한참이던 무렵, 아내는 내가 짐 싸는 일을 거들어주었다. 결국 나는 그 낯선 신사를 만나러 길을 나섰다. 나는 이 여행이 안전하기를, 그리고 내가 새로 만난 이 신사의 친구들과 잘 지내기를 바랐다. 일단 스페인 해안을 떠나면 수 주 동안은 정박할 곳이 없었기 때문이다.

　망망대해를 항해하는 일은 매우 힘든 여정이었다. 밤낮으로 교대하면서 바다를 지켜봐야 했다. 4시간은 바다를 바라보고 8시간은 휴식하는 식으로 말이다. 실수는 용납되지 않았다. 폭풍이 오는지, 큰 화물선이 지나지 않는지 살펴야 하고 탑승 인원이 안전한지도 확인해야 했다. 식량과 식수를 챙기며 배도 몰아야 했다. 그러나 그런 와중에도 우리는 이야기를 나누며 여유를 만끽했다.

　대개는 늦은 밤, 하늘의 별을 쳐다보며 돛을 손질할 때 우리는 이야기를 나누었다. 신사와 나는 생명과 생명이 지닌 암호(life code)

의 미래에 관해 토론을 벌였다. 나는 왜 모든 형태의 생명이 동일한 물질인 DNA로 암호화되어 있는지, 그리고 어떻게 그 암호를 읽는지 배우기 시작했다. 그리고 새로 사귄 이 친구의 야망이 박테리아 이상의 것을 향해 있다는 사실을 알아차리기 시작했다. 그는 인간의 유전자 암호 전체를 해독하고 싶어 했다.

왜 이 무명의 과학자가 그토록 어마어마한 일을 자신이 할 수 있다고 생각했는지, 우주 탐사 프로젝트와 초대형 입자 가속기 제작에 맞서는 작업을 해낼 수 있다고 생각했는지는 내 지식의 범위를 한참 넘어서는 문제였다. 그의 입에서 나오는 대부분의 이야기는 내가 쓰는 사회 과학의 언어와는 전혀 다른 내용이었다. 그러나 3주간의 여행 끝에 나는 달라졌다. 내 관심사는 멕시코를 개혁하고 운영하는 일이 아니라 생명의 근원을 이해하는 일로 바뀌었다.

결코 쉬운 일은 아니었다. 나는 집에 돌아와 늘 나를 지지해주고 묵묵히 인내해주는 아내에게 전에 하던 일을 완전히 그만두고 아무것도 모르는 분야를 새로 공부할 계획이라고 말했다. 그러자 열정적이고 똑똑했던 하버드 대학 출신의 아내는 빙그레 웃더니 이렇게 말했다. "좋아, 더 자세히 말해봐." 설명할 게 너무 많았다. 그러나 모르는 것 역시 너무도 많았다.

우리 집 식탁은 갑자기 유전학에 관한 논문들로 가득 찼다. 당시는 유전학이 잘 알려지지 않았을 때라 논문을 다 모아도 방 하나를 겨우 채울 분량이었다(오늘날에는 집 한 채가 필요하다). 수개월 동안 나는 고대 이집트 상형 문자나 다름없는 자료들을 닥치는 대로 읽고 해독했다. 그러자 차츰 그 난해한 용어와 개념들이 머릿속에 자리 잡기 시작했다.

얼마 뒤 나는 나만의 틈새를 찾아냈다. 책을 읽고, 복사하고, 편집하듯 생명체를 암호로 이해하기 시작했다. 서로 다른 문맥에 놓인 단어가 다른 의미를 가진 단어로 파악되는 것처럼 말이다. 나는 내 친구를 비롯한 많은 유전학자를 위해 유전자 지도를 그리기 시작했다. 나아가 유전학이 국가와 기업, 윤리와 도덕, 지역과 개인에게 어떤 일을 할 수 있는지 머릿속으로 그림을 그리기 시작했다.

이후 얼마 지나지 않아 유전학은 폭발적으로 성장했다. 인간 유전자를 해독하는 연구 집단들이 경쟁적으로 뉴스거리를 내놓았다. 내 친구와 동료들, 그리고 거대한 팀들이 인간 유전자(genome)를 해독했다. 그들은 세계적 명사가 되었으며 백악관에서 '세계에서 가장 중요한 지도'를 발표하는 성과를 일구어냈다. 그러나 그것은 단지 시작에 불과했다.

우리는 계속해서 함께 항해했다. 인간 게놈 서열을 밝히는 데 쓰이는 동일한 기술들을 이용해서 우리는 전 세계 대양의 바닷물 표본을 채취하기 시작했다. 결과는 충격적이었다. 도시와 시골, 정글 전체에 사는 생물의 유전적 다양성보다 바닷물 속에 존재하는 유전자의 다양성이 훨씬 컸던 것이다. 나는 나를 지원해주는 하버드 대학과 아내에게 이 사실을 전하고 다시 새로운 유전자를 찾아 배를 띄웠다. 결국 어느 시점에 보니 데이터베이스에 있는 유전자의 90퍼센트가 우리 작은 범선과 선원들로부터 나온 것이었다.

이제 우리는 다른 질문을 던지기 시작했다. 생명체를 해독하고, 복제하고, 나아가 개조할 수 있을까? 나는 회사를 설립하기 위해 자금을 조달하는 일을 맡았다. 컴퓨터 칩을 프로그래밍하듯 세포를 프로그래밍할 수 있는 기업이 우리의 목표였다. 잘 생각해보라. 여러분은 컴퓨터 칩 하나로 무엇이든 할 수 있다. 연애편지를 보내고, 문서를 작업하고, 영화를 보고, 책을 읽고, 인터넷으로 정보를 검색할 수도 있다. 1과 0으로 구성된 디지털 암호, 즉 컴퓨터 칩 하나가 거대한 산업을 낳고 나라 전체를 빈곤으로부터 구제하는 등 수많은 일을 할 수 있는 것이다. 지난 수십 년 동안 만들어진 부와 일자리의 대부분은 인쇄 매체를 디지털 암호로 바꾼 성과에서 비롯된 것이다. 우리는 이제 생명의 암호를 읽고 복제할 뿐만 아니라 개조할 시기 또한 무르익었다고 확신했다.

우리는 공동 출자를 통해 신테틱 게노믹스(Synthetic Genomics)를 설립했다. 나는 그 뒤 하버드 대학을 사임하고 프로그래밍할 수 있는 세포를 만들기 시작했다. 많은 돈과 시간을 요하는 일이었다. 결국 작업은 마무리되었다. 현재 우리는 세포를 프로그래밍하여 식품과 연료, 화학 물질, 백신, 약품 IT 기억 장치를 만들고 있다. 사물이 만들어지는 장소, 사물이 만들어지는 방식을 근본적으로 바꿀 새로운 산업의 기초를 세우고 있다. 나는 생명 과학의 근원적 구성체를 건설하는 벤처 캐피탈 업체를 공동으로 세우기도 했다. 우리는 지금까지 19개 기업의 설립을 도왔다. 지금도 내가 가장 사랑하는 일은 생명이 나아갈 방향에 대한 지도를 그리는 일이다.

어린 시절 내 친구들 중 누구도 나의 이러한 변화를 진정으로 이해하지 못했고, 내가 하는 일을 의아하게 생각했다. 때로는 나 또한 나의 변화가 신비롭게 느껴진다. 그러나 여러분에게 말할 수 있는 것은, 이 일이 단조로운 정치나 정책을 만드는 일보다 훨씬 더 재미있다는 사실이다. 게다가 새로운 발견들과 도구들은 세상을 근본적으로 변화시킨다는 점도 덧붙이고 싶다.

내가 지금 이 자리에 있으리라고는 상상조차 해본 적이 없다. 그리고 이 모든 변화는 어느 저녁 모임 때, 아무 생각 없이 누군가에게 걸어가 "안녕하세요. 저는 후안이라고 합니다." 하고 나를 소개하는 것으로, 그리고 "안녕하세요. 저는 크레이그 벤터(Craig Venter)입니다."라는 대답을 듣는 일로부터 시작되었다.

* 크레이그 벤터는 세계 최초로 인간 게놈 지도를 완성한 인물이다. 미국 ABC방송국과 영국 일간지 《The Times(타임스)》는 그를 세계에서 가장 영향력 있는 인물 가운데 한 명으로 선정했다.

● 유전 과학자 | 후안 엔리케즈

17
나의 길을 바꿔놓은 질문 하나

많은 사람이 어려워하는 문제를 해결하는 데 내가 도움을 줄 수 있다는 사실을 처음 깨달았던 순간이 떠오른다. 그 깨달음으로 내 인생은 완전히 바뀌었다.

2004년 당시, 나는 온라인 커뮤니티에 대해 조언을 제공하는 테크놀로지 컨설턴트로서 고객 소통과 지원에 웹(web)을 사용하는 것이 얼마나 효과적인지 경영진에게 설득하는 게 내 일이었다. 오늘날 우리는 이런 웹을 소셜 미디어라고 부르며 매우 친근하게 여기지만, 그때만 해도 기업 경영진에게 그 중요성을 이해시키기란 쉬운 일이 아니었다. 대부분의 기업인은 온라인 커뮤니티라는 개념을 낯설게 여겼고, 테크놀로지 플랫폼도 성숙한 여건을 갖추고 있지 못했다.

그러나 내게는 신념이 있었다. 나는 소셜 미디어가 기업과 비즈니스에 엄청난 영향을 미치리란 걸 알고 있었다. 나는 기업들이 변화하는 환경에서 살아남을 수 있도록 도와주고 싶었다.

곧 블로그와 소셜 네트워크 같은 소셜 미디어가 얼리 어답터들 사이에서 인기를 얻었다. 하지만 대다수의 사람은 소셜 미디어에 관심이 없었다. 우리들은 당황했다. 사람들은 왜 이 자유롭고 강력하며, 사용하기도 편한 소셜 미디어 툴을 사용하지 않는 걸까?

그 무렵 나는 실리콘 밸리에서 열린 소규모 콘퍼런스에 참석했다. 행사 두 번째 날 아침, 어떤 테크놀로지 기업의 CEO가 웹의 현 추세를 주제로 강연을 했고 'RSS'라는 개념을 사람들에게 소개했다. RSS란 '맞춤형 뉴스 서비스(Really Simple Syndication)'의 줄임말로 인터넷상의 수많은 정보 가운데 이용자가 원하는 것만을 골라서 제공하는 서비스를 의미한다. 새로운 정보가 인터넷상에 올라오면 소비자의 취향에 맞는 내용만 골라 따로 제공하는 것이다.

그런데 연설을 듣던 관객 중 한 사람이 손을 들더니 그에게 물었다. "RSS가 무엇이죠?" 그러자 CEO는 매우 확신에 찬 어조로 답변했다. "RSS란 XML에 기반을 둔 콘텐츠 포맷입니다." 답변은 정확하고 간결했다. 그러나 그 답변은 그 방에 있던 거의 모든 사람에게 아무런 쓸모도 없었다. 질문자는 아무 말도 하지 않았고, CEO

는 다음 주제로 넘어갔다. 내 생각에 RSS는 다른 웹 테크놀로지와 유사했다. 자유롭고, 쓰기 쉽고, 인터넷으로 접근이 가능했지만 대중은 쓰지 않았다. 그때 나는 안에서 샘솟는 에너지를 느꼈다.

이 콘퍼런스에서 나는 깨달음을 얻었다. **대중이 새로운 웹 테크놀로지를 채택하지 못하게 방해하는 것은 바로 기술을 설명하는 방식이었다.** 컴퓨터광이나 테크놀로지 전문가들이 제공하는 설명은 대중들의 이해와 동떨어져 있었다.

나는 곧바로 이 문제를 해결하는 일에 착수했다. 사람들이 쉽게 이해할 수 있는 방식으로 테크놀로지를 설명하기로 했다. 이 목표를 통해 나는 컨설팅 회사인 '커먼 크래프트(Common Craft)'의 방향을 소통, 특히 설명에 초점을 맞추는 쪽으로 바꾸었다. 우리는 미디어 창출의 새로운 기회를 발견했고, 마침내 비디오 서브스크립션 서비스(Video Subscription Service, 사용자가 일정 금액을 내면 공급자가 다양한 신제품을 모아 배달해주는 유통 서비스. 전문 지식을 갖춘 구매 담당자가 소비자 대신 우수한 제품을 선정해주므로 소비자는 상품을 고르기 위해 투자하는 시간을 절약할 수 있다 - 옮긴이)를 구축했다. 현재 60개가 넘는 나라의 국민들이 이 서비스를 제공받고 있다.

2007년 〈RSS 쉽게 이해하기〉라는 최초의 설명 동영상을 제작한 이후 커먼 크래프트의 비디오는 온라인상에서 5,000만 회가 넘는 조회 수를 기록했다. 구글, 드롭박스, 포드, 인텔 같은 유명 기업과 함께 일하며 해설 비디오 산업의 기반을 마련했다는 평가를 받았다. 나는 내가 겪었던 이 모든 과정을 2013년 『The Art of Explanation』이라는 책으로 출간했으며, 이 책은 한국에서 '설득을 이기는 설명의 힘'이라는 제목으로 번역·출간되었다.

내 작업의 초점은 설명은 누구나 떠올릴 수 있다는 아이디어에서 시작되며, 그 설명을 최대한 쉽게 만드는 것이다. 그렇게 함으로써 우리가 만든 제품은 타인의 관심을 끌 수 있다. 이것이 바로 설명이 중요한 이유다.

● 설명 컨설턴드 | 리 레피버

18
창조의 고통을 발견하게 해준 체험

1991년 5월, 런던의 밤은 아직 쌀쌀했다. 어느 날 밤 나는 누군가 침실의 조명 스위치를 탁 하고 켜는 소리에 잠이 깼다. 복면을 쓴 두 명의 남자가 둔탁한 목소리로 "금고 열어!" 하고 소리쳤다. 그 당시 나는 열일곱 살이었으며, 집에는 혼자뿐이었다. 부모님은 어린 동생들과 함께 휴가를 떠난 상태였고, 나는 다니던 미국 고등학교에서 대학 입시 준비를 하느라 집에 남아 있었다.

위기 상황에 신속히 적응하는 인간 정신의 힘은 경이롭다. 고분고분 침대에서 나오던 나는 즉시 상황을 알아차리고 예상되는 결과를 생각했다. 겁이 났지만 상황에 집중했다. 복면을 쓴 강도들은 나를 부모님의 침실로 거칠게 밀어붙였다. 부모님이 쓰는 침대

옆에 작은 금고가 있었지만, 값비싼 물건이 들어 있을 것 같진 않았다. 원래 밖에서 보면 모든 게 다 비싸게 보이는 법이다. 인간의 상상력을 자극하는 데에 특별한 불가사의가 필요한 것은 아니다.

두 명의 강도가 본 것은 그저 한밤중에 불이 켜져 있는 커다란 집 한 채였다. 그날 밤 다른 집을 털러 갔다가 쫓기는 신세가 된 녀석들은 우리 집을 우연히 발견했을 뿐이었다. 나중에 경찰이 추정한 바에 의하면 녀석들은 나를 발견하기 전에 이미 집 안에서 한 시간 동안 머물렀다고 한다. 이런저런 정황상 그들은 내가 금고를 열 수 있는 열쇠라고 여긴 게 틀림없었다.

녀석들은 어리고 미숙한 만큼 어디로 튈지 몰라 더욱 위험했다. "열까지 센다…… 그 전에 금고를 열지 않으면 찌를 거야…… 정말 찌를 거라고, 이 새끼야!" 덩치 큰 녀석이 나를 협박했다. 하지만 나는 금고 번호를 몰랐다. 그러자 녀석이 칼을 치켜들었다. 나는 살려 달라 애원하며 부모님께 전화를 걸어 금고 번호를 물어보겠다고 했다. 아들이 위험한 상황에 처했다는 걸 알면 부모님은 즉시 번호를 불러줄 것이다. 그러나 1991년도에는 안타깝게도 휴대 전화가 없었다.

녀석은 내게 칼끝을 겨누고 낮게 으르렁거렸다. "딴짓하면…… 가만두지 않는다……." 나는 녀석에게 전화번호를 돌리게 했다. 그런데 아무도 전화를 받지 않았다. 나중에 들은 바에 의하면 아버지가 전화를 받으려는 찰나에 신호가 끊겼다고 한다. 전화를 받으려면 침대에서 일어나 아래층 복도까지 나와야 했기 때문이다. 아무리 서둘러도 5분은 족히 걸리는 성가신 일이었다.

금고 번호를 알아내지 못하자 녀석들은 전화기 코드를 잘라 나를 꽁꽁 묶었다. 무슨 일이 생길지 몰라 두려웠다. 찌르겠다는 협박이 더 낫게 느껴질 정도였다. 녀석들은 집을 헤집고 다니며 귀중품을 찾았다. 나는 그들이 은제 식기와 차 열쇠, 비디오카메라를 찾을 수 있게 도와주었다(당시엔 비디오카메라가 비싼 기계에 속했다).

마침내 녀석들은 떠났다. 나는 몸을 비틀어 간신히 줄을 풀고 경찰과 부모님께 전화를 걸었다.

그걸로 끝이었다. 여러분은 왜 이 사건이 내 인생의 터닝 포인트인지 의아할 것이다. 물론 당시에는 나도 이 사건을 터닝 포인트라고는 생각하지 않았다. 우리는 인생의 한복판에 놓인 채 살아가기 때문에 인생의 경로가 바뀌는 때를 인지하지 못한다. 그리고 애석하게도 앞날을 예언해줄 수정 구슬 따위는 존재하지 않는다. 사건이 일어났을 때 나는 열일곱 살이었고, 어른이 되는 고통스러운 문턱에서 고군분투하고 있었다. 그 문턱에서 자신이 어떤 모습을 보여야 하는지 아는 데에는 많은 시간이 필요했다.

피상적인 면에서 볼 때 나는 기회주의적인 강도와 부모님 소유의 부동산 사이에 낀 운 나쁜 구경꾼이었다. 그러나 더 근원적인 측면에서 보자면 나의 뿌리 깊은 공포, 즉 밤에 낯선 존재가 내

방으로 들어오는 것에 대한 공포는 현실이 되었다. 내 상상이 실세계로 쏟아져 나온 것이다. 자신의 한계가 무엇인지, 세상의 한계가 무엇인지 확신하지 못하는 아이처럼 나는 그 이후 10여 년 동안 이 사건의 심층적 의미를 알아내려고 부단히 노력했다. 요컨대 이 문제는 내 인생의 화두가 되었다.

인생을 산다는 것은 자신을 창조하는 일이며, 창조는 내면의 비전을 실세계로 내보내는 것이다. 창조는 쉽지 않은 일이다. 고통스럽고 두려운 작업이다. 내가 세상으로 던진 것들을 통제하지 못하면 어떻게 될까? 내 상상이 마법처럼 주변 세계를 장악해버리면 어떻게 될까? 나라는 존재가 선이 아니라 악을 상징한다면? 이런 화두는 『이방인』부터 『호밀밭의 파수꾼』에 이르는 문학 작품의 주인공처럼 성인이 되는 문턱에 선 모든 인간이 맞서는 테마다.

나는 내 고투가 특별한 것이었다고 생각하지 않는다. 그러나 거의 죽을 뻔했던 그 체험은 자동차 엔진처럼 에너지 가득한 싸움이었다. 1991년 5월 이전까지 나는 분명 자아도취에 빠진 보통 십 대였다. 세상은 내 중심으로 돌고 있었으며 나는 남달리 특출한 존재로 태어났다고 믿었다. 그러나 괴한의 침입은 이 모든 것을 바꾸어놓았다. 내게 남다른 점이 있다면 대부분의 사람이 (다행히) 겪지 않는 일을 몸소 겪었다는 점뿐이었다.

그 일로 인해 나는 더 나은 인간이 되었을까? 아니면 더 나쁜 인간이 되었을까? 그 일로 더 고독해졌을까? 이 사건은 내가 내면으로 여정을 떠나는 출발점이었다. 그 후 10년 동안 정신 분석, 실패한 관계들, 경영 대학원에서의 고투, 신문 기사와 소설 집필의 경험(나는 내가 누구도 쓰지 못한 걸작을 쓰리라 생각했다)을 통해 나는 그 칼끝에서 태어난 문제들을 붙잡고 씨름했다.

결국 2000년 5월, 나는 다른 사람으로 거듭났다. 내 존재가 새로 출발한 원년은 샌프란시스코 유니언 스퀘어의 서점에서 노트를 사면서 시작되었다. 나는 노트에 이렇게 적었다.

"선택의 시간이 도래했다. 나는 연쇄살인범이 되고 싶은가, 연쇄창조자가 되고 싶은가?"

이 질문은 실존적인 문제가 되었다. 진정한 창조는 이렇게 무서운 것이다. 창조는 파괴이며, 파괴가 곧 창조다. 인생의 배에 닻을 올리는 용기를 모으기까지는 여러 해가 걸렸다. 인간관계와 비즈니스에서 실패를 거듭하고 나서야 내가 가야 할 길이 선명하게 보였다. 그 길은 나를 수많은 세계 무대로 이끌었다. 그 길은 내가 트렌드와 미래학 분야에서 세계 최고의 강연자 중 한 명이 되게 해주었다. 나를 백만장자로 만들어주었다. 또 그 길은 내가 수백만 명의 사람에게 영감을 주고, 앞으로도 그럴 희망을 품게 해주었다.

그리고 그 성취의 이면에는 1991년 런던에서 우리 집을 침입했던 복면의 사나이들, 금고를 열지 않으면 죽이겠다고 열일곱 살짜리 소년을 위협했던 두 강도가 있었다. 나는 그들에게 감사한다.

● 미래학자 | 매그너스 린드비스트

19
스승의 조언

젊은 박사 과정 학생들이 대부분 그렇듯 나 또한 캘리포니아 대학(UCLA)에서 수학하는 동안 자신의 지혜와 심오한 통찰에 깊이 감탄하고 있었다. 특히 타인들을 판단하고 그들의 잘못을 짚어내는 내 능력에 경탄을 금치 못하곤 했다.

프레드 케이스(Fred Case) 박사는 내 박사 논문 지도 교수이자 상관이었다. 케이스 박사를 상관이라고 칭한 이유는 내 박사 논문이 로스앤젤레스 시 정부의 컨설팅 프로젝트와 관련이 있었기 때문이다. 케이스 박사는 대학교수였을 뿐만 아니라 로스앤젤레스 도시계획위원회의 위원장이기도 했다. 그는 내게 학문적으로나 경력적으로 가장 중요한 분이었던 것이다. 실제로 케이스 박사는 로스앤젤레스 도시 개선 면에서 놀라운 성과를 일구었을 뿐만 아니라 내게도 많은 도움을 주었다.

케이스 박사는 낙천적인 분이었는데 어느 날 굉장히 화가 난 듯한 목소리로 내게 말했다. "마셜, 대체 뭐가 문제인가? 시청 사람들 말이 자네가 부정적인 데다 걸핏하면 화를 내고 남에게 마구 도덕적 잣대를 들이댄다던데, 이게 어떻게 된 건가?"

나도 질세라 맞받아쳤다. "교수님은 시 지자체가 얼마나 비효율적인지 못 믿으실 겁니다." 그렇게 말문을 연 뒤 나는 내가 생각한 대로 세금이 쓰이고 있지 않은 사례를 제시했다. 나는 지자체 리더들이 내 말을 귀담아듣는다면 지금보다 도시가 훨씬 나아지리라 확신했다.

"참 놀라운 해결책이군!" 케이스 교수가 빈정거렸다. "마셜 골드스미스 씨께서 우리 시 정부가 비효율적이라는 것을 발견하셨군 그래. 마셜, 이런 말하고 싶진 않지만 그건 길모퉁이에 있는 내 단골 이발사도 벌써 여러 해 전에 알아낸 내용이라네. 뭐 다른 의견 없나?"

나는 교수의 빈정거림에 굴하지 않고 오히려 분한 마음이 들어서 다른 여러 가지 사소한 사례를 지적했다. 대부분은 부유한 후원자에 대한 정치가들의 편향적 행태였다.

케이스 교수는 이제 웃고 있었다. "두 번째 놀라운 해결책이군. 자네의 심오한 연구 기법이 놀라운 발견으로 이어졌군 그래.

정치가들이 자기를 반대하는 사람들보다 후원하는 사람들에게 더 신경 쓴다는 걸 이제야 발견한 건가? 내 이발사는 벌써부터 알고 있던 내용인데, 참 안 됐네. 그 정도의 통찰 수준에 박사 학위를 줄 수는 없겠어. 유감이야."

나를 응시하는 박사의 얼굴에는 오랜 세월을 살아온 사람만이 풍길 수 있는 지혜가 서려 있었다. "자네가 나를 늙고 시대에 뒤떨어진 인간이라 생각한다는 건 알고 있네." 그가 말했다. "그러나 나는 긴 세월 동안 여기 시청에서 일을 해왔어. 자네는 내가 아무리 느려도 그 정도 파악은 하고 있다는 생각을 안 해본 건가?"

그러고 나서 내가 절대로 잊을 수 없는 조언이 박사의 입에서 나왔다. "마셜, 자네는 문제를 해결하는 게 아니라 문젯거리가 되고 있어. 그건 자네의 고객이 될 사람들을 돕는 게 아니네. 그건 내게도 도움이 되지 않아. 결국 자네에게도 해롭겠지. 자, 이제 두 가지 선택지를 주겠네."

- **선택** A : 계속 화를 내고 부정적인 태도로 남을 판단하는 것. 그 경우 시청에서 해고될 것이고 졸업도 불가능. 인생에서 4년은 낭비한 셈이 된다.

- **선택** B : 재미를 찾아보는 것. 건설적인 차이를 만들려고 노력하기. 단, 자신과 주변 사람들에게 긍정적인 여파를 미치는 방식으로 차이를 만들 것.

"자네는 젊어. 인생은 길지 않다고. 재미를 찾아보게. 자, 어떤 걸 선택하겠나?" 나는 결국 웃으면서 대답했다. "케이스 박사님, 이제 재미를 찾을 때인 것 같습니다!" 박사는 알았다는 듯 웃으며 말했다. "이제 좀 말이 통하는군. 꽤 똑똑하군 그래."

나는 인생의 대부분을 거대한 조직의 리더들과 함께 일을 하면서 보냈다. 돌아가는 일이 생각만큼 효율적이지는 않다는 사실을 파악하는 데 천재성이 필요한 것은 아니다. 직원들은 대부분 그 사실을 잘 알고 있다. 사람들이 조직의 안녕보다는 자신의 발전에 더 관심이 많다는 사실을 아는 데에도 특별한 통찰이 필요하지는 않다. 이 역시 대부분의 직원은 잘 알고 있다.

나는 케이스 교수에게 큰 교훈을 얻었다. 진정한 리더는 잘못을 지적할 수 있는 사람이 아니다. 누구든 그 정도는 할 수 있다. **진정한 리더는 상황을 개선할 수 있는 사람이다.**

케이스 교수의 지도를 통해 나는 박사 학위를 마치고 더 나은 컨설턴트가 되었을 뿐 아니라 더 나은 인생을 살게 되었다. 박사의 조언은 여러분의 성장에도 자양분이 될 수 있다. 우선 일을 할 때 자신의 행동이 어떤지 생각해보라. 당신은 주변 사람들에게 기쁨과 열정을 전달하고 있는가, 아니면 화를 내고 남을 평가하는 역할에 많은 시간을 소모하고 있는가?

둘째, 당신 주변에 내가 예전에 했던 것과 같은 행동을 하는 동료가 있는가? 당신은 그들 때문에 괴롭고 화가 나는가, 아니면 케이스 박사가 나를 도왔던 것처럼 그들을 도우려고 노력하고 있는가? 만약 그들을 도우려고 노력하지 않았다면 한번 해보는 건 어떨까? 누가 알겠는가. 그들이 언젠가 당신을 떠올리며 터닝 포인트에 관한 이야기를 쓸지 말이다.

● 경영 컨설턴트 | 마셜 골드스미스

20
Act On

　　세계는 미리 결정되어 있는 걸까? 아니면 우리의 행동으로 순간순간 창조되는 걸까? 세계는 단지 우리가 믿고 실행하는 꿈일까? 만약 내가 꿈을 실현한다면 무슨 일이 일어날까? 그리고 나는 이 모든 불확실성의 위험을 감수할 수 있을까?

　　내가 무엇을 할지 결정할 때마다 되풀이해서 떠오른 질문들이다. 나는 성공한 기업의 중역이었다. 긴 세월동안 열심히 일해서 회사의 정보 기술을 총괄하는 부사장이 되었다. 지난 5년 동안 나는 직원들과 함께 애플리케이션 시스템을 설계하고 구축했다. 이 시스템 덕분에 많은 고객을 확보할 수 있었고, 회사는 수익을 창출할 수 있었다. 물론 나는 이 공로를 인정받고 보상도 받았다.

나에게는 이 성취를 발판으로 회사를 더욱 발전시킬 수 있는 새로운 애플리케이션 아이디어가 있었다. 그러나 회사 매출이 안정적인 상황에서 회장은 더 이상 새로운 시스템은 필요 없다고 생각했다. 그는 지출을 줄이고 이미 구축한 것을 유지하는 방법을 찾으라고 말했다.

아이디어들을 실현할 수 없는 상황에서 나는 책을 쓰기로 결정했다. 기업의 작동 방식과 업무 조직 방식에 대한 새로운 아이디어를 정리했고, 다른 차원의 생산을 가능하게 하는 인력과 컴퓨터의 조합 방식도 책에 담았다. 책의 판매 실적은 별로였지만, 나는 비슷한 생각을 하는 사람들에게 주목받기 시작했다. 그리고 내 아이디어에 관심을 가진 사람들이 강연을 해달라고 요청해왔다.

책이 출간되고 6개월 뒤, 북미 8개 도시에서 세미나를 준비 중인 어느 테크놀로지 업체가 내게 연락을 해왔다. 세미나의 기조연설자가 되어달라는 요청이었다. 나는 수락했다. 그들은 다른 사람들에게도 제의를 했다며 몇 주 후 다시 연락하겠다고 말했다.

결정을 기다리는 동안 나는 기조연설자로서 무엇을 해야 할지 고민했다. 세미나는 거의 두 달이 소요되고 출장도 잦기 때문에 그동안 회사 업무를 볼 수가 없었다. 회장의 반응이 우려되었다. 그는 이 일을 허락할까? 아예 묻지 않는 것이 현명한 처사가 아닐까?

마침내 업체로부터 내게 기조연설자를 부탁한다는 정식 요청이 왔다. 결단의 시기가 왔다. 회사에서 근무하는 동안 나는 귀중한 경험을 쌓았다. 하지만 최근 몇 년간 회사는 내게 불편한 곳이었다. 회사는 내가 가진 아이디어를 묵살했고, 나는 고액 연봉을 받으면서 회사에 남아 있어야 할 이유가 사라졌다는 느낌이었다. 변화가 필요한 시점이었다.

나는 회장을 찾아가 기조연설 출장을 가는 것은 우리 회사의 성취에 대해 공개적으로 알릴 수 있는 좋은 기회라고 말했다. 회사의 평판은 올라갈 것이고, 새 고객도 유치할 수 있을 거라고 말이다. 회장은 회의적이었지만 출장을 막지는 않았다.

기조연설은 나쁘지 않았다. 도시를 옮겨 다니며 새로운 청중을 만날 때마다 연설은 더 나아졌다. 청중의 호감도가 올라가는 게 느껴졌다. 주최 측도 흡족해했다. 연설을 듣기 위해 모인 사람들은 내 아이디어를 토론하고 서로의 경험을 공유하고 싶어 했다. 무척 즐거운 경험이었다.

여행이 끝날 무렵 회장에게 이메일이 왔다. 돌아오면 따로 만나고 싶다는 내용이었다. 회장을 만나러 갔다. 그는 내게 문을 닫고 들어와 앉으라고 했다. 그가 입을 열었다. 미리 준비한 게 분명했다. "당신의 비전은 우리 회사의 비전과는 맞지 않습니다." 회사에서 나갈 때가 되었다는 것을 깨달았다. 그다지 놀랍지 않았다.

밝은 추운 가을날이었다. 회장 뒤편에 있는 큰 창을 통해 새 한 마리가 날아와 나뭇가지에 앉는 모습이 보였다. 겨울이 오면 남쪽으로 이동하는 철새였다. 작년에 이 새들이 남쪽으로 날아가는 모습을 본 적이 있었다. 새를 보며 마음속으로 속삭였다. '날씨가 추워졌으니 겨울이 오기 전에 떠나야겠군.' 말을 이어가는 회장의 목소리가 들렸다.

훗날 한 지혜로운 여성이 내게 그 일의 의미에 대해 설명해주었다. "이제 부둣가에 서서 떠나야 한다는 사실을 아는 시기가 된 거죠. 하지만 배는 터무니없이 작고 바다는 너무 넓어요." 그녀는 미소를 짓더니 이렇게 덧붙였다. "그래서 때로는 누군가 부두에서 당신을 바다로 밀어내야 하는 거예요. 떠나기 위해서 말이죠."

그날 이후 나는 책을 쓰고, 강연을 했으며, 다양한 애플리케이션 시스템을 구축했다. 미처 생각하지 못했던 고객들이 내 아이디어에 관심을 보였다. 더 많은 책을 쓰고 새로운 시스템을 구축할수록 더 많은 일을 할 수 있는 다양한 아이디어가 떠올랐다.

나는 안정적인 연봉과 직함을 포기했다. 그리고 보답으로 꿈만 꾸었던 인생을 살 수 있는 기회를 얻었다. 나는 연초마다 그해 내가 할 일을 개발하는 과제에 당면한다. 확실한 일은 아무것도 없고 매년 성과도 다르다. 그러나 그때마다 나는 내 인생이 내가 믿고 실천하는 꿈이라는 사실을 발견한다. 나는 행동을 통해 매순간 세계를 창조한다. 그때 일어나는 모든 일들은 기적, 그 자체이다.

● 조직 혁신 컨설턴트 | 마이클 휴고스

21
종교 여행

　나는 신학자로서 '종교 간 대화와 만남'이라는 주제와 함께 긴 여정을 지나왔다. 그중 내 정신을 넓혀주고 마음에 힘을 북돋아준 경험은 주교들로부터 비롯되었다. 요즘의 가톨릭교회에서는 상상하기 어려운 일이다. 1960년대 중반, 영원한 도시 로마에서 가톨릭 주교들이 내게 준 혁신의 힘은 어마어마하게 크고 강한 것이었다. 그 이후 나는 그 혁신의 힘을 따르려고 부단히 노력하며 살아왔다.
　내 꿈은 선교였다. 1962년 9월, 나는 신학을 공부하기 위해 로마로 갔다. 로마에 가기 10년 전, 일리노이 주 서미트(Summit)의 성 요셉 학교를 졸업하면서 나는 선교 사제가 되겠다고 결심했다. 하느님의 소명을 따르기에는 너무 이르다는 부모님의 눈물 어린 호소에도 불구하고 나는 집을 떠나 사제가 되는 기나긴 여정을 시작했다. 그 여정 중 하나는 인간이 믿는 모든 종교를 공부하는 것이었다. 나는 사람들을 사랑했고, 그들을 예수에게 인도하여 구원하는 것이 소명이라고 믿었다. 신학생들은 신학교 부속 성당에서 하루에 세 차례씩 성무일도(매일 정해진 시간에 교회에서 올리는 기도)를 드렸는데 그때 바친 기도는 정말 진심어린 것이었다.

"죄악의 어둠과 이단의 밤이 말씀의 빛과 은총의 성령 앞에서 사라지게 해주소서!"

그러나 소위 '이단'이라는 종교를 공부하면 공부할수록 이들을 혼란에 빠뜨리는 죄악의 어둠을 찾아내기가 어려워졌다. 오히려 힌두교와 불교, 이슬람교, 다양한 토속 종교에서 발견한 교리는 무한자와 유한자의 합일, 대지의 신성함, 지각 있는 존재를 위한 희생정신 등 심오하고 매력적인 내용을 담고 있었다. 물론 타락과 폐해와 폭력도 있었다. 그러나 내가 믿는 기독교에도 그 정도의 폐해는 얼마든지 있었다.

공부를 마무리하기 위해 로마로 떠났을 때 나는 한 무더기의 신학적 질문을 안고 있었다. 신은 한 분인데 왜 이렇게 많은 종교가 있는 것일까? 구원에 대한 독점권은 특정 종교의 것인가? 선교의 의미는 무엇인가? 이러한 질문들은 단지 지식과 관련된 문제가 아니었다. 내 마음을 건드리는 문제였을 뿐 아니라 선교사를 꿈꾸는 내 미래의 정체성과도 직결된 문제였다.

로마에 도착했을 당시에는 내가 지닌 문제의 답을 찾을 수 있는 최적의 시기에, 최적의 장소에 왔다는 사실을 전혀 알지 못했다. 그해 교황 요한 23세는 전 세계의 가톨릭 주교들이 모두 모이는 제2차 바티칸 공의회를 소집했다. 내가 그레고리오 대학에서 수업을 받기 시작한 시점이었다. 1962년 10월 11일, 나는 성 베드로 광장에서 서 있었고, 교황에게서 불과 10미터 떨어진 곳에서 그분의 사진을 찍었다(이 사진은 아직도 간직하고 있다). 그야말로 역사에 길이 남을 특권이었다. 교황은 들것에 실린 의자에 앉아 있었고 2,000여 명의 주교들이 마이터(mitre, 가톨릭 사제가 미사 때 쓰는 관)를 쓰고 교황의 뒤를 따라 성 베드로 대성당 안으로 입장했다. 공의회 첫 회기를 시작하기 위해서였다. 정말 거대한 행렬이었다.

공의회에는 다양한 선교 대상 국가에서 온 24명의 말씀의 선교회 주교들이 참석하고 있었다. 그중 미국에서 온 주교들은 라틴어를 읽는 능력이 (완곡히 표현하자면) 좀 무딘 상태였다. 곧 이들은 난감한 상황에 부딪혔다. 이들이 매일 가지고 돌아오는 공의회 문서, 즉 검토한 뒤 이튿날 표결에 부쳐야 하는 비밀문서들이 죄다 라틴어로 되어 있었던 것이다. 라틴어는 가톨릭교회의 공식어였고, 주교들은 이 언어를 알고 있어야 했다. 그리고 알려진 바대로 나는 말씀의 선교 수도회(Society of the Divine Word)에 소속되어 있었다.

결국 미국에서 온 주교들은 그레고리오 대학의 강의와 교재, 시험이 모두 라틴어로 이루어져 있다는 사실을 알고 우리에게 도움을 요청해왔다. 우리는 공의회에서 무슨 일이 벌어지는지 알 수 있는 기회가 왔다는 생각에 겸허히 청을 받아들였다. 또 누가 알겠는가, 신학적 제안 한두 가지쯤은 유순한 주교의 귓가에 속삭일 수 있을지(물론 그 양반이 라틴어를 아예 못하면 소용없겠지만).

문서를 번역해주는 과정에서 나는 '종교 간의 대화'라는 큰 체험을 하게 되었다. 사이먼(Simon) 주교가 '비그리스도교에 대한 선언(Nostra Aetate)'의 초안을 보여주었을 때 나는 큰 충격을 받았다. 내가 읽고 있는 문서가 진짜인지 의심될 정도였다. 그렇다. 내 손에 들린 문서는 지금까지 교회가 일구어냈던 모든 성과를 초월하는 것이었다. 이 선언은 기독교에 대한 출입 금지 표지판을 제거했을 뿐만 아니라, 예전에는 하느님을 찾으리라는 예상도, 허용도 하지 않던 곳에서 하느님의 존재를 찾아보라고 청했던 것이다!

다른 가톨릭교도들과 마찬가지로 나 역시 '교회 외부에 구원은 없다'는 엄격한 교리를 배웠다. 우리의 구원은 오직 로마 교회 내에서만 이루어지는 것이었다. 혹여 이 철옹성 같은 엄격한 규칙에 예외가 있다 하더라도, 애매한 표현을 통해 이교도나 비가톨릭교도들을 교회 뒷문으로 몰래 끌어들이는 신학적 책략에 불과했다. 그 어떤 경우에도 다른 종교나 교회에 긍정적인 가치를 부여하는 일은 결코 없었다.

내 손안에 있던 문서는 이 모든 구습을 뒤엎는 혁명이었다! '비그리스도교에 대한 선언'의 초안을 읽는 일은 소름 돋는 경험이었다. '비그리스도교에 대한 선언'은 힌두교와 불교, 이슬람교, 유대교, 원시 종교의 가르침을 탁월하게 요약했을 뿐만 아니라, 이 종교들이 어떻게 인간으로 하여금 '인간 조건의 심오한 신비'에 대응하게 하는지 설명하고 있었다. 또 다른 종교가 모두 '심오한 종교적 의미'를 통해 사회에 활기를 불어넣고 있으며, '인간을 계몽하는 진리의 빛'을 반영하고 있다고 분명하게 인정하는 내용이 담겨 있었다. 나를 비롯한 어떤 가톨릭교도도 교회의 공식적인 가르침에서 이런 내용을 본 적이 없었다!

'비그리스도교에 대한 선언'에서 가장 놀라운 (그리고 훗날 가장 큰 변화를 초래한) 것은 주교들이 모든 신자에게 새로운 의무를 부여했다는 것이다. 신자들은 다른 종교를 믿는 사람들을 '신중하고 애정 어린 태도로 대해야 하며, 기독교인의 신앙과 삶의 증인으로서 다른 종교를 믿는 사람들 사이에서 발견된 영적·도덕적 선을 인정하고 보존·증진시키라고 권고'하는 내용이었다. 그리스도를 따르는 자의 직무에 다른 종교를 믿는 이들과 대화하며, 그들에게 배우고, 그들의 영적·도덕적 선을 증진시키는 의무가 추가된 것이다! 나는 질문했다. 이 교회가 내가 세례를 받았던 그 교회인가?

제2차 바티칸 공의회 이후 가톨릭교회와 다른 종파의 기독교회, 그리고 내 인생에도 많은 변화가 일어났다(나는 1975년 성직을 떠나 1982년 결혼했다). 지금도 확실히 말할 수 있는 것은 로마에서 '비그리스도교에 대한 선언'의 초안을 읽었던 그날, 종교 다원주의의

견지에서 내 신앙을 어떻게 보아야 하는가에 관한 답을 얻었다는 점이다. 정확히 표현하자면 공의회 문서들을 통해 답을 찾으려는 굳건한 결심을 얻었다는 게 옳을 것이다.

공의회가 내게 준 답, 공의회 이후 46년 동안 가톨릭 신학자로 사는 기쁨과 도전에서 나를 지탱하고 안내해준 답을 두 가지로 요약하면 다음과 같다. 첫째, 모든 이를 계몽하는 진리는 다양한 종교에서 발견된다. 둘째, 그 진리가 무엇인가, 그리고 그 진리를 우리가 그리스도를 통해 알고 있는 진리와 어떻게 관련지을 것인가는 종교 간 대화를 통해서만 알아낼 수 있다. 이 두 가지 답을 다시 한마디로 요약하자면 이렇다. 타인들과의 대화를 통해서만 온전한 신의 진리 속에서 성장할 수 있다!

이것이 1960년대 학생 신분으로 로마에 싸 가지고 갔던 질문에 대한 답이었다. 그 후 나는 이 답이 '비그리스도교에 대한 선언'의 초고를 읽었을 때 받은 답이자, 가톨릭교회뿐 아니라 개신교와 정교회를 비롯한 기독교회에 생명력을 불어넣는 깨달음이라는 사실을 알게 되었다. 교회는 다른 종교와의 대화를 통해 신이 말하고자 하는 바를 정면으로 마주하라는 요청을 받았던 것이다!

스물여섯 살 청년의 마음을 한가득 채웠던 희망, '비그리스도교에 대한 선언'을 처음 읽었을 때 그가 느꼈던 희망은 일흔다섯 살이 된 지금도 건재하다.

● 종교학자 | 폴 니터

22
자네는 무엇이 두려운 건가?

내 인생의 터닝 포인트는 심장이 박동치는 곳에서 일어났다. 또 그만큼 신속하고 간결하게 표현할 수 있다. 내 상관이자 전설적인 인공 지능의 선구자 찰스 로젠(Charles A. Rosen) 박사(다들 그를 '찰리'라는 애칭으로 불렀다)는 앞에 서서 턱을 앞으로 내밀고 그 유명한 숱 많은 눈썹을 달싹거리며 집게손가락으로 내 가슴을 찔렀다. 놀랄 만한 힘이었다. 그가 물었다.

"자네는 무엇이 두려운 건가?"

그걸로 끝이었다.

왜 이게 나의 터닝 포인트인지를 이해시키려면 개인적·직업적 배경과 그때의 상황, 그리고 그 질문이 가져온 장기적 결과에 대해 이야기해야 한다.

나는 뉴욕 브루클린에서 돈독한 애정을 자랑하는 가족의 보살핌을 받으며 자랐다. 부모님은 대공황 때 성년이 되었고, 험난했던 경제적 질곡 속에서 첫 직장을 구했다. 당시를 살았던 많은 이들이 그렇듯, 경제적으로 고생했던 경험은 평생 동안 부모님의 삶에 영향을 미쳤다. 두 분은 매사에 신중하고 조심스러웠으며, 특히 우리 남매를 보호하는 데 많은 신경을 썼다. 그리고 분명 부모님의 신중함은 자식들에게도 어느 정도 영향을 미쳤다.

직업적 배경에 대해 말하자면, 나는 1966년 스탠퍼드 대학에서 박사 학위를 마치고 SRI 인터내셔널(SRI International)의 전신인 스탠퍼드 연구소(Stanford Research Institute)에 일자리를 얻었다. 내가 근무한 곳은 찰리가 꾸민 '인공 지능 연구 모임(Artificial Intelligence Group)'이었다.

인공 지능을 연구하던 시절은 마법 같았다. 인공 지능 분야는 최신 학문이었기 때문에 전 세계에서 인공 지능을 연구하는 단체는 많아야 여섯 팀 정도였다. 연구자들은 대부분 서로를 잘 알고 지냈다. 우리는 인공 지능의 미래에 대해 원대한 비전을 갖고 있었으며, 그 비전을 현실화하기 위해 열성적으로 일했다.

SRI 인터내셔널에 출근했던 첫날은 야심찬 새 연구 프로젝트가 출범한 날이기도 했다. 찰리는 2년 동안의 노력 끝에 세계 최초로 '이동형 인공 지능 로봇'을 개발하는 계약을 정부와 체결했다. 그 당시 로봇 연구는 다소 논쟁적인 사안이었다. 한쪽에서는 인공 지능을 갖춘 로봇이 세계를 정복할 것이라 우려했고, 또 다른 한쪽에서는 인공 지능은 원칙상 불가능하며 프로젝트 전체가 시간과 자금 낭비라고 비난했다. 찰리는 이들에 대해 모르지 않았다. 그는 이런 사람들을 가리켜 '상습적 반대론자'라고 불렀다. 그는 반대를 두려워하지 않았고, 우리는 프로젝트를 밀고 나갔다. 내게 찰리의 전진은 신념을 포기하지 않는다는 것이 무엇인지 보여주는 생생한 실례였다.

찰리가 내 가슴을 찌르며 운명적인 질문을 던진 것은 그 뒤로 얼마 지나지 않아서였다. SRI 인터내셔널에서 일한 지 겨우 1년이 지났을 때 찰리는 내게 로봇의 이미지 인지 시스템을 개발하는 프로젝트 팀을 맡겼다. 나는 그의 요청이 부담스러웠다. 두 가지 근거에서였다.

첫째, 프로젝트 팀의 구성원은 모두 젊었지만 그중에서도 나는 가장 젊고 경험도 부족했다. 더 노련한 연구자가 책임을 져야 하지 않을까? 둘째, 우리는 로봇 작동에 중요한 이미지 인지 시스템을 어떻게 구축할지 의견을 제시하지 못했다. 과연 나는 이 프로젝트를 성공시킬 만한 준비가 되어 있는 것일까?

이런 상황에서 찰리는 내게 질문을 던졌던 것이다. 나는 그의 질문에 크게 당황하여 다시 자문했다.

'좋아, 내가 두려운 게 뭐지?'

나는 두려움의 실체를 하나씩 뜯어보았고, 그중 어떤 것도 버티지 못할 이유는 없다는 결론을 내렸다. 결과가 좋든 나쁘든 대처할 수 있겠다는 생각이 들었다. 게다가 컴퓨터 비전 분야의 최첨단 연구를 수행하는 프로젝트 팀에서 수장이 되는 일은 무척 흥미로울 것 같았다. 결국 나는 로봇용 '비전 그룹(Vision Group)'을 맡으라는 찰리의 요청을 받아들였다.

그렇다면 그 프로젝트를 맡기로 한 결정이 나와 내 사고방식에 미친 단기적·장기적 영향은 무엇이었을까?

2년 정도의 시간이 흐른 뒤, 나는 비전 그룹뿐만 아니라 로봇 개발 전체 프로젝트의 리더가 되었다. 우리는 개발 중인 로봇에게 '셰이키(Shakey)'라는 이름을 붙였다. 기계적 설계에 문제가 있었는지 로봇이 이동할 때마다 조금씩 흔들렸기 때문이다. 현재 셰이키는 캘리포니아에 있는 컴퓨터역사박물관 인공 지능 전시관의 핵심 전시물이자, 카네기멜론 대학에 있는 '로봇 명예의 전당'의 회원이다. 그리고 그때 우리가 개발한 소프트웨어 기술은 오늘날 우리 생활의 일부가 되었다. 차량 운행 방향을 계산하는 컴퓨터 프로세스가 대표적인 예다. 이밖에도 우리가 셰이키를 조종하기 위해 설계한 소프트웨어 구조는 오늘날 고성능 로봇의 설계에 큰 영향을 미쳤다.

그러나 찰리의 질문이 내게 미친 가장 큰 영향은 내 사고방식에 관한 것이다. 새로운 문제에 봉착했을 때 나는 습관적으로 문제의 이면을 생각하고 최악의 시나리오를 상상한다. 최악의 경우 내가 책임지고 있는 조직이 살아남을 수 있는가? 문제를 해결하기 위해 실행할 만한 플랜 B를 가지고 있는가? 만일 그렇다면 내재된 위험은 전적으로 감수할 만한 가치가 있는 것이다.

이런 사고방식은 내게 굉장한 자유를 선물했다. 여러 해 동안 나는 대여섯 개의 회사와 국제 연구소를 창립하고 이끌어왔다. 애초부터 모든 일에는 나름의 가치와 위험성이 있다는 사실을 파악하고 앞으로 나아가기 위해 모험심을 발휘했다. 두려움에 주춤하는 대신 위대한 일을 이루겠다는 야심을 가지고 도전했다.

물론 한계는 있다. 나는 남극을 탐험한다거나, 나이아가라 폭포를 외줄 타기로 건넌다거나, 빌 게이츠와 판돈을 걸고 포커를 치겠다는 야망은 가진 적이 없다. 그러나 찰리가 가슴을 찌르고 수십 년의 세월이 흐른 오늘날에도, 무언가 모험적인 일을 도모할 때면 애송이 시절의 공포심이 목구멍을 타고 올라오며 이렇게 묻는다.

"좋아, 내가 두려운 게 뭐지?"

● 인공 지능 공학자 ㅣ 피터 하트

23
창조적 저항 : 콘서트

1992년 봄, 세르비아 정부는 보스니아 내전을 선포했다. 세르비아를 비롯해 크로아티아, 보스니아, 코소보 지역이 유혈이 낭자하는 무력 충돌의 도가니로 끌려들어 갔다.

그때 나는 생물학을 전공하는 스무 살짜리 대학생이었다. 나를 둘러싼 이 비극은 모두 부조리한 초현실로 보였다. 어찌되었건 나는 고작 몇 주일 만에 세르비아 화폐로 4,000디나르가 800조 디나르로 폭등하는 살인적 인플레이션을 겪으면서도 민물 양식에 대한 강의를 들어야 했고, 눈에 익은 건물들이 파괴되는 모습을 뉴스로 보면서도 선사 시대의 조류에 대한 리포트를 제출해야 했다.

그 당시 내게 중요했던 것은 힘겹게 삶을 꾸려가면서도 주변의 친구들과 마찬가지로 무심하게 행동하는 일이었다. 세르비아 청년들에게 무심한 적응은 매우 절박한 문제였다. 우리 가족은 평생 저축했던 돈을 하루아침에 잃었고, 평화로웠던 시민들이 얼마나 어이없게 밀로셰비치의 내전 선동에 굴복하는지 보았다. '무관심'이야말로 그때 세르비아에서 통용되던 화폐였다.

나는 젊었고 서투르게나마 지역 록 밴드에서 베이스 기타를 만지작거렸다. 내 관심사는 한 가지였다. 좋아하는 록 콘서트를 보는 것. 세르비아에서 가장 유명한 펑크밴드 네 팀의 대표 뮤지션들이 모여 '림투티투키(Rimtutituki)'라는 슈퍼 밴드를 만들고 시내 중심가에서 무료 공연을 한다고 발표했을 때, 나는 그동안 지켜오던 무심함을 버릴 만큼 흥분했다. 그러나 공연은 금지되었고, 결국 림투티투키는 트럭 위에 무대를 꾸민 채 거리를 돌아다니며 공연했다. 당국에 발각되면 바로 도망치기 위해서였다.

친구들과 나는 강의를 빼고 광장으로 달려갔다. 공연을 기다리는 젊은이들은 맥주를 마시고 담배를 피우면서 잠깐이라도 공연을 보려고 모여 있었다. 밴드는 나타날 기미조차 없었지만 우리는 별로 개의치 않았다. 이미 그런 일에는 너무도 익숙해져 있었던 것이다. 우리 중 절반은 경찰이 공연 소식을 듣고 아예 멤버들을 체포했거나 억류했을 거라고 생각했다.

그때 탱크처럼 보이는 두 대의 트럭이 빠른 속도로 광장에 들어왔다. 처음에는 밀로셰비치 당국의 진압차가 아닌가 생각했다.

그러나 트럭 위에서는 우리의 우상들이 게릴라 비슷한 복장을 갖춘 채 활보하고 있었다. 사람들은 모두 환호성을 지르면서도 한편으로는 혼란스러워했다. 어째서 최고의 록밴드가 전쟁의 미학을 포용하는 것처럼 보이는 걸까? 젊은이들은 대부분 전쟁에 환멸을 느끼고 있었다. 우리들이 록밴드의 공연을 보러 간 이유는 순전히 정치에서 도망치고 싶었기 때문이었다. 그런 와중에 갑자기 한 멤버가 얼굴에 미소를 띠우며 소리쳤다. "총을 쏘면 사랑을 나눌 시간이 없잖아! 철모 속 머리는 어디 간 거야, 이 바보들아! 형제들이여, 평화! 평화!" 그리고 노래가 시작되었다.

우리는 충격을 받았다. 가사 때문만은 아니었다. 이들이 전하는 평화의 메시지는 매우 독창적이었고 전달하는 방식도 흥미로웠다. 그 당시 내게 '평화'란 그저 이상주의적인 단어에 불과했고, 고작해야 1960년대 미국 히피들이 캠프파이어 주위에서 노예들이 부르던 쿰바야(kumbaaya) 같은 노래를 부르는 이미지였다.

그러나 림투티투키는 달랐다. 이들의 노래는 비폭력을 외치는 펑크의 송가였다. 이들의 군복은 전쟁을 용인하는 문화를 조롱했다. 우리는 열광했다. 소리를 지르고 서로 껴안으며 원초적 일체감을 느꼈다. 그 순간만큼은 아무것도 두렵지 않았다. 우리들의 가슴에 잊어버리고도 잊어버린 줄 몰랐던 무엇인가가 떠오르기 시작했다. '희망'이었다.

이 사건이야말로 평화 운동가로서의 내 미래를 규정지은 터닝 포인트다. 림투티투키의 콘서트를 보면서 나는 희망의 메시지는 다양한 형태로 전달된다는 것, 점잖지 못하다고들 여기는 펑크 장르가 사실은 환멸을 느끼는 젊은이들에게 다가가는 가장 좋은 방법 중 하나라는 것을 알게 되었다. 우리처럼 유혈 사태를 지겨울 정도로 보아왔던 사람들의 입장에서는, 지루한 시위나 탄원보다 흥겨운 펑크록 콘서트가 저항을 전달하는 데 효과적이었다. 그날 오후에 내가 느꼈던 감정이 무엇을 의미하는지, 그리고 그것을 어떻게 구체적인 방식으로 바꿀 수 있는가를 깨닫는 데는 수년의 시간이 더 필요했다. 그러나 한 가지는 확실했다. 독창적인 방식으로 진행되는 비폭력 저항의 가능성을 목격한 뒤부터는 예전의 무관심한 나로 돌아갈 수 없었다.

가장 중요한 것은 이 콘서트로 인해 가장 비정통적인 영역에서 소규모 저항 운동을 펼칠 수 있는 가능성이 열렸다는 사실이다. 이 '창조적 저항'의 교훈은 내 활동에 귀중한 자산이 되어주었다. 1999년 밀로셰비치는 세르비아 국민을 더 심각한 유혈 사태와 부정 선거로 밀어 넣고 독립적 언론을 금지했다. 나는 친구들과 함께 오트포르(Otpor, '저항'이라는 뜻)라는 저항 단체를 창설했다. 림투티투키의 콘서트 정신을 이어받은 오트포르는 일부러 더 공격적이고 자극적으로 보이는 운동을 전개했다. 우리는 검은 배경 뒤의 하얀 주먹(제2차 세계 대전 중 나치를 몰아낸 세르비아 파르티잔[partisan]을 가리키는 상징이었다)을 오트포르의 상징으로 하되 비폭력 규율을 엄격히 준수했다.

창설된 지 몇 년 만에 오트포르는 전국적 운동으로 성장했다. 경찰에게 괴롭힘을 당하고 구류 당하는 순간일수록 더욱 창의성을 발휘해야 했다. 개개인의 피해를 막기 위해서 뿐만 아니라 전 국민의 호응과 지지를 받기 위해서라도 더욱 그래야 했다. 우리는 록 콘서트, 연극, 축구 경기 등 혁신적인 방식으로 사람들을 모으고 저항 운동을 전개했다. 물론 이런 방식은 운동 조직의 가장 어려운 부분인 협상과 전략 구축에 드는 시간의 극히 일부만 투자한 결과였지만, 그럼에도 불구하고 오트포르의 트레이드마크가 되었다.

성과는 놀라웠다. 2000년 10월 5일, 세르비아는 평화적인 정권 교체를 이루어낸 20세기 소수 국가 중 하나가 되었다. 그날 세르비아 전역에서 쏟아져 나온 사람들은 목숨을 걸고 인권을 위해 봉기했다. 그것은 전쟁과 파괴의 세월을 버티며 축적된 감정인 한편, 진정한 의미에서 우리 민중들의 힘으로 이루어낸, 자랑스럽고 벅찬 감동이었다.

인생의 터닝 포인트는 세월이 흐르고 나서야 그 의의와 결과를 보게 되는 경우가 많다. 확실히 나의 터닝 포인트는 림투티투기 콘서트였다. 이후 나의 미래는 완전히 달라졌다. 그 콘서트 덕분에 나는 생물학자를 꿈꾸던 록 뮤직 팬에서 젊은 혁명가로 변모했다.

"형제들이여, 평화를!"

● 인권 운동가 ｜ 스르야 포포비치

24
새로운 차원의 존재 방식을 엿보다

열아홉 살 무렵 나는 전혀 예상치도, 바라지도 않았던 신비로운 체험을 했다. 심오하고 오묘한 이 경험을 이해하는 일에 평생을 바쳐야 했을 정도다. 나는 일기장에 이렇게 적었다. "믿을 수 없을 만큼 놀랍다. 내 평생 가장 환상적인 일이 일어났다." 영적인 현상을 체험했던 그 두세 시간은 지금도 내가 사유와 명상, 약물, 의식의 본성을 연구하는 근본적인 이유다.

그 당시 나는 옥스퍼드 대학 1학년생으로 심리학과 생리학을 공부하고 있었다. 변성 의식(전혀 다른 의식 상태가 되는 현상)이나 영성에 관해서는 심리학과 생리학이 아무런 언급도 하지 않던 시대였다. 어느 날, 저녁 몹시 피곤한 몸을 이끌고 친구의 방에 앉아 대마초를 피우며 음악을 듣는데, 갑자기 내가 빛을 향해 질주하는 느낌이 들었다. 나는 둥둥 떠다니는 것 같았고, 두 발도 멀리 떨어져 있는 것 같았다. 친구가 "수, 어디 있는 거야?" 하고 물었을 때 나는 내가 어디에 있는지 이해하려고 애를 썼다. 그러다 갑자기 내가 천장에서 아래를 내려다보고 있다는 사실을 발견했다. 나는 위에서 내 몸과 친구의 몸을 보았다. 내가 말했다. "나, 천장에 있어."

나는 친구와 기이한 대화를 이어갔다. 친구는 계속해서 내게 질문을 던졌다. 만일 그때 친구가 옆에 없었더라면 내 체험은 시작하자마자 끝났을 것이다. 그러나 그는 분명 방에 있었고 덕분에 나는 계속해서 이 상황을 탐색할 수 있었다. 곧 나는 그 방을 떠나 옥스퍼드 시 전역을 날아다녔다. 아래에 지붕들이 보였다. 나는 내가 본 게 정확한지 다음 날 확인하려고 그 풍경들을 기억했다. 이제 나는 익숙한 장소를 떠나 세계를 여행하고 있었다. 바다 위를 날고 대륙을 가로지르면서 지구를 한 바퀴 돌았다. 내가 본 모든 것은 생생하고 실체적이었다. 평범한 삶보다도 더 생생했다. 꿈이나 약물 경험과는 다른 '진정성'이 느껴졌다. 내가 보고 있는 것이 있는 그대로의 실재이며 틀림없다는 확신이 강하게 들었다.

잠시 뒤 나는 내가 형태를 바꿀 수 있다는 사실, 어떤 모양이나 크기로도 변할 수 있다는 사실을 발견했다. 육지와 숲, 바다와 파도를 탐험했다. 모든 것들이 계속해서 변했기 때문에 두렵기도 하고 들뜬 기분이 들기도 했다. 저 아래의 사람들이 고군분투하며 살아가는 모습을 지켜보았다. 웬일인지 다 부질없다는 생각이 들었다. 이 모든 끔찍한 노력과 고통에 무슨 의미가 있지? 저들은 꼭 저렇게 살 필요가 없다는 것을 모르는 걸까?

시간이 얼마나 흘렀을까. 나는 지치고 두려웠다. 내 몸으로 돌아가지 못하면 어떻게 하지? 영원히 정상 상태가 되지 못한다면? 결국 나는 다시 돌아왔지만 모든 것은 변했다. 이제는 어떤 것도 안정적이지 않았다. 나의 몸은 기괴하게 뒤틀려 있는 것 같았다. 그래도 나는 몸속으로 들어가려 했다. 몸속에 든 영혼 같은 것이 되어야 한다고 생각했다. 그러나 상황은 점점 더 끔찍해졌다. 나는 점점 더 작아져 마치 껍데기 안에서 돌아다니는 것 같았다.

이 불쾌한 상태에서 벗어나기 위해 나는 다시 커지려고 노력했다. 예상보다 효과가 좋았다. 나는 점점 더 커지고, 또 커졌다. 아래의 땅과 위의 하늘까지 지구 전체가 나로 가득 차는 것 같았다. 한눈에 지구의 표면이 다 보였다. 지금 생각해보면 어떻게 그럴 수 있었는지 이해가 안 될 정도다. 나는 태양계 너머까지 팽창했고 팽창 속도는 더욱 빨라졌다. 그리고 기이한 일이 일어났다. 나는 더 이상 존재하지 않았다. 존재하는 모든 것이 나였고 나는 존재하는 모든 것이었다. 세계와 분리된 자아는 더 이상 없었다. 시공간 자체가 알아볼 수 없을 정도로 변해버렸다. 나는 더 이상 그 무엇도 아니었고 그 무엇도 하지 않았다. 하지만 정말 기이하게도 이 '나 아닌 존재'가 정상적인 삶보다 더 진정성 있고 올바르게 느껴졌다.

상황은 거기서 종료되었어야 했는지도 모른다. 그러나 친구의 질문은 멀리서 계속 들려오고 있었다. 나는 다시 애를 썼다. 다른 게 더 있을까? 이것이 전부라면? 다른 것은 존재했다. 그것은 너무도 거대해서 나 같은 것은 전혀 중요하지 않다는 느낌이었다. 나는 존재감이 없었지만, 내가 훨씬 더 위대한 존재와 함께 있다는 느낌이 들었다. 모든 것을 꿰뚫어보고 모든 것을 아우르는 존재. 나의 되풀이되는 읊조림이 들렸다. "어딜 가든 늘 뭔가가 더 있다."

이제 남은 일은 결단을 내리는 것이었다. 아득하고 별로 중요하지도 않은 일상으로 돌아갈 것인가, 아니면 이 놀라운 세계에 남을 것인가. 그런데 나는 결단의 주체가 아니었다. 결단은 저절로 이루어졌다. 나는 일상으로 돌아가야만 했고 결국 돌아왔다. 매우 지루하고 지난한 일이었지만 할 수밖에 없는 일이기도 했다. 나는 스스로를 이렇게 타일렀다. '이제 네 눈으로 세상을 보아야 해. 어딘가 가고 싶을 때는 반드시 몸이 따라가야 하는 거야.'

그 뒤 시간이 흐를수록 나는 일상을 영위하는 일이 더 쉬워졌고, 일어서서 걸어 다닐 수 있게 되었다. 며칠 후 나는 정상을 되찾았다. 깨어난 지 사흘째 되던 날, 기억나는 것들을 가능한 상세히 적어 두었다.

이 체험은 많은 면에서 내게 깊은 영향을 끼쳤다. 내 첫 번째 반응은 내 영혼이 몸을 떠나 전 세계를 돌아다녔다는 비약 섞

인 결론이었다. 그러나 정신을 차리고 확인해보니 옥스퍼드의 거리와 지붕들은 내가 전날 밤 보았던 풍경과는 달랐다. 내가 본 지붕들은 상상에 불과했던 것이다. 그래도 내가 경험한 것이 초자연적인 현상이라는 확신은 사라지지 않았다. 결국 나는 그 순간부터 일반 심리학으로 설명할 수 없는 정신 영역을 다루는 초심리학(parapsychology) 연구에 전념하기로 결심했다. 편협한 태도를 지닌 과학 선생들은 죄다 틀렸다는 생각이 들었다. 물리 세계 이상의 것이 존재한다는 사실을 입증해야 할 책임이 내게 있었다.

이런 이유로 나는 심리학 연구라는 합리적인 길을 거부하고 초심리학에 전념했다. 어떤 대가를 치르더라도 진리를 발견하리라 결심했다. 나는 시간제 일자리를 구해서 박사 과정 학자금을 마련했고, 텔레파시, 투시력, 초과학적 예지, 유령 등을 비롯한 초자연적인 현상에 대한 실험을 진행했다.

결과적으로 연구를 통해 내가 틀렸다는 사실이 입증되었다. 몇 년 동안 수십 번의 실험과 조사를 했음에도 불구하고 초자연적 현상에 대한 아무런 증거도 찾아내지 못했다. 내가 발전시키고 옳다고 확신했던 이론들을 포기해야 했다. 그 이론들도 틀린 것이었다. 이 과정은 고통스러웠지만 과학자라면 누구나 거치는 훌륭한 단련 과정이었다. 소중하게 여기던 이론을 포기하고 자신과 세계에 대한 이해를 완전히 바꾸는 것이야말로 과학의 본질이다. 과학에서 중요한 것은 증거니까. 내 체험의 내용에 상관없이 증거는 내 결론이 비약이라는 것을 밝혀주었다. 나는 내 체험을 이해할 다른 방식을 찾아야 했다.

시간이 흐를수록 나는 유체 이탈에 대해 더 많은 것을 알아냈다. 1975년에는 '임사 체험(臨死體驗, near-death experience, NDE)'이라는 개념이 새로 생겼다. 나는 내가 경험했던 것이 바로 죽음에 가까이 다가가는 임사 체험이라는 사실을 깨달았다.

그 뒤 신경 과학은 비약적으로 발달하기 시작했고, 두뇌를 촬영한 영상을 통해 뇌가 작동하는 방식에 대해서도 더 많은 사실이 밝혀졌다. 이제 우리는 특정한 두뇌 영역이 활성화될 때 유체 이탈 경험으로 이어진다는 것을 알고 있다.

이제 더 이상 불가사의한 이론이나 초자연적인 힘을 빌려 임사 체험 현상을 설명할 필요가 사라졌다. 초자연적인 체험을 통해 인생을 살아가는 방법이 달라질 수는 있겠지만, 그게 한때 내가 믿었던 영혼이나 정신, 사후의 삶에 대한 증거는 아니었다.

나는 명상법을 배웠고 30년 이상 선불교 수행을 통해 집착을 끊는 방법, 자아(自我)라는 것이 일시적이고 조합된 존재에 불과하다는 사실, 그리고 자유 의지가 허상이라는 사실을 터득했다. 오랜 세월의 연구 끝에 나는 내가 늘 빙빙 돌면서 정면으로 부딪치지 못했던 문제가 바로 의식의 본질이었다는 걸 깨달았다. 예전에는 이 문제를 다룰 방법이 없었지만, 오늘날에는 많은 과학자가 과학적인 방법으로 연구하고 있다. 내가 그 연구의 일부라는 사실이 자랑스러울 뿐이다.

정말 긴 여정이었다. 나는 여러 차례 생각을 바꾸었고 소중히 여겨온 이론들을 포기했다. 과학에 대해 더 많은 것을 배웠고 개방적 태도와 탐구 정신도 유지했다. 그리고 마침내 나는 집중하는 법, 명상하는 법, 한시도 정신을 놓치지 않는 법을 배웠다. 하지만 45년 전의 체험에 아직 답하지 못한 많은 질문이 남아 있다는 사실 또한 잊지 않고 있다.

● 심리학자 ∣ 수잔 블랙모어

25
Leaving Home

　　나는 캐나다 퀘벡 주에 위치한 포인트클레어(Pointe Claire) 구 시가지의 차디찬 겨울 밤공기를 맞으며 자랐다. 포인트클레어는 강의 얼음이 쪼개지는 풍경과 마을 중심에 있는 가톨릭 신학 대학의 불빛이 매우 인상적인 곳으로, 겨울이 되면 돌로 된 풍차가 꽁꽁 언 채 우두커니 서 있는 도시였다.

　　내 세계관은 열두 개 정도의 블록에 빽빽이 늘어선 벽돌집과 낡은 아스팔트, 한때 영세농이 작업했던 채석장, 성직자들이 더운 여름을 피해 머물렀던 밀밭과 과수원, 그리고 모피 교역상들이 동물을 잡기 위해 덫을 놓았던 길에 제한되어 있었다. 퀘벡은 모피 무역을 통해 유명해진 땅이었다.

꿈속에서 나는 모피 교역상들과 함께 세인트로렌스 강을 지나 오타와(Ottawwa), 조지아만(Georgian Bay)을 지나 슈피리어(Superior) 호, 그리고 애서바스카(Athabaska) 폭포가 있는 땅끝, 휴런(Huron) 족과 크리(Cree) 족과 오집웨이(Ojibway) 족과 카스카(Kaska) 족의 땅을 정처 없이 떠돌아다니곤 했다. 깨어 있는 시간은 무미건조했다. 학교와 끝없는 야구와 축구와 하키, 그리고 해마다 돌아오는 포인트클레어의 계절을 만끽하는 것이 내 일상이었다.

세월이 한참 흐른 후 성인이 되어 고향으로 돌아왔을 때 나는 내 우주가 얼마나 작았던가, 그리고 내가 그 작은 우주를 얼마나 친숙하게, 상세히 알고 있었던가를 새삼 깨닫고는 깜짝 놀랐다. 풀잎 한 포기에도 추억이 깃들어 있었다. 내가 없는 동안 나무가 넘어진 숲의 자리에는 새 그림자가 드리워져 있었다. 혁신이나 새 건물은 나에 대한 모욕이었고, 풍광과 기억의 합류점에 놓여 있는 신성한 무엇인가를 위반하는 것 같았다. 한 공간을 이토록 완전하게 기억하고 강렬하게 포옹하는 일은 두 번 다시 없으리라.

그러나 내 친구나 이웃들과 마찬가지로 나 또한 이곳을 떠나지 못하리라는 생각, 이곳에서 뒤처지고 말리라는 생각에 공포로 전율했던 적이 있었다. 포인트클레어는 내 아버지 시대의 모습 그대로 변하지 않았다. 도시로 통근하는 이들은 근처 베드타운에 널려 있었고, 영어를 쓰는 사람들은 프랑스 인들에게 말을 걸지 않았으며, 프랑스인들은 뿌리 깊은 문화적 단절감을 가지고 자신들이

혐오했던 지역을 건너다보곤 했다. 그만큼 포인트클레어는 고답적인 곳이었다. 아, 포인트클레어를 비판하기 위해서 하는 말은 아니다. 그저 내가 속했던 세계가 얼마나 좁았는가를 설명하기 위해 하는 말이다.

열한 살 무렵 나는 아침 기차를 타는 통근자들 무리에 섞였다. 그들처럼 어두운 색의 재킷과 타이를 걸치고 도시로 갔던 것이다. 최고의 명망을 자랑하는 사립 학교에 다니기 위해서였다. 그 학교는 내가 이미 알고 있는 것과 알고 싶지 않은 것들을 정말 많이 가르쳐주었다.

그중 하나는 '탈출'이었다. 빠를수록 좋았다. 1968년 여름, 첫 탈출을 감행했다. 학교 스페인어 선생님이 나를 포함한 6명의 학생을 남미의 콜롬비아로 데려갔다. 영국 태생의 스페인어 선생님은 날씬하고 말쑥한 차림에 콜로뉴 향수를 사용하는 사람이었다. 참전으로 생긴 얼굴의 흉터와 유리알로 된 한쪽 눈을 가진 비현실적인 인상을 가진 인물이기도 했다. 그의 이름은 존 포레스터(John Forester)였다.

그 당시 열네 살이었던 나는 6명 중에서 가장 어리고 운 좋은 놈이었다. 무더운 칼리(Cali, 콜롬비아의 3대 도시 가운데 하나)의 거리에서 땀투성이로 시간을 보내는 다른 아이들과 달리 나는 평원 위쪽에 있는 시원한 산에서 어떤 가족과 함께 지냈기 때문이다. 태평

양으로 가는 길 끝에 위치한 그 집은 전형적인 콜롬비아의 풍광을 자랑하는 곳이었다. 너무 많아서 일일이 쫓아다닐 수 없는 아이들, 풍만한 아내의 절반밖에 안 되는 몸집으로 아이들의 응석을 받아주는 관대한 아버지, 사탕수수와 커피밭을 내려다보며 현관에 홀로 앉아 낮은 목소리로 중얼대는 꼬부랑 할머니, 절반은 취한 남동생과 나를 매번 어머니에게 데려갔던 든든한 누나, 문 앞에 서서 두 손을 엉덩이에 얹고 화를 내는 척 돌계단에 발을 구르던 친절한 어머니……. 8주 동안 나는 기이한 강렬함, 삶에 대한 열정, 인간 경험의 약점을 조용히 수용해주는 민족의 따스함을 만났다. 집을 그리워하는 친구도 많았지만 나는 찾아야 할 것을 찾은 느낌이었다.

일요일에는 댄스파티가 열렸다. 왁자지껄하고 길들여지지 않은 순간들의 연속이었다. 이웃 마을에서 말을 타고 온 기수들이 바짝 마른 들판에 먼지를 일으키면 아름다운 여자들이 음식을 제공하면서 이들과 이야기를 나누었다.

학교는 여름 내내 방학이었지만 어떤 교사는 자신의 집에 아이들을 모아놓고 학교에서 금기시하는 이야기를 조용조용 들려주었다. 가난한 사람들의 고통, 시구절의 함의, 최근 볼리비아에서 살해된 체 게바라(Che Guevara)의 운명 등등. 암흑 같은 이야기도 있었다. 구걸하는 사람들의 모습, 병으로 부풀어 오른 팔다리, 남루한 아이들을 때리는 무장 군인, 총소리에 놀라 검은 밤으로 흩어지는 도둑고양이들만큼이나 흉포한 인간들의 이야기 등…….

인생은 펄떡거렸고, 본능적이었으며, 밀도 높은 잠재력으로 넘쳤다. 취할 것만 같았다. 그리고 그해 여름 내 인생에 강렬한 단어 하나가 아로새겨졌다. 바로 '예스(YES)'였다. 모든 새로운 경험과 만남에 대한 긍정의 표시. 콜롬비아를 통해 나는 박애정신이 무엇인지, 어떻게 하면 상처를 입지 않고 변화할 수 있을지 배웠다. 순진한 생각이었다. 그리고 나는 그 순진한 생각을 꽤 오랫동안 간직하면서 인류학자의 길을 걸었다.

● **인류학자·과학자** ㅣ **웨이드 데이비스**

26
유일한 후회는 어머니가 될 기회를 갖지 못한 것

내 인생의 터닝 포인트는 1998년 여름, 워싱턴의 국방부 화장실에서 일어났다. 그 당시 방송국 기자였던 나는 별 세 개짜리 장성이자 미군 최고위층 여성을 인터뷰할 목적에 비행기를 타고 워싱턴으로 갔다. 그러나 나는 또한 12주짜리 아기의 엄마이기도 했다. 젖을 찾는 어린아이를 두고 왕복 4,000킬로미터나 되는 거리를 30시간 동안 이동했던 것이다. 그리고 그 30시간은 내 인생의 경로를 영원히 바꾸어놓았다.

대부분의 서양 여성처럼 나 또한 교육과 직업을 통해 행복을 추구하라는 가르침을 받았다. 내 또래의 미국 여성을 키운 사람들은 1950년대와 1960년대를 살았던 여성이었다. 그 시대의 여성은 크게 두 분류로 구분할 수 있었다. 직장 내의 성차별로 상처를 입은 여성 해방론자이거나, 어머니 노릇에 갇혀 있다고 느끼며 여성 해방을 동경하는 사람. 내 어머니는 당신이 이루어본 적 없는 야망을 말랑말랑한 딸의 머릿속에 조용히 주입하셨다. 그리고 나는 어머니가 주입한 야망을 이루기 위해 열정적으로 일했고, 마침내 작가이자 TV 프로그램 사회자로서 성공을 거두었다.

그러나 서른다섯 살이 된 내 몸은 임신 가능성에서 점점 멀어지고 있다는 불길한 신호를 보내왔다. 결혼 생활에 관심 없는 남자들만 가득하던 시대에 나는 재빨리 술과 담배를 하지 않는 채식주의자를 사귀었다. 그의 유전자는 건강했지만 만일 상황이 달랐다면 남편으로 고를 사람은 아니었다. 어머니에게 배운 대로 얼른 아기를 낳아 보모에게 맡기고 직장으로 복귀한다는 생각에는 추호의 의심도 없었다.

그런데 아무도 가르쳐주지 않은 것이 있었다. 바로 엄마로서 아기를 기르고 싶은 자연스러운 열망이었다. 나는 소중한 딸에게서 떨어질 때마다 끔찍한 분리 불안을 겪었다. 사실 워싱턴으로 가는 비행기 안에서도 나는 펑펑 울었다. 돈을 벌어야 한다는 생각과 가족과 함께 있고 싶은 마음 사이에서 괴로워했다. 엄마라는 사람이 전 세계를 돌아다닐 수밖에 없다는 사실이 끔찍했다.

아기가 배고파서 울면 엄마의 몸은 어디에 있건 젖을 내보낸다. 엄마와 아이는 자연스럽게 한 몸으로 움직인다. 음식을 먹거나 자는 시간도 같다. 그날 밤 워싱턴 호텔에서 젖을 짜내어 변기에 버리면서 나는 마음이 찢어질 듯 아팠다. 아기 역시 나를 찾으며 울고 있을 터였다.

다음 날, 인터뷰할 사람을 기다리면서 다시 한 번 젖이 도는 것을 느꼈다. 자연의 부름이었다. 모유에 옷이 흠뻑 젖는 게 느껴졌다. 나는 화장실이 어디인지 물었다. 무장한 군인들의 에스코트를 받아야만 갈 수 있다고 했다. 옆구리에 총을 찬 군인들의 호위를 받으며 화장실로 향하는 내 모습은 영락없이 궁지에 몰린 쥐 꼴이었다. 화장실에 들어가 젖을 짜냈다. 내 몸은 슬픔으로 닫히고 있었다. 이건 정말 아니라는 생각이 들었다.

그래도 마음을 추스르고 전문가답게 인터뷰를 끝냈다. 장군은 놀라울 정도로 개방적이고 친절한 오십 대 여성이었다. 그때 느낀 감정을 정확히 설명하기는 어렵지만 그녀를 보면 돌아가신 어머니가 떠올랐다. 인터뷰가 끝날 무렵, 나는 그녀에게 수십 년이나 되는 긴 군대 경력에 후회는 없느냐고 물었다. 그녀는 '유일한 후회는 어머니가 될 기회를 갖지 못한 것'이라고 답했다. 충격적이었다.

그 순간이 바로 터닝 포인트였다. 나 또한 이 길을 계속 간다면 그 장성과 비슷한 후회를 할 것 같았다. 그 순간 나는 다시는 아기를 떼어놓지 않겠다고 다짐했다.

이후 나는 심리학과 인류학, 사회학을 공부했다. 왜 내가 속한 문화가 자연을 거스르고 내 아이에게 상처를 주는지 알고 싶어서였다. 워싱턴에서 돌아온 직후 심리학 박사 과정에 입학했다. 처음 관심사는 부모-영아 애착 연구였지만 연구를 하면서 애착 손상(attachment injuries)이 후세대로 전달된다는 사실, 그 영향이 성인들의 관계에서도 나타난다는 사실을 알게 되었다. 아이들에게 건강한 둥지를 제공하려면 우선 성인들이 건강한 관계를 만들어야 했다. 이혼한 부모 밑에서 어린 시절을 보낸 사람들은 대개 관계의 기술을 학습하지 못했고, 그로 인한 애착 손상 현상이 오랫동안 이어졌다.

방송국 일을 그만둔 뒤 나는 사람들의 관계 개선에 힘을 쏟으며 살아왔다. 성인들의 관계에도 관여했지만 대개는 영아와 부모의 애착 관계 형성에 주의를 기울였다. 오늘날 사람들은 나를 '진화 페미니스트(evolutionary feminist)'라고 부른다. 여성이 절대적 자유를 누리는 것은 맞지만, 그 자유가 여성의 생물학적 특징으로부터 동떨어진 자유여서는 안 된다고 믿기 때문이다. 진정한 여성의 자유란 현명한 아내나 어머니가 되는 선택을 비롯해 자신이 원하는 어떤 삶이든 선택할 수 있다는 것을 의미한다.

● 임상 심리학자 ㅣ 웬디 월시

PART 2

준비된 우연
Serendipity Led Me Here

27
스스로에게 던진 질문의 힘

그 사건이 일어났을 당시 내가 정확히 몇 살이었는지는 기억나지 않는다. 아마 아홉 살이나 열 살이었던 것 같다. 돌이켜 보면 그 사건은 내 모든 경력의 바탕이 되어주었고, 중요한 결정을 내릴 때에도 영향을 미쳤다.

나는 런던의 부유한 중심가에서 외아들로 자랐지만, 생활 자체는 부유하지 않았다. 어머니가 물려받은 엄청난 유산을 부동산에 투자하는 바람에 우리가 쓸 수 있는 돈은 많지 않았기 때문이다. 그러나 우리 집에도 꽤 비싼 물건이 하나 있었다. 바로 고급 그랜드 피아노였다. 어머니는 실력이 좋은 피아니스트였고, 내가 어머니의 뒤를 이어 훌륭한 피아니스트가 되기를 강하게 바라셨다.

그래서 나는 아주 어렸을 때부터(아마 여섯 살 때부터) 피아노 연주를 귀 기울여 들어야 했다.

그러나 나는 피아노를 잘 치지 못했고, 연습도 별로 하지 않았다. 어머니는 연습량이 부족하다며 연습량을 늘리라고 주문했다. 하지만 어머니의 잔소리에도 불구하고 나는 연습량을 늘리지 않았다. 피아노 연습은 정말 재미없었기 때문이다. 그러던 어느 날, 나에게 이상한 일이 생겼다. 내가 왜 피아노 연습을 싫어하는지 스스로 질문을 던진 것이다.

아직까지도 나는 내가 왜 그런 자문을 했는지 정말 모르겠다. 그런데 생각해보면 그다지 놀랄 만한 일도 아니다. 어머니는 내가 세상을 배우고 이해하는 데 관심을 가지길 바랐고, 그 이해의 틀 안에는 나 자신에 대한 이해도 포함되어 있었으니까.

자문을 던진 것이 내 인생의 터닝 포인트는 아니다. 진짜 내 인생의 터닝 포인트는 자문 뒤에 이어진 '대답'이다. 나는 내가 왜 피아노 연습을 싫어하는지 즉시 깨달았다. '피아노를 잘 치는 것'은 내 야심찬 목표가 아니었기 때문이다. 엄밀히 말해서 나는 피아노 치기에 관심이 없었다. 피아노는 좋은 음악을 들려주지만 인류의 삶을 바꿀 수는 없었다. 피아노 건반을 아무리 열심히 두들겨봤자 좋은 피아니스트밖에 더 되겠는가? 그렇게 좋은 피아니스트가 되어서 어쩌란 말인가? 인류의 삶에 어떤 영향을 미친단 말인가? 내가 보기에 좋은 피아니스트가 인류의 삶에 미치는 영향은 미미

했다. 게다가 훌륭한 피아니스트는 내가 아니어도 이미 충분히 많았다.

요컨대 그 대답은 내 인생의 터닝 포인트였다. 인생을 살아가는 구체적 원칙을 수립하는 데에는 그 뒤로도 오랜 시간이 필요했지만, 분명 그 순간이 모든 일의 시작이었다. 그 사건은 과학과 기술에 대한 내 관심을 열의로 바꾸어놓았고, 인류를 허드렛일에서 해방시키기 위해 인공 지능을 연구하는 컴퓨터 공학자의 길을 선택하게 만들었다. 그리고 결국엔 컴퓨터 공학마저 그만두고 노화학 연구에 빠져들게 했다. 내가 노화학 연구를 하겠다고 결심한 이유는 그 어떤 생물학자도 노화에 맞서 싸우지 않고 있다는 충격적인 발견 때문이었다.

그 당시의 결정을 생각하면, 그리고 앞으로의 미래를 생각하면 나는 가끔 내가 올바른 선택을 한 것인지 헷갈린다. 특히 두 가지 측면에서 그렇다. 첫째, 도대체 인류의 삶에 영향을 미치는 일이 왜 그렇게 중요한 것일까? 왜 꼭 내가 인류의 삶을 한 단계 더 끌어올려야 한다고 생각했던 걸까? 둘째, 첫 번째 질문을 이해한다 해도 왜 굳이 '기술 혁신'을 인류의 삶을 끌어올리기 위한 가장 가치 있는 방법이라고 생각했던 걸까? 믹 재거(Mick Jagger)의 음악보다 발명가 겸 토목 공학자인 이삼바드 킹덤 브루넬(Isambard Kingdom Brunel)의 업적이 인류를 더 행복하게 만들었다고 장담할 수 있을까?

내 결정은 사실 대단치 않은 것이었다. 터놓고 말하자면 내가 지금의 일을 선택하게 된 계기는 매우 개인적인 이유였으며, 모든 사람이 내 생각을 이해할 필요는 없다. 첫 번째 질문에 대한 답도 내가 원래 그렇게 생겨먹은 사람이라는 것 외에는 딱히 할 말이 없다. 논리적으로 설명할 수 있을 만한 어떤 기준도 없다는 뜻이다. 그러나 나는 그래도 괜찮다고 주장하는 바다. 아무리 자세히 설명해도 거기에는 한계가 있다는 것을 인정해야 한다고 생각한다. 또한 (나의 결정을 비롯해서) 어떤 일에 대해서는 그저 자명한 공리로 받아들일 수도 있지 않을까.

두 번째 문제에 대해 내가 느끼는 감정은 좀 복잡하다. 테크놀로지야말로 다른 어떤 가치보다도 인류의 삶에 큰 변화를 가져온다고 주장할 수 있을 것이다. 그러나 이런 주장의 취약성은 '쾌락의 쳇바퀴(hedonic treadmill, 생활수준이 높아질수록 그에 만족하지 못하고 그보다 더 높은 생활수준을 요구하는 현상. '기준 상승의 원리'라고 부른다)'에 있다. 역경에 대해서는 진지하게 대처하지만 사치와 향락에 대해서는 무감각해지는 사람들의 경향 때문에 변화에 대한 인식은 결국 중간치 정도로 후퇴하고 만다. 이런 사실을 생각하면 최첨단 테크놀로지가 인류의 삶을 크게 변화시킨다고 주장할 수만은 없는 노릇이다. 결국 내가 피아노 대신 과학을 선택하게 된 주요 동기는 내가 피아노 연주보다 수학, 과학 공부에 능했고, 열심히 노력하면 음악보다는 과학 분야에서 더 큰 영향력을 미칠 수 있으리라는 확신을 가졌기 때문이다. 어린아이치고는 너무 조숙한 생각을 했던 걸까? 나로서는 알 수 없는 일이다.

스스로 질문을 던지고 답을 구했던 그 사건의 교훈은 무엇일까? 정말로 잘 모르겠다. 어쨌건 그 사건, 그 터닝 포인트는 결국 내게 매우 좋은 결과를 가져다주었다. 나는 지금보다 더 나은 자리에 있는 나를 상상할 수 없다. 이 글을 읽는 사람들에게 하고 싶은 말은 자신에 대한 충분한 정보를 얻을 수 있을 만큼 스스로에게 질문을 던지라는 것이다.

● 노화학자 | 오브리 드 그레이

28
우연처럼 찾아온 운명적인 순간

1966년, 나는 열일곱 살 고등학생이었다. 나는 어렸을 때부터 화석에 관심이 많았고, 아홉 살 때는 '네안데르탈인 연구'를 위한 작은 프로젝트를 꾸려 글도 썼다. 그러나 나도, 나를 가르쳤던 학교의 교사들도 대학에서 화석 연구가 가능하리라고는 생각하지 못했다. 나는 별 볼 일 없던 배경에도 불구하고 운 좋게 런던 의과 대학(London Hospital Medical School)에 안정적으로 합격한 상태였고, 선생님들과 부모님도 이런 나를 매우 자랑스럽게 여겼다!

그러던 어느 날, 학교 친구 중 하나가 유니버시티 칼리지 런던(University College London) 물리학과에 면접을 보러 갔다가 학교 안내 책자를 들고 왔다. 면접 다음 날 학교에 온 친구는 내게 "야, 이것

좀 봐!"라며 책자를 던져주었다. 안내 책자는 알파벳순으로 학과를 소개하고 있었는데, 우연하게도 바닥에 떨어져 처음 펼쳐진 페이지가 인류학(anthropology)이었다.

나는 안내 책자에 눈을 고정시킨 채 꼼짝할 수 없었다. 인류 진화와 원시 인류 문화의 발달을 다루는 학문이 바로 거기에 있었다. 그때까지 나는 인류학에 관련된 것들을 대학에서 전공할 수 있으리라고는 생각도 못했던 것이다! 결국 나는 이 문제를 부모님께 말씀드렸고, 부모님들은 반신반의하면서도 원한다면 더 알아보라고 허락해주셨다. 그리고 다행히 유니버시티 칼리지 런던의 인류학과에 공석이 있어서 마지막으로 면접을 볼 수 있었다.

나는 짧은 시험을 치른 뒤 입학 허가를 받았다. 하지만 이를 어쩔까? 부모님은 인류학과 입학을 못마땅해하셨고, 선생님들 역시 번듯하고 안정적인 의학을 전공하라고 조언했다. 인류학자는 좋은 직장을 구하기 어렵다는 이유였다.

나는 오랫동안 고민했다. 하지만 결국 의학을 버리고 인류학을 전공하기로 결정했다. 물론 나는 그것이 옳은 결정이었다고 자신한다. 인간의 진화를 연구한 지난 40년간의 경력이 자랑스럽다. 안정적인 수입을 보장하는 의사가 되었을지도 모르지만, 어린 나이에 도박처럼 감행했던 선택을 결코 후회하지 않는다. 그 선택이 내 인생을 괜찮은 방향으로 바꾸어놓았기 때문이다!

● 인류학자 | 크리스 스트링거

29
아버지와 함께한 자전거 여행의 의미

그 당시 나는 25세였다. 아이가 하나 있었고, 아내는 둘째를 임신 중이었으며, 나는 불안함 속에서 박사 학위를 준비하는 중이었다. 아버지는 오십 대 후반이었고 갓 퇴직해서 집에 계셨다. 우리는 거의 매일 격의 없는 대화를 나누던 사이였다. 그러던 중 우리는 각자가 삶에 대해 느끼고 있는 불안감에 대해 이야기를 나누었고 이런 감정을 떨쳐내야 할 필요성에 공감하게 되었다. 그리고 무엇에 이끌렸는지 아버지와 나는 앞으로 닥칠 일에 대한 계획도 없이 '자전거 여행'을 떠나기로 결정했다.

아버지와 나는 자전거를 탈 만한 체격이 아니었다. 다소 덩치가 큰 아버지와 나를 태우는 일은 자전거의 입장에서 보면 생각만

해도 끔찍한 일이었을 것이다. 게다가 우리는 운동 신경도 둔한 편이었다. 아버지는 운동 삼아 달리기를 했고 나도 걷는 운동 정도는 했지만, 둘 다 뛰어난 운동선수라고는 볼 수 없었다.

여러 악조건에도 불구하고 우리는 해안을 따라 시애틀에서 로스앤젤레스까지 자전거 여행을 하기로 약속했다. 경치가 근사할 것 같았고, 경로가 (적어도 지도상으로는) 내리막길이어서 어려울 것 같지도 않았다.

출발하기에 앞서 우리는 자전거를 하나씩 샀다. 10만 원이 조금 넘는 자전거였다. 그런 싸구려 자전거로 장거리 여행을 할 수 없다는 건 빤한 사실이었다. 하지만 별 걱정이 없었던 우리는 대충 준비를 한 뒤 시애틀에서 떠나는 여행을 시작했다.

결과는 참담했다. 아무런 준비가 없었던 아버지와 나는 온갖 고초를 겪었다. 그 고초를 정리하자면 다음과 같다.

- 장기간 자전거에 앉아 있으면서 엄청난 통증에 시달렸다. 자전거 시트는 8시간 이상 앉아 있게끔 설계되어 있지 않았다. 시트 재질이 가죽이 아닌 플라스틱이라면 더 말할 필요도 없다.
- 다리와 어깨가 늘 쑤셨다. 우리는 소지품을 잔뜩 실은 채로 하루에 110킬로미터가 넘는 거리를 달렸다. 물론 전에는 이런 훈련을 받아본 적이 없었다.

- 장시간 햇볕에 노출되어 화상을 입었다. 하루 종일 햇볕에 노출되었을 경우 살이 얼마나 익는지 놀라울 정도였다.
- 텐트에서 쪽잠을 자야 했다. 아버지와 나는 덩치가 큰 편이라 짐을 간소화하기 위해 2인용 소형 텐트만 갖고 가기로 했다. 텐트가 얼마나 좁았던지 아버지와 나는 친밀감이 지나치게 깊어졌다.
- 자동차들이 정말 두려웠다. 캘리포니아 주 북부에서 온 통나무를 가득 실은 트럭 때문에 우리는 날아갈 지경이었다.
- 여행 경로는 예기치 못한 언덕길의 연속이었다. 예상과 달리 길은 내리막이 아니었다. 오르막과 내리막이 반복되는 낮은 구릉지가 바다까지 뻗어 있었다.
- 고요한 시간들이 넘쳐났다. 나는 저녁마다 한두 장씩 읽을 심산으로 무게가 2.5킬로그램이 넘는 『산업 조직 심리학 핸드북』을 들고 갔다. 아버지는 내 계획을 비웃으셨지만, 그래도 나는 시험이 두려웠다.

그러나 결론적으로 말해서, 이 끔찍했던 21일 동안의 여정을 통해 나는 더 바랄 수 없을 만큼 가치 있는 것들을 배웠다. 내가 배운 가치들은 다음과 같다.

- **인내로 단련된 몸**. 여행을 통해 나는 신체적으로 힘든 일들

을 피하지 않고 해낼 수 있게 되었다. 언덕길이 길면 그저 오르고, 여정이 길면 그저 묵묵히 따라가면 그만이었다.

- **사색**. 자연과 함께한다는 것은 믿을 수 없을 만큼 근사한 일이었다. 아름다운 태평양을 바라보며 아버지와 나는 이런 근사한 곳에서 풀을 뜯는 암소들은 다른 암소들보다 더 질이 좋은 우유를 생산할 수밖에 없다는 결론을 내렸다. 우리도 그 암소들처럼 우리가 마주한 중요한 문제들에 대해 더 내밀하게 성찰해볼 수 있었다.

- **결국 일구어낸 성공**. 로스앤젤레스 근처에서 맞이했던 여행의 마지막 날이 떠오른다. 그날은 일요일이었고 우리 앞에는 긴 언덕길이 있었다. 화려한 반바지를 입고 멋진 바이크를 탄 사람이 유유히 지나가고 있었다. 그는 언덕 아래쪽에서 나를 지나쳤다. 그에 반해 나는 낡은 셔츠와 운동복 반바지를 입고 자전거에는 물건을 잔뜩 매달은 상태였다. 하지만 나는 아버지를 흘끗 보고는 나지막하게 읊조렸다.

"저 남자쯤은 추월할 수 있어요."

20일 동안 강도 높은 훈련을 받았던 나는 그 언덕을 올랐고 그를 단숨에 제쳐버렸다. 그 남자가 나를 따라잡으려고 애썼지만, 그건 불가능한 일이었다. 남자는 결국 툴툴거리며 모습을 감추었다. 영화 「로키(Rocky)」에서 주인공 권투선수가 필라델피아 미술관의 높은 계단을 오르던 명장면처럼 그때가 내 인생의 하이라이트였다! 나는 진짜 운동선수로 거듭난 것이다!

- **친밀감**. 아버지와 나는 아침부터 저녁까지 부지런히 대화를 나누었다. 우리는 늘 가까운 사이였지만, 이번 여행을 통해 더욱 친밀해졌다.

35년이 지난 지금, 나는 그 여행의 추억에 감사한다. 아버지는 이미 돌아가셨지만 여전히 내 가슴속에는 그가 가르쳐준 많은 것들이 살아 있다. 특히 아버지와의 여행을 통해 넘어져도 다시 일어나는 투지와 결단력을 배웠다. 그래서 훗날 내 딸이 울적함에 빠졌을 때, 나는 아버지가 그랬던 것처럼 딸과 함께 오레곤의 플로렌스에서 샌프란시스코까지 자전거 여행을 떠났다(아버지와 했던 것처럼 긴 여행도 아니었고, 꽤 근사한 호텔에 투숙한 데다, 짐도 자동차로 날랐던 여행이다). 오늘날 유행하는 용어로 우리는 그 투지와 결단력을 '그릿(성장[Growth], 역경에 굴하지 않는 태도[Resilience], 자발적 동기[Intrinsic Motivation]과 끈기[Tenacity]를 가리키는 용어, grit – 옮긴이)'이라 부른다.

대수롭지 않게 받아들이고 도전함으로써 지금의 나를 만들어준 아버지에게 영원히 감사한다. 아버지가 내게 해주셨던 일들을 자식들과 손주들, 그리고 내가 가르치고 함께 일하는 비즈니스 리더들에게 전하는 일, 그것이 나의 희망이자 소명이다.

● **기업 사상가** | **데이브 울리히**

30
가족을 떠나다

인생에는 수많은 터닝 포인트가 있다. 인생을 바꾸어놓은 단 하나의 사건이나 결정을 선뜻 고르기란 쉬운 일이 아니다. 그만큼 인생은 터닝 포인트의 연속이다. 하지만 그럼에도 불구하고 굳이 단 하나의 터닝 포인트를 꼽아야 한다면, 나는 여러분들에게 다음 이야기를 들려드리고 싶다.

나는 텍사스 주 휴스턴 출신으로 여덟 명의 형제들 사이에서 자랐다. 이렇게 식구가 많은 집에서는 특별한 사람으로 대우받기가 여간 어려운 일이 아니다. 그래서 나는 고등학교를 졸업한 뒤 고향에서 상당히 멀리 떨어진 여자 사립 대학 웰슬리 칼리지

(Wellesley College)에 입학했다.

대학을 졸업한 뒤에는 뉴욕 출신의 멋진 남자와 결혼해서 2년 만에 첫아이를 낳았다. 글을 쓰기 시작한 건 두 살배기 둘째 아이를 백혈병으로 잃은 뒤부터였다. 나는 그때 처음 전문적으로 작가가 되고 싶다는 꿈을 가졌다.

다행히 내 주변에는 좋은 친구가 많았다. 그중 뉴욕 카네기재단(Carnegi Foundation)에서 일하는 친구 한 명이 내 이야기를 듣고 컬럼비아 교육 대학의 로렌스 크레민(Lawrence A. Cremin) 교수를 소개해주었다. 나는 크레민 교수의 연구 부서에서 함께 일하며 많은 저서를 간행했고, 결국 교육 역사학자가 되었다.

1986년 남편과 이혼한 이후 나는 지금까지 뉴욕 브루클린에 살고 있다. 나는 늘 꿈꾸던 작가가 되었으며, 1,000만 번 이상의 조회 수를 기록한 블로그가 있고, 73,000명이 넘는 트위터 팔로워가 있다. 일흔여섯 살이라는 젊지 않은 나이에도 불구하고 우리 시대의 새로운 소셜미디어와 매우 가까운 관계를 맺고 있는 것이다.

결국 내 인생의 터닝 포인트는 가족을 떠나 고향집에서 1,600킬로미터도 더 떨어진 곳의 대학에 입학해 내 정체성을 갈고 닦았던 일이다. 내 인생에서 벌어졌던 모든 일들이 그 결정에서 비롯된 것이라고는 할 수 없지만, 열여덟 살 이후 내가 겪었던 일들은 휴스턴 근처의 대학을 다녔더라면 결코 일어나지 않았을 것들이었다. 만약 가족과 멀리 떨어지지 않았다면 나는 가족의 정서적·지적 테두리 안에 갇힌 채 학자나 작가가 되기 위한 독립성을 개발하지 못했을 것이다.

내게는 큰 꿈과 야망이 있었다. 집에 남아서 마냥 시간을 보낼 수는 없었다. 하지만 고등학교 때까지 나는 휴스턴 바깥의 세계에 대해 아는 게 없었다. 그때 다행히 우리 가족과 가까이 지내던 랍비의 사모님이 나와 상담을 해주었다. 그분은 내게 자신이 매사추세츠 주의 대학에 다녔다며 얼마나 즐거운 시간이었는지 들려주었다. 그 학교가 바로 웰슬리 칼리지였다. 나는 매사추세츠 주에 가본 적도, 그 대학을 본 적도 없었지만, 그럼에도 불구하고 웰슬리 칼리지에 지원했다.

1956년 5월, 입학 허가 통지서가 우편으로 도착했던 날이 기억난다. 그날은 내가 꿈꾸던 삶이 시작된 날이다. 그 당시 나는 내 인생의 경로에 대해 알지 못했다. 그러나 내게는 특별한 존재가 되어 무엇인가 이루고 싶다는 커다란 야망이 있었고, 그 야망을 이루는 첫 번째 발걸음은 집을 떠나는 일이었다.

● 교육학자 | 다이앤 래비치

31
Do It Yourself

　그래픽 디자이너 같은 상업 미술가는 주로 자신이 전달하고 싶은 메시지가 아니라 타인이 원하는 메시지를 전달해야 한다. 이때 중요한 것은 의뢰한 사람이 특정 제품이나 서비스에 대해 말하고자 하는 내용이지, 디자이너가 말하려는 내용이 아니다. 디자이너는 특유의 전문성으로 타인의 메시지 전달에 기여하고 그 대가로 돈을 받는다. 또한 그 메시지를 담은 디자인을 제작하거나 유통시키는 일로 돈을 벌기도 한다. 내가 지난 30년 동안 해온 작업이 바로 이런 일들이고, 정직하게 잘해왔다 믿고 싶다. 그러나 사실 뭔가 부족했다.

　디자이너로 일하는 동안 세상에는 많은 변화가 있었다. 나는 세상의 변화와 신상의 변화를 고스란히 겪었다. 그러나 그 변화 중 어떤 것도 내가 하는 일에 직접적으로 반영되지는 않았다. 세상사에 대한 예술가의 창의적 논평이 '작품'이라면, 나는 그런 작품을 만들지 못했다. 전문 그래픽 디자이너가 고객의 특정 목표를 위해 대량 복제 생산하는 메시지는 '작품'이 될 수 없었다.

결국 세상사에 대한 내 관심을 표현하기 위해 나는 다른 방법을 찾아야 했다. 나만의 표현 방식을 찾겠다는 다짐은 정말 중요한 내 인생의 터닝 포인트였다. 그 계기를 통해 나는 독창적인 디자인 세계를 구축하고 현대 디자인 업계에서 인정받을 수 있었다.

때는 1969년이었다. 결혼해서 딸 둘을 기르고 있던 나는 거실에서 TV로 달 착륙 장면을 보고 있었다. 달 착륙은 세계적으로 중대한 사건이었고 사람들은 이 장면을 오랫동안 기억하고 싶어 했다. 나 또한 달 착륙에 완전히 매료되었고 뭔가 색다른 방법으로 축하하고 싶었다.

내가 그 역사적 사건에 기여할 수 있는 방법은 달 착륙을 기념할 만한 디자인을 고안하고 프린트하는 것이었다. 하지만 고객 중 누구도 내 생각에 돈을 대어줄 사람은 없었다. 내 바람을 진행할 수 있는 유일한 방법은 스스로 돈을 내어 인쇄하는 것뿐이었다. 그러나 그 당시에는 종이와 잉크 등의 가격이 비싸서 이마저도 쉽지 않았다. 나는 내 경제적 상황에 어울리는 방법을 찾아야 했다.

내가 근무했던 디트로이트 업무 지구 중심가에는 값싸게 프린트를 할 수 있는 작은 인쇄소들이 있었다. 복사기가 대중화되기 전부터 다양한 복사 업무를 지원해주는 고마운 곳들이었다. 방식은 플라스틱판과 본드지(마·면의 보풀이나 화학 펄프 등을 원료로 해서 센 압력을 가하여 만든 양질의 가공지)를 쓰는 오프셋 인쇄(평판 인쇄의 하나. 인쇄판에 바른 잉크가 큰 원기둥을 거치며 그림을 찍어낸다)였다. 컬러는 두 가지에 원하면 중간 톤을 선택할 수 있었다. 지나치게 화려하거나 어렵지 않은 인쇄 방식이었다. 50달러 정도면 200장을 인쇄할 수 있다는 점이 가장 마음에 들었다. 그 정도 가격은 나 스스로 해결할 수 있었기 때문이다.

내 디자인은 로켓의 선구자인 로버트 고다드(Robert Goddard)가 1919년 처음 제시했던 항공 수학 개념을 중심으로 한 것이었다. 서로 떨어져 있는 지구와 달이 '상자 밖으로' 빠져나오는 이미지가 고다드의 이미지를 가로지르도록 배치한 디자인이었다. 제2차 세계 대전 이후 1940년대부터 1950년대까지 인기를 끌었던 '아메리칸 모더니즘(American Modernims)', 그리고 희망과 확신에 찬 그래픽 스타일을 사용한 것이었다. 1960년대의 나는 특정 역사적 스타일을 다시 가공해서 새로운 디자인을 만드는 방식에 매료되었고, 기회가 있을 때마다 그 스타일을 작품에 활용했다.

친구와 고객들에게 내가 만든 디자인을 홍보용으로 나누어주면서 나는 내 관심사를 알릴 수 있었다. 역사적 사건에 대해 어떤 발언권을 행사했다는 만족감은 이루 말할 수 없는 것이었다!

내 스스로 돈을 들여 디자인 상품을 제작할 수 있다는 소박한 자각. 나는 그 자각을 통해 그래픽 제작과 유통이라는 상업적인 일과 나만의 발언권을 행사하는 두 가지 일을 병행할 수 있었다. 현실적 인식과 실험적 디자인에 대한 관심을 동시에 충족시켰던 것이다.

1969년의 그 사건 이후 나는 대략 150종의 전단을 자체 제작했다. 그렇게 나는 국제적으로 저명한 그래픽 디자이너가 되었고, 디자인의 역사를 다루는 책에 내 디자인이 실리는 영광도 안았다. 오늘날 디지털 출판의 시대에 내가 했던 작업은 훨씬 더 용이해졌고, 실제로 많은 사람이 비슷한 방식으로 작업하고 있다. 디자인의 양적 증가는 바람직한 현상이다. 질적인 부분에 대한 판단은 시간이 알아서 해결해줄 것이다. 나도 그랬으니까!!

● 상업 미술가 | 에드 펠라

32
우연이 나를 이끌었다

내 인생에서 가장 중요한 순간들, 나를 지금으로 이끈 순간들을 떠올리면 '우연'이라는 말밖에는 생각이 나지 않는다. 사실 나는 아직도 그때 일어났던 일들을 정확히 설명할 수 없다. 게다가 나는 그 순간들의 주인공도 아니었다. 내 인생에서 가장 중요했던 순간들의 주인공은 아버지 엔리케 단스 알바레즈(Enrique Dans Álvarez)와 마드리드 IE 경영 대학원(IE Business School) 호세 마리오 알바레즈 데 노발레스(Jose Mario Álvarez de Novales) 교수였다. 이 두 분의 영향력을 무시하고 내 인생과 경력을 이해하기란 불가능하다. 이들은 내 아내 수산나(Susana)와 함께 내 사고방식에 가장 큰 영향력을 끼친 이들이다.

이제 그 순간들로 한번 돌아가 보자. 크리스마스가 되면 스페인의 기업들은 복권을 사서 직원에게 돌린다. 1986년, 아버지는 회사로부터 받은 복권이 당첨되어 꽤 많은 돈을 받았다. 부자가 되었다는 얘기는 아니다. 근사한 선물을 사고 신나게 즐길 정도의 액수를 손에 넣은 것뿐이다. 그때 스물한 살이었던 나는 새 차를 사달라고 졸랐다. 하지만 아버지는 거절하셨다. 그리고 무슨 이유에선지 "차는 절대 안 돼! 대신 컴퓨터를 사주마." 하고 말씀하셨다.

1986년에 스페인에서 개인용 컴퓨터를 갖고 있는 사람은 거의 없었다. 게다가 아버지는 컴퓨터와 관련된 일을 하는 분도 아니었다. 내 친구들 중에도 컴퓨터가 있는 녀석은 없었다. 아마 컴퓨터 사용법을 아는 녀석도 없었을 것이다. 아버지의 생각은 좀 의아스러웠다. 결국 아버지의 뜻을 받아들이기는 했지만 먼 훗날까지도 왜 내게 컴퓨터를 사주기로 결정했는지 이해할 수는 없었다. 사실 아직도 왜 아버지가 그런 생각을 했는지 모르겠다. 그러나 확실한 건 그 결정이 지금 내 경력의 씨앗이 되었다는 사실이다.

그때 아버지가 사주신 컴퓨터는 초창기 IBM PC의 복제품이었고, 나는 1990년까지 그 컴퓨터를 사용했다. 그리고 대학을 거쳐 경영학 석사 학위를 받기 위해 대학원을 다니는 동안 컴퓨터 덕을 톡톡히 보았다. 나는 남들보다 빨리 신기술을 사용하는 얼리 어답터(early adopter)로서 스프레드시트(spreadsheet), 데이터베이스(database), 워드 프로세서(word processor) 프레젠테이션 패키지(presentation package)

등의 생산성 도구(productivity tool)에 대한 꽤 높은 수준의 지식을 갖추고 있었다. 대학원 IT 담당 교수였던 호세 마리오 알바레즈 데 노발레스 교수는 당신이 가르치려 했던 내용을 이미 내가 숙지하고 있다는 사실에 깜짝 놀라며 수업 시간에 동급생들을 도와달라고 요청했다.

석사 학위 과정을 마칠 무렵이었다. 나는 집에서 컴퓨터 작업을 하다가 연구실에서 쓰던 디스켓(diskette)이 바이러스에 감염되었다는 사실을 발견했다. 1990년은 컴퓨터 바이러스가 대중화되기 시작할 무렵이었다. 나는 학교에 전화를 걸어 연구실 컴퓨터 중 하나가 바이러스에 감염된 것 같다고 말했다. 그러나 전화를 받는 사람은 '컴퓨터 바이러스'라는 말을 도통 알아듣지 못했다. 그녀는 내가 무슨 독감 바이러스 같은 병원체를 말하는 거라고 생각했다. 결국 그녀는 전화를 호세 마리오 교수에게 연결해주었고, 그는 나를 기억하고 있었을 뿐만 아니라 내 말을 논리적으로 이해했다.

나아가 호세 마리오 교수는 내가 IT 분야의 부교수가 되면 어떻겠냐고 제안했다. 지금은 상상하기 힘들지만, 당시엔 경영 대학원에서 IT 관련 지식을 학교 임원들과 학생들에게 '쉽게' 가르칠 수 있는 교수를 찾기가 거의 불가능했다. 호세 마리오 교수는 내가 그 일에 적임자라고 생각했다. 꽤 오랜 설득 끝에 나는 그 제안을 받아들이기로 결정했다(그 당시 스페인은 경영학 석사들을 위한 괜찮은 일자리가 많았기 때문에 좀 고민스러웠다). 교수의 제안을 받아들였던 이유는 내가 가르치는 일에 굉장한 매력을 느끼기 때문이기도 했다. 교수의 제안을 수락함으로써 나는 정교수가 되는 길로 들어섰다. 전에는 한 번도 고려해본 적 없는 일이었지만, 결국 그 사건을 통해 나는 오늘에 이를 수 있었다.

마지막으로 생각해볼 점은 자유의 역할에 관한 것이다. 물론 우연은 인생에서 매우 중요한 역할을 수행할 수 있다. 그러나 우연도 우리가 제대로 준비를 했을 때 찾아오는 법이다. 컴퓨터를 사기로 한 것, IE 경영 대학원에서 석사 학위를 받은 것, 이 두 가지 결정을 통해 나는 선택의 폭을 넓힐 수 있었고 당시로서는 쉽지 않은 결정을 내릴 수 있었다.

지금 나는 내가 하는 일을 사랑한다고 자신 있게 말할 수 있다. 하는 일을 좋아한다는 것, 그것이야말로 내 인생에서 가장 중요한 가치다. 나에게 더 많은 시간이 주어진다면 나는 지금 하고 있는 일에 더 많은 노력을 기울일 것이다. 더 말할 필요도 없다. 위대한 화가 파블로 피카소는 이렇게 말했다.

"영감은 존재한다. 그러나 영감을 받을 수 있도록 준비하고 있어야 한다."

어쨌든 복권과 컴퓨터와 바이러스에 감사해야 할 일이 있다는 건 꽤 재미있는 인생이지 않은가. :-)

● 테크놀로지 경영학자 | 엔리케 단스

33
Shut Up and Listen

내 인생의 터닝 포인트는 일련의 깨달음으로부터 비롯되었다. 안락함과 편견으로부터 멀리 떨어진 이국에서의 삶을 통해 내 의지로, 또는 내 의지와는 전혀 무관하게 얻은 깨달음들이 지금의 나를 만들었다.

이 모든 일은 내 나이 스물한 살, 아프리카에서 실행하고 있던 기술 제휴 프로젝트를 위해 그곳을 방문했을 때부터 시작되었다. 그 당시 나는 이탈리아의 비정부 국제 조직에서 일하며, 잠비아, 케냐, 코트디부아르, 소말리아, 알제리 등지에서 다양한 프로젝트를 진행하고 있었다.

그중에서도 잠비아 프로젝트는 지역민에게 작물 재배 방법을 전수하는 것이었다. 우리 다섯 명의 이탈리아인 자원봉사자들은 잠베지(Zambezi) 강의 치룬두(Chirundu)라는 곳에 채소 농장을 만들고, 지역 주민들에게 농장으로 와서 일해보라고 설득하는 데 온 힘을 기울였다. 하지만 사람들은 모이지 않았고, 결국 우리끼리 이탈리아에서 가져온 토마토를 심었다. 토마토는 작렬하는 아프리카의 햇볕을 받으며 무럭무럭 자랐다. 그런데 토마토가 빨갛게 익자 한밤중에 하마들이 몰려와 모조리 먹어치웠다. 자원봉사자들은 망연자실했고, 주민들은 이런 우리를 보며 비웃었다.

"바보들 같으니! 하마가 득실대는 강가에 채소를 심으면 안 된다는 사실도 모르다니!"

나는 여기서 내 인생을 바꾸어놓은 최초의 통찰을 얻었다. 바로 우리 서구인들은 아는 게 하나도 없다는 것이었다. 세상을 돌아다니면서 사람들에게 무엇인가를 하라고 말하지만, 정작 우리는 그들의 세계에 대해 아는 게 없었다. 우리가 제시한 '해결책'은 해당 지역의 상황에는 전혀 맞지 않는 것들뿐이었다.

그 뒤로도 나는 5년 동안 아프리카에 머물면서 부적절하고 둔감하며, 순진하고 부패한, 그리고 오만하고 무능한 프로젝트들을 수없이 목격했다. 그러면서 나는 또 하나의 통찰을 얻었다. 에르네스트 슈마허의 『Small is Beautiful(작은 것이 아름답다)』라는 책을 읽던 도중이었다. "사람들이 도움을 받고 싶어 하지 않으면 내버려

두어라. 그것이 도움의 첫 번째 원칙이다."라는 구절이 눈에 들어왔다. 슈마허의 얘기를 이해하는 데에는 수개월이 걸렸다. 마침내 내가 얻은 결론은 다음과 같다.

원조의 첫 번째 원칙은 존중이며, 우리는 도움을 청하는 사람들에게만 도움을 제공해야 한다. 그리고 무엇보다도 우리가 사람들이 필요로 하는 바를 안다고 착각하는 것은 금물이다.

그동안 아프리카에 있는 '백인들'은 현지인들에게 선심을 쓴다는 태도로 일관해왔다는 생각이 들었다. 주민들을 어린아이나 아랫사람으로 취급하며 초대받지 않은 곳에 불쑥 나타나 이런저런 지시를 하고 있었던 셈이다.

또 하나의 깨달음은 이탈리아를 떠나 남아프리카 공화국에서 박사 학위 과정을 밟던 무렵에 찾아왔다. 당시 나는 심리학을 공부하고 있었고, 개인의 성장과 경제 발전 사이에 상관관계가 있다는 사실을 깨달았다.

아름다운 인간이 될 기회를 부여받는 이들은 가족과 지역 사회와 국가의 안녕에 기여한다. 다시 말해 국민이 잠재력을 충분히 발휘할 수 있게 도와주는 사회는 자원을 많이 보유하고 있으나 개인의 성장을 마비시키는 사회보다 훨씬 부유하다. 위대한 아이를 길러내는 훌륭한 어머니들이 이류 의사나 공학자보다 건강하고 부유한 사회를 만드는 데 크게 기여하는 것이다. 결국 한 국가의 부를 결정짓는 요소는 사회 구성원들의 '삶의 질'이다. 그러므로 빈곤을 해결하기 위해서는 개인의 잠재력을 온전히 발현시킬 수 있는 환경을 조성하는 게 무엇보다 시급하다.

나는 정치학자로서 사회에 대한 인본주의적 비전을 갖게 되었다. '사회에 대한 인본주의적 비전'이란 개인의 열정과 에너지, 상상력이 온갖 종류의 새로운 일, 즉 교육, 예술, 비즈니스, 테크놀로지 등을 이끌어나가는 데 핵심적인 역할은 한다는 인식이다.

그 뒤 나는 개인의 성장을 위한 사회적 기반을 창출하는 일에 열정을 쏟았다. 그리고 1985년 자신의 운명을 나은 방향으로 이끌기 위해 뭔가 하고 싶어 하는, 지역 사회의 모든 사람을 충족시키기 위한 벙법으로 '엔터프라이즈 퍼실리테이션(Enterprise Facilitation)'이라는 시스템을 만들었다. '엔터프라이즈 퍼실리테이션'은 자신의 재능을 발휘하고 싶어 하는 사람, 열정과 상상력과 가능한 최고의 인간이 되고 싶은 욕망을 가진 사람에게 도움을 주는 시스템이다.

몇 년 동안 나는 전 세계에서 수백 명의 '엔터프라이즈 퍼실리테이터'들을 훈련시켰다. 그리고 이들의 성장을 목격하면서 또 다른 통찰을 얻었다. 바로 모든 측면에서 완벽한 능력을 가진 개인은 없다는 사실이다. 정확히 말하자면 모든 면에서 '완벽한 창업가'는 존재하지 않았다. 나는 이 사실에 큰 흥미를 느끼고 세계 최고의 기업들이 어떤 식으로 형성되었는지를 조사해보았다. 그 결과 세계적 기업들의 유일한 공통점은 '어떤 기업도 단 한 사람이 창조한 사례는 없다'는 사실임을 발견했다. 에디슨 전기 회사부터 마이크로소프트와 포드 자동차, 애플에 이르기까지 모든 기업은 팀을 통해 만들어졌다. 누구나 이름만 들어도 얼굴을 떠올릴 수 있는 유명인들은 모두 특정 팀에서 소속된 사람들이었다.

이 일을 시작한 지 40년이 지났지만, 나는 여전히 내 일의 아름다움에 푹 빠져 있다. 마치 씨앗이 나무의 잠재력을 담고 있듯 인간은 누구나 자기 안에 모든 것을 담고 있는, 유전적으로 풍요로운 존재다. 완벽하게 성장하여 자신의 본성을 이룰 수만 있다면 장미든, 떡갈나무든, 당근이든 무엇이 되는가는 중요하지 않다.

물론 인간이 자라기 위해서는 애정이라는 햇볕과 존중이라는 물이 반드시 필요하다. 그리고 우리에게 애정과 존중을 주는 존재는 바로 타인이다. 인간은 독립된 개인인 동시에 사회적 존재다. 씨앗이 싹을 틔우려면 밭을 갈아주어야 하듯, 유전자 속에 감추어진 운명을 완성시키는 일은 타인에게 달려 있다.

나는 인생이라는 경험을 통해 '마법의 안경'을 갖게 되었다. 이제 나는 사람들의 내면에 숨어 있는 아름다움을 볼 수 있다. 지리적인 문제나 가난 등 다른 것들에 관해서는 걱정하지 않는다. 특정 지역 사회에서 초대를 받으면 어떤 대가도 없이 확신에 차서 그들을 찾아간다. 그러면 모든 일이 알아서 마법처럼 펼쳐진다. 누가 어떤 일에 열정을 갖고 있는지 알면 그를 돕는 여정의 절반은 벌써 마친 셈이다. 처음 도움을 받은 사람은 그 이야기를 퍼뜨릴 테고, 그러면 다른 사람들이 당신을 찾을 것이다. 그렇게 파급 효과가 나타나면 공동체는 변화하기 시작한다. 한 번에 한 사람씩, 그 열의만큼 변화하는 것이다.

바로 이런 이유로 나는 변화를 갈망하는 지역 사회를 방문할 때마다 그 열정과 지성을 목격하고 감동한다. 그들은 단지 몰랐던 것이다. 마법의 안경을 통해 세상을 바라본 적이 없었으므로.

● 경제 컨설턴트 | 에르네스토 시롤리

34
신뢰를 쌓아가다

2002년 3월, 나는 2001년의 주식 시장 붕괴가 끝났다고 생각했다. 그때 나는 작은 증권 중개업체를 이끌고 있었고, 1998년에 시작한 헤지펀드(hedge fund)도 운영 중이었다. 인터넷 주식 거품 붕괴를 겪으면서도 내 펀드는 별 문제가 없다는 느낌이 들었다. 회사도 잘 굴러가는 듯 했다. 그러나 곧 뭔가 잘못되고 있다는 사실이 드러났다.

애리조나 주 피닉스에 있었던 우리 회사에는 두 명의 동업자가 있었다. 고물 사업으로 부를 일군 해럴드 루빈스타인(Harold Rubenstein)은 가장 큰 지분을 지닌 동업자였으며, 그는 리스크를 두려워하지 않는 사람이었다. 다른 동업자는 스콧 토미나가(Scott

Tominaga)로 우리는 그를 전미증권협회(National Association of Securities Dealers, NASD)에서 스카우트했다. 스콧은 그곳에서 회계 감사로 근무했으며, 우리 회사에서는 일상적 중개 업무와 위험 관리를 맡았다. 그리고 나는 고객 확보 담당이었다.

소규모의 주식 중개업은 신뢰를 바탕으로 운영된다. 서로를 믿을 수 있는지는 굳이 확인하지 않는다. 그것은 수많은 법령과 규정, 감사와 보고의 의무를 지켜야 한다는 뜻이기도 하다. 그런 의미에서 스콧은 그야말로 적임자였다. 우리는 1998년부터 스콧과 함께 일을 했다. 그는 매우 짜임새 있고 신중한 사람이었다. 그래서 나는 2000년 3월 주식 시장이 폭락한 이후 스콧이 '오류 계좌(error account)'에 손실금을 쌓기 시작했다는 사실을 전혀 몰랐다.

정삭적인 오류 계좌는 금융투자회사(Prime Brokerage, 전문 투자자가 요구하는 모든 서비스를 한 번에 제공하는 금융회사)가 중개 계좌에서 돈을 끌어다 오류를 채우기 때문에 큰 액수(예를 들자면 1만 달러 이상)를 빚으로 남길 이유가 없다. 오류 계좌는 중개 실적에 불만을 가진 고객에게 보상을 하거나 중개 업체가 부담을 져야 하는 시장 가격에 대처하기 위해 준비해 둔 계좌다. 그러나 스콧은 꽤 큰 손실액을 오류 계좌에 쌓기 시작했고, 금융투자회사였던 스턴애지(Sterne Agee)는 스콧이 빚을 갚으리라는 생각에 이를 눈감아주었다.

그러나 손실과 은폐 규모가 지나치게 커졌고, 결국 스콧은 2002년 무렵부터 대차 대조표(기업이 결산 때 재정 상태를 한눈에 볼 수 있게 도식화한 표)를 조작하기 시작했다. 그리고 내 헤지펀드에서 돈을 가져다 손실을 덮고 스턴애지에 빚을 갚았다. 게다가 스콧은 자신의 개인 계좌를 통해 돈을 거래했다. 거래가 이익을 남기는 경우엔 챙겼고, 손실이 나면 오류 계좌에 올려 회사 돈으로 메꾸었다. 손실은 계속 상승했고, 스턴애지가 결국 돈을 받아간다는 점만 빼고는 완전 범죄였다.

하지만 꼬리가 길면 잡히는 법. 나는 회계사들과 내 헤지펀드 내역을 검토했고, 장부에 명시된 거래는 내가 한 것이 아니라는 사실을 알아냈다. 모든 조각들이 맞춰지기 시작했다.

이런 일을 당했을 때의 느낌은 형언하기 힘들다. 나는 속히 스콧과 해럴드를 만나야 했다. 물론 나는 이 모든 일이 큰 실수이기를 바랐지만, 마음 깊은 곳에서는 훨씬 더 큰 문제가 드러나리라는 사실을 이미 예상하고 있었다. 스콧은 자신의 범죄를 순순히 시인했고 오히려 밝혀져서 안도한 듯했다. 나와 해럴드는 그동안 반사회적 인격 장애자와 일을 하고 있었던 것이다. 나는 즉시 아내에게 전화를 걸었고, 찾을 수 있는 최고의 증권 관련 변호사를 구했다. 그리고 신속히 전미증권협회에 전화를 걸어 이 일을 알리기로 했다. 또 다른 투자자들에게도 전화를 걸어 회사와 그들의 돈에 문제가 생겼다는 소식을 알리기로 결정했다. 나도 아직 이 문제의 깊은 속사정을 모르고 있었지만, 일단 문제가 생겼다는 사실은 투자자가 알아야 한다고 생각했다.

문제를 인식하자마자 신속히 사람들에게 알렸던 것은 정말 잘한 일이었다. 그렇게 나는 조금이나마 남은 신뢰를 지켜낼 수 있었다. 물론 2002년 3월의 그 며칠 동안은 내 사업과 인생에서 가장 힘겨운 나날이었다. 나는 인정했다. 내가 아무것도 통제하지 못했다는 사실, 범죄의 심각성을 몰랐다는 사실, 그리고 나를 속이는 사람과 함께 일을 해왔다는 사실도.

돈의 흐름이란 놀라운 흔적을 남기는 법이므로 스콧의 꼬리는 쉽게 밟혔다. 불행히도 그는 회사의 회계 담당이었고, 그 직위를 이용해 회사와 감사, 동업자들과 투자자들을 감쪽같이 속였다. 그는 회사에 투자한 돈을 몽땅 잃었고(물론 그중 일부는 이미 그의 계좌로 흘러들어 갔겠지만) 회사에는 스턴애지에 갚아야 할 엄청난 빚을 떠안겼다.

위기 시에는 신속한 결단과 행동뿐만 아니라 제대로 된 사람이 옆에 있는가의 여부도 매우 중요하다. 그 당시 파산 전문 변호사였던 아내 엘렌(Ellen)은 어쩔 줄 모르는 내게 차분히 대처할 수 있는 용기를 주었다. 다행히 우리는 회사가 들어놓았던 금융사기 대비용 보험(Fraud Insurance)을 통해 손실을 모두 복구할 수 있었다. 투자자들은 회사에 남아주었을 뿐만 아니라, 신속히 위기 관련 정보를 제공한 것을 고마워했다.

나는 동업자들과의 지속적 커뮤니케이션이 신뢰를 유지하는 데 매우 중요하다는 사실을 배웠다. 커뮤니케이션의 방식은 중요하지 않았다. **중요한 것은 커뮤니케이션이 유지되어야 한다는 사실이었다.** 기업과 사람 사이의 관계는 어차피 흥망성쇠를 겪는 법이다. 그만큼 서로 커뮤니케이션이 되어야만 정확히 사업이 어떤 위치에 처해 있는지 파악할 수 있다.

2002년 이후 나는 내 비즈니스를 단순화하는 데 주의를 기울여왔다. 스콧이 사기를 칠 수 있었던 것은 사업의 규모가 커서 장시간 아무도 모르게 회계 장부를 조작할 수 있었기 때문이다. 이런 깨달음은 내 사업 운영 방식과 인생관에 큰 영향을 미쳤다. 그 사건 이후 나는 '실패해도 큰 손실이 없도록 규모를 줄이라'는 투자 철학을 체득했다. 또한 기업 내에 견제와 균형을 정착시켜야 한다는 사실 또한 아프게 습득했다. 나는 지금도 1998년부터 운영해온 헤지펀드를 동일한 투자자들과 함께 운영하고 있다.

마지막으로 조언하자면, 주식 중개업에서 불평을 해소하거나 완화시키는 것은 이해 당사자들이지 법원의 판사가 아니다. 스턴 애지가 오류 계좌에 수백만 달러가 쌓이는 것을 방조했어도(이는 스콧의 범죄와 사기를 교사하고 방조한 것이다) 아무런 책임을 지지 않은 것은 놀라운 일이 아니다.

그리고 장담컨대 나는 두 번 다시 주식 중개업을 하지 않을 것이다.

● 투자 전문가 ┃ 하워드 린즌

35
필생의 로마식 팔랑크스

나는 1965년부터 1968년까지, 더 정확히 얘기하자면 1969년 1월 10일까지 하버드 대학원생이었다. 그리고 3주 후 하버드 대학을 떠나 미국 육군 네이틱 연구소(U.S. Army Natick Laboratories)의 연구 과학자로 사회생활을 시작했다.

하버드 대학에서의 3년 4개월은 내 인생의 자아를 형성한 가장 중요한 시기였다. 3년 4개월. 일수까지는 아니더라도 연수와 달수까지 꼼꼼히 따지는 이유는 내게 그 시간들이 매우 중요하기 때문이다. 그중에서도 가장 중요했던 내 인생의 터닝 포인트는 50년이 지난 오늘까지도 인생의 안내자 역할을 맡고 있다.

우선 1960년대 중반 하버드 대학, 그리고 그곳의 심리학과 대학원생의 고뇌에 관한 이야기 한 토막을 소개하겠다. 하버드 대학원생들은 학교가 학부생을 신경 쓰느라 자신들을 방치한다고 생각했다. 꽤 질투심이 섞인 시선이었다. 대학원생들은 대학의 처우에 따라 자신들의 미래가 결정되리라는 우려 속에 살았다.

대학원 입학 첫날 우리는 이런 하버드의 진가를 맛보았다. 당시 피터 엘더(Peter Elder) 대학원 학장은 메모리얼 홀(Memorial Hall)의 대강당에서 대학원생 오리엔테이션을 진행했다. 남북 전쟁에서 목숨을 잃은 하버드 대학생들을 기념하기 위해 지은 위압적인 건축물은 대학원 교육을 시작하는 데 그야말로 최적의 장소였다. "왼쪽이나 오른쪽 어디를 봐도 제군들은 이 자리에 어울리지 않습니다." 엘더 학장은 정연하면서도 위협적으로 하버드를 소개했다.

나의 터닝 포인트는 21개월 후에 찾아왔지만, 그 시기를 위한 미장센, 혹은 무대만큼은 그곳에 완비되어 있는 느낌이었다. 우리는 각오가 되어 있었다. 여기 있는 사람들은 자부심과 흡족함에 젖은 하버드 대학 졸업생에서 대학원생으로 변하게 되리라. 일부는 그 상태에 만족을 표했지만 대부분은 말 그대로 겁에 질려 있었다.

21개월은 쏜살같이 지나갔다. 50여 년이 지난 지금 생각하면 그렇다는 말이다. 지금은 그 시간들을 건너뛰고 핵심적인 이야기만 하고 있지만, 실제로 그 21개월은 힘들고 느린 시간이었다. 먹고, 자고, 배우고, 희망에 차 끊임없이 대화를 나누며 서로에게 영향을 미쳤던 세월들. 도서관에서의 긴긴 밤들. 케임브리지(Cambridge)에서 무엇을 얻어야 하는지 몰랐던 시간들. 나날이 닥치는 미래를 받아들이고 현재의 자신을 형성하느라 지금 우리는 이 모든 것들을 망각했다.

하버드 대학원 공부를 시작한 지 1년 후, 나는 지금은 고인이 된 조지 밀러(George Miller)교수님께 박사 과정을 담당하는 스미티 스티븐스(Smitt Stevens)교수를 소개받았다. 새로운 인지 심리학 개발자이자 저명한 저술가였던 밀러 교수는 당시 심리학과 학과장이었다. 내가 불안했던 건 스미티 교수를 소개받았다는 사실이 아니었다. 바로 밀러 교수의 퉁명스러운 한마디, 예지력 가득한 진실, 일종의 축복이자 저주인 예언이었다. 밀러 교수는 이렇게 말했다.

"이봐 하위('하워드'의 애칭 - 옮긴이), 자네는 오뚝이 기질이 있어. 자네를 스미티 연구실에 넣어주지."

스미티 교수는 허튼짓이라고는 모르는 엄격하고 무서운 분이었으며 대학원생들의 눈물을 쏙 빼놓는 것으로 유명했다. 반면 학생들의 부인이나 애인, 학문과 관계 없는 사람들에게는 매력이 넘치기로도 유명했다. 스미티 교수는 그 어떤 허튼 짓도, 교묘한 회피도, '가설 제시(hypothesis generating)'도 넘어가지 않는 부류의 사람이었다. 주장은 견고한 과학적 사실만을 필요로 한다는 것, 사실은 장황하지 않고 간결할수록 좋다는 것이 그의 신념이었다.

스미티 교수는 신중하면서도 무자비하고, 불을 뿜어대는 동시에 사정없이 식힐 줄도 아는 학자이자 선생이었다. 그는 학생이나 동료의 주장에서 작은 허점이라도 발견하면, 천천히, 그러나 가차 없이, 신중하고 느린 어조로 상대의 논리적 허점을 공격했다. 실로 무시무시한 분이었다.

나는 폭풍 전야를 맞는 느낌이었다. 젊고 겁에 질린 대학원생과 독립적·학문적 업적에 대한 자부심으로 똘똘 뭉친 하버드, 그리고 스미티 교수. 그는 심리학과에서 대자연 격인 인물이었다. 약한 사유를 꿰뚫어 무너뜨릴 뿐 아니라 사유의 주인공까지 악의 없이, 그러나 무자비하게 무너뜨리는 능력으로 유명한 사람이었다.

그해가 지나면서 분명해진 사실은 스미티 교수가 지루한 호기심, 더 정확히 말해서 낯익은 호기심으로 '나를 주시하고 있다'는 것이었다. 그가 맡았던 대학원생들은 나 말고도 정말 많았기 때문이다(당시 육십 대였던 스미티 교수는 한참 기량이 만개한 학자였고 이미 수십 명의 학생들이 그의 지도를 받았다. 조지 밀러 교수도 예외는 아니었다).

스미티 교수는 내 선배들처럼 과학자가 되겠다고 덤비는 젊은 이를 감당해야 했다. 나와 스미티 교수는 딱히 시간을 정하지 않은 채 토론을 벌이곤 했다. 그야말로 교수와 초심자의 대화였다. 아마도 그분께 나는 여전히 '대가리에 피도 안 마른' 어린아이, 과학이라고는 아무것도 모르는 미숙한 초심자, 희망과 불안, 젊음과 고삐 풀린 낙관론으로 뒤범벅이 된 짜증스러운 풋내기였으리라. 어찌

됐든 그해는 지나갔고, 당시에는 몰랐지만 나는 별 의미 없는 학업으로 시간을 보냈다. 이따금 스미티 교수의 관심을 끌었고, 그의 경멸 섞인 인내를 감내했던 시간, 나의 단세포적이고 둔한 공부를 심문받을 시간을 향해 흘러간 1년이었다.

    1967년 6월이 되었다. 이제 숙명적인 만남의 시간이 되었다. 나를 위해 무르익어간 만남. 당시 나는 그 만남을 각오했고, 독자 여러분은 이제 귀를 기울여 주기 바란다. 1967년 6월의 그 만남을 떠올릴 때마다 나는 조금 주춤하게 된다. 그런 의미에서 이 회고록을 쓰는 일은 제법 도움이 된다.

    본론으로 돌입하자. 어느 날 스미티 교수는 예의 독특한 방식으로 나를 불렀다. 두서없이 누군가를 만나서 이야기하던 중에 나를 따로 부른 것이다. 대화는 스미티 교수의 독특한 스타일과 침착한 어조로 쏟아내는 불평으로 시작되었다. 학생들을 무장 해제시키기 위해 고안된 대화법 같았다.

    교수는 결국 내 학업 이야기로 말머리를 돌렸다. "하위, 자네는 분명 장비를 다루는 게 영 젬병이야. 자네가 잘할 수 있는 걸 하게. 이를테면 미각이나 정치 여론 조사 따위 말이야." 내가 장비 다루는 데 젬병이라는 그분의 지적은 '통제된 조건 하에서 시험 자극을 제공하는 지각 연구 전문 도구를 원활히 이용할 줄 모른다는 사실'을 가리키는 것이었다. 내가 심리적으로 무너진 것은 스미티 교수가 나를 '젬병'이라고 평가했기 때문이 아니다. 그 사실은 이미 나도 알고 있었다. 내가 졸도할 정도로 기겁한 건 내 경력이 이대로 중단되고, 결국 대학원 낙오자 대열이라는 지옥으로 던져질지 모른다는 두려움 때문이었다.

학업의 공포는 참을 수 있었지만, 낙오만큼은 용납할 수 없었다. 나는 스미티 교수의 말에 휘청해서 해당 분야의 공부를 그만두었다. 그러나 희망은 있었다. 아직 미각 연구를 할 수 있었기 때문이다. 미각 분야에 대해서는 알려진 바가 별로 없었지만, 그래도 이 분야를 공부하면 하버드에서 박사 학위를 딸 수 있었다.

미각 분야에서 학위를 따면 되는 거다. 솔직히 말해서 시간이 지날수록 나는 안심했다. 장비 근처에서 바보처럼 얼쩡거리지 않아도 과학을 연구할 수 있는 방법이 얼마든지 있었던 것이다. 게다가 미각은 스미티 교수가 잘 모르는 새로운 분야였다.

내게는 희박하나마 생존 가능성이 생겼다. 분명히 그 당시, 최소한 1967년에는 미각에 관해서 알려진 게 많지 않았다. 정치 여론 연구에 대한 말은 더 이상 들리지 않았다. 마음이 이미 미각 연구 쪽으로 치우쳤기 때문이다. 나는 나만의 행군을 준비했다. 길고 길었던 2년 동안의 어둠이 끝나고 드디어 새벽을 맞는다는 느낌이 들었다.

그러나 그 면담이 다였다면 나는 오늘 이 글을 쓰고 있지 않았을 것이다. 내 미래가 누더기처럼 내팽개쳐지고, 실패가 목전에 닥친 듯했던 그 비극적 오후, 무엇인가 중요한 일, 46년이 지난 지금에 와서야 비로소 의미를 갖게 된 어떤 일이 일어났다. 그 일을 생각하면 할수록 '희망'이라는 단어가 떠오른다. 그 순간 내가 무엇을 하게 될지, 특히 미각과 식품을 연구하고 그 개념을 정치와 사유, 사회학에 적용하게 될지 '알았던' 것은 아니었다.

나는 내가 미각 분야로 나아가게 될 것이라고 전혀 예측하지 못했다. 오히려 그때 내게 다가왔던 희망은 직관적인 종류의 것이었다. 여기서 직관이란 뭔가 구체적인 게 있다는 느낌, 그걸 이룰 방법과 방향이 있다는 어떤 느낌이었다. 나는 이제부터 미각에 관한 문헌을 읽을 것이고, 훌륭한 연구 프로그램을 만들어 하버드가 내게 박사 학위를 주지 않을 수 없게 만들 것이다.

나는 일종의 '방탄' 시스템을 만들 생각이었다. 견고함과 단순함, 용이한 실행 가능성으로 모든 미래의 공격을 막아줄 시스템이 내가 만들 미래의 학문이었다. 지식과 연구를 실용적으로 결합할 수 있는 연구들, 단순하고 견고하며 중단이라고는 없는 실험을 통한 연구, 로마 군대의 촘촘한 팔랑크스(phalanx, 고대 그리스에서 만들어진 보병의 밀집 전투 대형)를 구축하는 것이 내 학문 여정의 최종적인 목표였다.

나머지는 여러분이 아는 대로다. 이제부터는 그 이후에 일어났던 변화, 다시 말해 스미티 교수와의 면담에서 얻은 처방이 어떻게 내 인생을 바꾸었는지 간략히 소개하겠다.

(1) 1968년 3월, 나는 연구 작업을 완성했다. 시작한 지 6개월 만이었다. 매일이 다양한 실험의 연속이었다. 나는 실험을 끝내기로 작정했고, 실험마다 필수적인 10명의 '피험자' 혹은 정신 물리학 용어로 '관찰자'(관찰자라는 말은 독일어인 베어바흐터[beobachter]라는 말에서 유래한 것으로, 정신 물리학이 1860년대 독일에서 기원했다는 점에 경의를 표하는 뜻에서 쓰는 표현이다. 이런 의미에서 정신 물리학자들은 역사 의식이 강한 사람들이다)가 구해질 때까지 포기하지 않았다.

(2) 1968년 늦봄과 여름은 논문을 쓰면서 보냈다. 총 47페이지짜리 논문이었고 대부분의 페이지를 그래프로 채워 넣은 것이었다. 이때 이후로 데이터-집약적 연구, 설명은 적지만 합리적이고 명료하면서도 적절한 표현으로 이루어진 글이 내 논문의 특징이 되었다. 적절하고 세련된 나의 문체는 사실과 정보를 한데 꿰어주는 기능에 적합했다. 사실 이해하기 쉬운 사실을 설명하는 것이야말로 이 분야에서의 내 공헌이다. 살 집을 찾는 태도로 사실, 사실, 사실에 대해 집중하라. 이것이야말로 내 성공의 열쇠였다.

(3) 논문을 제출한 때는 1968년 10월 중순이었다. 학과 사람들은 깜짝 놀랐다. 학과에서는 내게 논문 지도 교수를 배정해주지 않았고, 심지어 논문 주제조차 승인해주지 않았는데 내가 불쑥 논문을 제출했기 때문이다. 도대체 나는 어쩔 작정이었을까? 지도 교수도 없는 상황에서?

나는 자기 주도적 작업을 해냈다. 실은 나도 놀랐다. 아무도 내 연구에 관심을 갖거나 불만을 제기하지 않았던 것이다. 지금 나는 정신 물리학과의 스미티 교수와 다른 이들이 내가 이룬 성과가 하버드 전통에 맞는다고 내심 기뻐했으리라 생각한다. 내가 이룬 성과야말로 하버드가 중요시여겼던 독립 정신의 산물이었기 때문이다. 그것도 하버드 최고의 형태로 말이다. 당당한 고립은 논문이 되었고 곧 박사 학위로 이어졌다. 1969년 1월, 나는 대학원에 들어온 지 3년 4개월 만에 박사 학위를 따냈다.

위에 언급한 사실들은 단기적인 성과일 뿐이다. 그렇다면 이 모든 일의 장기적 교훈과 성과는 무엇일까?

(1) 당당한 고립은 창조의 공간을 남긴다. 혼자 있다는 느낌, 집단 외부에서 연구한다는 의식, 당당하게 혼자라는 느낌은 정말 중요하다. 1968년, 자율적으로 지도 교수도 없이 성과를 일구어낸 경험을 통해 나의 사회화는 혼자 일하는 쪽으로 이루어졌다. 그렇다. 나는 1969년 1월 박사 학위를 받은 이후 45년 동안 많은 협조자와 일했다. 그러나 정신만은 혼자였다. 나는 결국 혼자 일하는 인간인 동시에 동료들과 함께하는 법을 터득했던 것이다. 지성의 지하철 여행이라고나 할까. 다 같이 지하철을 타지만 각자 자신만의 여행을 하는 것이다.

발달 심리학자들은 공동 작업을 한다. 그러나 내가 작업했던 아이디어는 나만의 것이었다. 물론 이따금씩 다른 사람이 형성해 준 아이디어도 있었고 공동으로 형성한 아이디어도 있었다. 그러나 내가 가장 중시했던 아이디어들은 나만의 것이었고 다른 사람들은 거기에 보탬을 주는 식으로 기여했다. 내가 중요한 연구 필자가 아닌 일, 즉 내가 믿는 바에 바탕을 두지 않은 일에 관해서도 기여를 하긴 했지만 그 경우 내 역할은 수동적인 데 그쳤다.

이를 두고 '독선적이다'라고 말하는 사람들도 있으나 그렇지는 않다. 나의 노선은 혼자서 하는 작업의 아름다움, 내 아이디어를 따르는 일의 아름다움, 그리고 어느 정도는 하버드에서 강자가 되지 못할 가능성에 대한 두려움, 어리고 부족하지만 궁극적으로는 전도유망한 전문가에 대한 두려움으로부터 나 자신을 보호하는 일의 매력으로 초래된 결과였다고 보아야 한다.

(2) 글을 쓰는 목적은 기록과 발표, 입증과 주장이어야 한다. 내게 글을 쓴다는 것의 의미는 그랬다. 나는 대학원 생활 첫해에 전혀 글을 쓰지 않았다. 다른 동기들은 교수들과 함께 연구를 시작하면서 글도 쓰기 시작했다.

나는 스미티 교수가 무척 두려웠다. 그러나 하버드를 졸업할 때부터 나는 거의 매일 글을 쓰기 시작했다. 하버드에서 '해방'된 날 나는 근사한 적갈색 파커 만년필을 샀다. 나름 글을 쓰기 시작했음을 기념하기 위해서였다. 그러나 만년필은 써보니 시커먼 얼룩이 번지기 일쑤고 귀찮기만 했다. 결국 나는 타자기를 사용하기 시작했다. 처음에는 타자기에 문서를 입력했고 나중에는 컴퓨터를 쓰게 되었다. 타이핑은 미적 만족감을 주었다. 깨끗한 정서와 마무리, 완성도가 있다는 느낌이 좋았다. 졸업한 뒤 첫해는 글을 써야 할 필요성이 많은 시기였다. 글을 쓰는 목적은 보존과 공유였지만, 무엇보다 중요한 것은 로마 군대의 팔랑크스를 만드는 것이었다. 그 대열을 구성하는 병사들은 내 논문이었다.

(3) 미지의 땅으로 가라. 아무도 가보지 않은 곳이야말로 더 안전하다. 내가 새로운 경로를 개척한 것은 그런 의식에 기반을 둔 것이다. 남들이 밟은 길에는 나를 위한 자리가 없기 십상이다. 더 정확히 말해서 남들이 밟아놓은 길을 제대로 걷지 못할 것이라는 예감이 나를 새로운 길로 이끌었다. 내가 갈 길은 새로워야 했다. 아무도 걷지 않은 길이므로 나를 평가할 척도도, 나를 안내할 심사 위원회도, 스미티 교수나 내 아버지 모세 모스코위츠(Moses Moskowitz)처럼 내밀하게 나를 꾸짖을 어떤 선배도 없는 길. 혼자라는 것, 새롭다는 것은 내게 보호막이 되어주었다. 나는 그곳으로 안전하게 가리라.

결국 당신은 당신의 길을 가게 된다. 여정의 서막은 불길하겠지만, 느리고 꾸준하게 성과를 올릴 것이다. 성과는 지식이며, 글은 지식을 흡수해 지성과 영혼에 양분을 공급하고 공유한 뒤 되돌려줄 것이다. 이런 성과들은 대학원 초기 몇 년의 고통을 통해 이루어졌다. 그 고통들은 50여 년이 지나도록 여전히 내가 누구인지, 그 일을 이룰 수 있을 것인지, 해야 할 일이 무엇인지에 대한 '지속적 불안'이라는 연료를 공급한다. 나는 그 연료를 받아 표효하며 전진했다.

솔직히 참 근사한 길이다. 나의 공포는 인생과 생산과 일과 탐험과 글과 나눔의 전략으로 변모했다. 그리고 이 모든 것을 상징적으로 종합해주는 은유는 바로 로마군의 팔랑크스이다. 누구도 함부로 뚫을 수 없고 단순하며 천천히 움직이지만 결코 멈추지 않는 대형, 세상을 정복했던 대형.

이제 이 자서전적 스케치를 에드워드 기번(Edward Gibbon)의 『Decline and Fall of the Roman Empire(로마 제국 쇠망사)』의 서두에 있는 두 문장으로 마무리하고자 한다. 나는 이 구절을 통해 앞으로 매진할 수 있었다. 내가 이 구절을 처음 읽은 것은 1961년 고등학교 시절이다. 기번스의 구절은 내 마음속에 완벽한 생존 장치를 마련해주었고, 세계를 전진할 수 있는 방침을 규정해주었다.

"서기 2세기의 로마 제국은 지구상에서 가장 아름다운 영토와 가장 문명화된 인류를 점령하고 있었다. 이 광대한 군주국의 변경을 지켜준 것은 예로부터 전해져 내려오는 명망과 엄격하게 단련된 용맹이었다."

● 정신 물리학자 ㅣ 하워드 모스코비츠

36
항상 가벼움을 유지하라

내 만화 경력의 터닝 포인트는 명함 뒷면에 만화를 그리기 시작했던 순간이다. 처음엔 그저 바(bar)에 죽치고 앉아 있는 동안 할 일을 찾으려는 목적에서 시작한 일이었다.

때는 1997년 12월이었다. 당시 시카고에 살았던 나는 크리스마스 이후 새 직장을 구하기 위해 뉴욕으로 이사할 예정이었다. 그래서 크리스마스 휴가를 맞아 시카고 시내의 가게들이 문을 닫듯 나 역시 시카고에서의 삶을 정리하고 있었다.

나는 오랫동안 일했지만 돈을 많이 벌지는 못했다. 일이 끝나면 매일 저녁 노스(North) 강 근처에 있는 작은 아파트를 나와 델라웨어 길에 있는 써드코스트 카페에 죽치고 앉아 있었다. 나처럼 흥미진진하고 다양한 사회 부적응자들이 넘치는 괜찮은 곳이었다.

그 당시에는 스마트폰이나 와이파이도 없었기 때문에 오늘날처럼 카페에 앉아 인터넷 서핑을 하고 있을 수는 없었다. 컴퓨터도 흔치 않아서 시간을 죽이려면 뭔가 다른 일을 해야 했다. 대개는 책을 읽거나 주사위 놀이를 하곤 했다. 그리고 나는 그림을 그렸다. 그 몇 년 동안 나는 정말 엄청난 양의 스케치북을 작은 펜 하나와 잉크로 채웠다. 바에 앉아 시간을 보내기엔 제격이었다.

요점만 말하자면, 크리스마스를 일주일가량 앞둔 어느 날 저녁 나는 언제나처럼 그 카페로 갔다. 의자를 바 쪽으로 당겨 앉는데 갑자기 스케치북을 집에 두고 왔다는 사실이 기억났다. 집에 돌아가기 귀찮았던 나는 주머니에 들어 있던 옛날 명함을 몇 장 꺼내어 그 뒷면에 그림을 그리기 시작했다.

얼마 지나지 않아 명함 그림이 제법 익숙해졌다. 그 일이 얼마나 즐거웠던지 다음 날 킨코스(Kinko's)란 대형 문구 체인점에 가서 500장들이 빈 명함 한 박스를 주문했다. 아무것도 쓰이지 않은 그야말로 백지의 종이를 말이다. 나는 당분간은 명함 그림에 주력하기로 했다. 몇 백 장 정도 그리면 근사한 시리즈가 될 것 같았다.

벌써 20여 년 전의 일이다. 나는 여전히 명함 그림을 그리고 있다. 지금까지 그린 것만 1만 장이 넘는다. 멈추겠다는 계획도 딱히 없다. 아마 생각했던 것보다 내가 명함 양식을 더 좋아하는 것 같다.

그 이후 블로그 혁명이 시작되었고 나는 변화를 십분 활용했다. 블로그와 소셜 미디어의 힘을 이용해 나만의 작은 명함 그림 취미를 수백만 달러짜리 사업으로 만들었다. 수백만 명이 온라인과 오프라인으로 내 작은 그림들을 보았다.

만일 그 운명의 날 저녁에 스케치북을 집에 두고 오지 않았더라면 이 모든 일은 불가능했을까? 그렇지는 않을 것이다. 인생에서 정말로 중요한 순간의 특징은 당시에는 그 순간이 그저 일상으로 보일 뿐 전혀 중요하게 느껴지지 않는다는 점이다. 유념할 점은 그때 내 인생은 늘 유동적이었다는 것이다. 직업을 바꾸고, 도시를 옮겨 다녔으며, 나를 묶어둘 어떤 소유물이나 일도 없었다. 나는 돌아다니면서 쓸 수 있는 예술 형식이 필요했다. 방랑하는 내 인생처럼 유연한 예술 형식을 원했던 것이다.

명함 그림이 가진 또 하나의 특징은 하루 종일 매진할 필요가 없다는 점이다. 명함에 만화를 그리는 일은 가볍고 빠르다. 정규직으로 일하면서도 작품 하나를 온전히 만들 정도로 시간적 여유가 있다. 명함 그림은 규모가 큰 조각이나 유화와 달리 사무실에서 지치지 않고 할 수 있는 일이었다. 이 일을 통해 나는 경제적·심리적 자유를 누릴 수 있었다. 소호(SoHo) 거리의 천장 높은 작업실에 살아야 한다거나 '본격' 화가로 불리기 위해 감당해야 하는 다른 짐을 지지 않아도 명함 그림은 충분히 그릴 수 있기 때문이다.

실제로 나는 언제 어디서나 명함에 그림을 그렸다. 집, 공원 벤치, 카페 어느 곳이건 상관없었다. 몇 년 치의 그림을 보관하는 데에도 상자 하나면 충분했다. 명함 그림은 돈도 별로 안 들었다. 영화나 연극 제작과 달리 다른 사람의 돈을 투자받을 필요도 없었다. 주류 출판업처럼 편집장의 승인을 받고 출간할 필요도 없었다.

나는 다른 작가들이 자신이 선택한 매체의 물질적 부담에 의해 좌절하는 모습을 자주 보았다. 그들은 일을 마친 뒤 너무 지쳐서 꿈을 챙기지 못했다. 나는 그런 작가가 되긴 싫었다. 그렇다고 굶주리는 예술가가 되고 싶지도 않았다. 허드렛일을 하는 자칭 예술가가 되기는 싫었다. 그저 내 친구들처럼 정상적인 일을 하면서 근사한 인생을 누리는 보통 사람이고 싶었다. 그러던 와중에 나만의 작품이라 할 수 있는 것을 갖게 된 것이다.

명함에 그림을 그리기 시작한 이후로 내 일도 진화했다. 비즈니스 파트너를 얻고 직원을 고용했으며, 모든 파인아트(순수미술) 프린트와 그 밖에 우리가 세상에 팔 것들을 제작하는 작은 공방도 세웠다.

그러나 나는 늘 일의 규모를 키우지 않으려고 노력했다. **성공의 열쇠는 가벼움을 유지하는 것이다.** 내게 그 사실을 처음 가르쳐 준 것은 명함이었다.

● 만화가 | 휴 매클라우드

# 37
실패라는 축복

나는 공부를 즐거워하는 편이 아니다. 그러나 예루살렘의 히브리 대학에서 박사 학위를 준비하던 삼십 대에는 공부가 즐거웠다. '창의력'을 연구했기 때문이다.

사실 내 연구의 터전은 물리학과였고 박사 학위를 따면 기업체에 들어가 일을 하기로 작정했던 터였다. 하지만 인생이란 계획한 방식대로 흘러가지 않는 법. 생각지도 못했던 패배가 터닝 포인트가 되어 그 이후 나는 전혀 다른 길을 걷게 되었다.

이야기는 물리학과에 들어가기 2년 전으로 거슬러 올라간다. 그 당시 나는 공학을 공부하면서 혁신과 창의력 연구에 관심을 두고 있었다. 얼마 뒤 나는 공학과 창의력 연구는 거리가 있다는 사실을 깨달았다. 공학과 교수들은 나를 아껴주었지만 창의력 같은 불투명한 주제에는 별로 관심이 없었다. 이대로 계속할 수는 없다는 생각이 들었다. 나는 창의력 연구를 완성하고 싶었고 도와줄 교수가 필요했다. 내 결심을 따르고 싶었다.

결국 소린 솔로몬(Sorin Solomon) 박사가 교수로 있는 물리학과에 박사 과정을 등록했다. 솔로몬 박사는 내 관심사와 열정을 이해해주었다. 사실 창의력 연구는 박사와 나, 둘 다에게 다소 위험한 계획이었다. 나는 물리학에 대한 지식이 충분치 못했고, 창의력이란 본질적으로 물리학 외부의 영역이었기 때문이다. 그러나 솔로몬 교수는 나를 믿어주었고 모험을 마다하지 않았다.

창의력에 대해 고민할수록 나는 내 연구가 빛을 발할 수 있는 분야는 혁신과 마케팅이라는 사실을 깨달았다. 특히 마케팅 분야에서는 창의력을 기준으로 아이디어의 질을 측정했다. 나는 창의력에 대한 내 첫 번째 연구 성과를 광고 관련 논문에 적용시켰다. 나는 이 논문이 탄탄한 조사를 바탕으로 작성되었으며, 창의력에 대한 논점을 분명하게 제시한 훌륭한 보고서라고 생각했다.

솔로몬 교수와 나는 물리학 관련 학술지에 논문을 제출했다. 우리는 내 논문의 새로운 통찰이 학계의 인정을 받아 나날이 진화하는 마케팅 연구에 영향을 미치기 바랐다. 그러나 논문은 제출과 동시에 혹평을 받았다. 논문을 제출했던 학술지는 내 논문이 해당 학술지의 주제와 전혀 무관한 데다 비과학적이라는 평가를 내리고 게재를 거절했다. 실패였다. 솔로몬 교수는 이러한 결정에 충격을 받았고 화가 나서 다시는 이 분야의 연구를 거들떠보지도 않겠다고 공언했다. 내 계획은 그야말로 산산조각 나버렸다. 끔찍했다.

　실패의 진짜 모습이 축복이라는 사실은 먼 훗날 그것을 반추하는 여유를 가졌을 때 비로소 알 수 있다. 이 실패는 내게 일종의 터닝 포인트였다. 나는 혁신과 마케팅에 대한 박사 논문을 물리학 분야에 국한시키고 싶지 않았다. 관련 분야의 학자들, 내가 천착했던 문제에 관심을 가진 전문가들이 내 논문을 읽어주었으면 좋겠다고 생각했다. 학계에서 조용히 사라지고 싶지 않았다. 좋은 업적을 뒤에 남기고 싶었다.

　나는 논문에 대한 피드백도 열린 자세로 곰곰이 생각해보았다. 산업 관련 전문 용어를 몰랐던 게 패착의 원인일까? 사회 과학자로서 주제에 접근하는 게 나은지, 아니면 물리학자로서 접근하는 게 나은지도 고민했다. 도저히 이 질문에서 벗어날 수 없었다.

　논문 게재를 거절당한 뒤 사회학자이자 히브리 대학 마케팅학과 교수인 데이비드 마주르스키(David Mazursky)에게 논문을 보여줬다. 그의 이야기는 충격적이었다. 마주르스키 교수는 내가 저지른 몇 가지 실수를 지적했다. 첫 번째 실수는 엉뚱한 학술지에 논문을 제출했다는 것이다. 그 학술지의 독자층은 내 논문에 관심이 없었다. 나는 더 높은 수준의 학술지에 논문을 제출해야 했다. 두 번째 실수는 내가 수집한 경험적 데이터를 입증하기 위해 사회 과학이라는 도구를 쓰지 않았다는 것이다. 마지막으로 마주르스키 교수는 논문을 관련 분야의 이론과 연결시켜야 한다고 조언했다. 그리고 내가 연구를 계속할 경우 전폭적으로 지원하겠다고 약속했다. 힘이 되는 충고와 격려였다. 짧은 대화를 나눈 뒤, 마주르스키 교수는 솔로몬 교수와 함께 내 논문의 공동 지도 교수가 되어주었다.

이즈음 대학 당국은 박사 과정 연구자들의 통섭 연구를 지원하는 새 프로그램을 발표했다. 프로그램의 지원을 받으려면 상이한 분야에 있는 두 교수의 지도를 받아야 했는데, 마침 솔로몬 교수와 마주르스키 교수의 공동 지도를 받기로 했던 터라 뛸 듯이 기뻤다. 그렇게 나는 통섭 연구를 시행하는 세 명의 지원자 중 한 사람이 되어 많은 지원을 받았다.

나는 이 사건을 통해 생각지도 못했던 성공의 열매를 얻었다. 혁신 분야의 탁월한 지성인들과 공동 연구를 하게 되었고, 예루살렘의 히브리 대학과 뉴욕에 있는 컬럼비아 대학에서 동시에 강의를 하게 되었다. 간단해 보이는 이 결정으로 내 인생에는 성공적인 경력이 쌓이기 시작했다.

물리학 교수와 사회 과학 교수의 지도하에서 나는 그토록 연구하고 싶었던 창의력 관련 논문들을 발표하기 시작했다. 우리는 《Science(사이언스)》처럼 분야가 극도로 제한된 과학 학술지에 최초로 비즈니스 관련 논문을 게재한 학자가 되었다.

우리의 연구는 거기서 멈추지 않았다. 성장을 거듭한 연구 결과는 즉시 관련 분야 최고 과학 저널들의 주목을 받았다. 우리는 창의력과 혁신에 대한 다양한 논문뿐만 아니라 'SIT(Systematic Inventive Thinking, 수천 개의 발명품과 사고 패턴을 분석해 창의적인 생각을 체계적으로 하게 해주는 혁신 툴)'이라는 경영 혁신 툴을 개발했다. SIT의 주요 고객은 프록터앤갬블(Procter & Gamble), 존슨앤드존슨(Johnson & Johnson), GE, 바이엘(Bayer)과 필립스(Philips) 등 《Fortune(포춘)》이 선정한 100대 기업이다.

2013년, 나는 친구이자 사업 파트너인 드루 보이드(Drew Boyd)와 함께 체계적·창의적 사고에 대한 실용서 『Inside the Box(틀 안에서 생각하기)』를 출간했다. 이미 12개 국어로 번역된 이 책은 체계적 창의력으로 이끄는 탁월한 안내서다. 창의력과 혁신에 대해 궁금한 사람은 꼭 읽어보기 바란다.

나의 과거와 현재를 되돌아본다. 내가 연구를 지속할 수 있었던 추진력은 결국 나의 첫 실패, 과학 학술지에서 논문 게재를 거절한 일이었다. 이 실패를 통해 나는 예기치 못한 기쁨을 누렸다. 이 터닝 포인트를 통해 나는 실패가 내 일의 일부이며 성공으로 이끄는 안내자라는 것을 깨닫게 되었다. 실패는 곧 성공이다. 우리는 실패를 소중히 여기는 법을 배워야 한다. 실패가 언제 기회로 탈바꿈할지는 아무도 모른다.

● 과학자·마케터 | 제이콥 골든버그

38
특별한 산책

　내 인생의 중요한 터닝 포인트는 1990년대 초 어느 콘퍼런스에서 동료와 함께 산책을 하며 발생했다. 그 당시 우리는 소위 '기억 복원(recovered memories)'이라는 개념의 진실에 대해 격렬한 토론을 벌였다. 기억 복원이란 사람들이 잊고 있던 성적 학대의 기억을 갑자기 떠올릴 수 있다는 개념이다. 임상의들은 복구된 기억을 대개 액면 그대로 받아들였지만, 나 같은 실험 심리학자들은 회의적인 반응을 보였다. 중대한 사건을 완전히 잊어버릴 수 있다는 사실을 입증할 만한 실험적 선례가 없었기 때문이다.

　반면에 기억은 암시를 통해 왜곡되기 쉬우며, 암시요법 환경에서 복구된 기억은 부정확한 경우가 많다는 사실은 널리 알려져 있었다. 나는 기억 복원을 믿지 않는 입장이었다. 그러나 산책을 하는 동안 실험 심리학자이자 임상치료사였던 동료는 자신이 기억을 복원했던 환자에 대해 꾸준히 설명했고, 이를 뒷받침하는 증거가 있다고 강력히 주장했다.

나는 그의 말에 회의적인 입장을 취하면서도 동시에 어떤 흥미를 느꼈다. 그래서 콘퍼런스가 끝난 뒤 허락을 얻어 기억을 복원했다는 사람을 직접 만났다. 그는 성적 학대를 다룬 영화를 본 다음 밤새 예기치 못했던 감정과 씨름했고, 마침내 어렸을 때 캠핑에서 어떤 신부에게 성적 학대를 당했다는 사실을 돌연 기억해냈다고 말했다. 그 후 여러 달 동안의 상담을 통해 그는 수년간 당했던 성적 학대의 경험을 모두 기억해냈다. 그는 같은 신부에게 성적 학대를 당했던 다른 사람에게 연락을 취했고, 그 사람은 상담자의 말이 맞다고 확인해주었다.

이들의 사례는 충격적이었다. 기억 복원이란 예외 없는 조작일 뿐이며, 부모와 심리치료사의 암시요법을 통해 조합된 픽션에 불과하다는 학계의 믿음을 깨뜨릴 만한 이야기였기 때문이다. 나는 이 사례를 다룬 논문을 썼고, 이후에도 심리치료를 받지 않았지만 잊고 있던 성적 학대를 다시 기억해낸 일곱 명의 추가 사례를 찾아냈다. 모두 확실한 증거를 통해 입증 가능한 것들이었다. 동일한 사람에게 학대를 당한 다른 사람의 증언, 학대 직후 그 이야기를 들은 제3자의 보고, 학대자에게 직접 이야기를 들은 목격자들의 증언 등. 물론 이런 증거들이 복원된 기억이 진실이라는 것을 확증하지는 못한다. 그러나 이렇게 입증된 사례들을 통해 기억 복원이 예외 없는 암시의 산물이라는, 그 당시 대다수 실험 심리학자의 확신 어린 관점을 전적으로 수용하기는 어려워졌다.

이때의 경험은 내 학문 세계에 큰 영향을 미쳤다. 특정 주제를 내 힘으로 연구해보지 않고 일반적인 관점을 무비판적으로 수용하는 일의 위험성을 깨달은 것이다. 어두운 곳에 열쇠를 떨어뜨리고는 '밝은 곳이 더 좋다'는 이유로 불빛 아래만 뒤지는 취객 이야기가 있다. 나 또한 그와 같은 실수를 저질렀다. 기억 복원에 대한 증거를 실험실이라는 밝은 불빛 아래서만 찾은 다음, 보이지 않는다는 이유로 기억 복원 같은 건 없다고 편리하게 결론지은 것이다. 이 경험을 통해 나는 아무리 정설로 받아들여진다 해도 비판적인 태도를 견지해야 한다는 사실을 깨달았다. 특별한 사례를 연구할 수 있는 곳이라면 어둡고 힘들어도 직접 그곳으로 가는 게 옳은 일이었다.

나아가 나는 이런 쟁점들이 연구하면 할수록 처음 모습과 달리 더 복잡한 문제로 판명날 수 있음을 알게 되었다. 기억 복원의 다른 사례를 연구하기 시작했을 때, 기억을 복원한 사람의 망각이 완전한 것이 아닐 수 있음을 발견한 것이다. 기억을 망각하기 전에 이미 다른 사람에게 경험을 얘기했거나 거짓으로 기억을 왜곡한 경우도 많았다. 요컨대 망각에 대한 평가는 왜곡될 수 있으며, 잊어버렸다고 생각했지만 사실은 기억하고 있었던 경험을 다시 복원할 수도 있는 것이다.

그 뒤 내 연구의 노선은 달라졌다. 나는 논쟁이 되는 영역을 계속해서 파고들었고, 그동안 간과했던 영역뿐만 아니라 예상하지 못했던 영역의 복잡성도 발견했다. 내가 몸담고 있던 학계에서는 마음의 동요에 대한 연구를 회피하는 경향이 있었다. 마음의 동요라는 것이 주관적 보고에 의존하는 전적으로 사적인 경험이라는 이유에서였다.

그러나 나는 동요의 경험이 의식의 성질과, 그 성질을 추적하는 '메타 인지 과정'을 밝히는 데 요긴하다는 사실을 발견했다. 기억 복원에 대한 경험으로 용기를 얻은 후 나는 기존의 금기를 깨고 이 난해한 주제들을 파고들었다. 그리고 결국 마음의 동요에 대한 연구는 풍요로운 성과와 함께 학계에서 주류 연구 주제로 떠올랐다. 그 뒤로도 기억 복원 연구에서의 성공은 내가 초심리학적 연구와 같은 논쟁이 치열한 영역을 다루는 데 힘이 되어주었다.

결국 20년 전 동료와의 산책이 준 두 가지 중요한 교훈은 아직까지도 내게 영향을 미치고 있다. 첫째, 가능성이 풍부한 연구 영역을 논란이 될 수 있다는 이유만으로 외면해서는 안 된다는 것. 둘째, 이런 영역의 연구는 중요한 발견을 가능하게 하는 동시에 자유 의지와 형이상학을 비롯한 다른 논쟁적 주제를 탐구하게 해준 다는 것. 내가 앞으로 씨름하게 될 연구 분야가 무엇인지는 알 수 없지만, 남들이 가보지 않은 길을 가려는 내 의지가 20년 전 그 산책으로부터 시작되었음은 분명하다.

운명적인 산책을 통해 얻은 이 교훈은 학문적 주제뿐만 아니라 삶의 다양한 영역에 폭넓게 적용할 수 있다. 동료들이 별것 아니라고 무시한다는 이유만으로 모험을 마다하지 말라. 물론 검증할 필요가 없는 가정은 많다. 지구가 둥글다는 사실을 입증하겠다고 온 세상을 걸을 할 필요는 없다. 하지만 아무도 가지 않은 길이 어딘가 흥미로운 곳으로 이어지는 것 같다면 주저 없이 그 길로 나서야 한다. 단, 예상치 못했던 복잡한 모퉁이가 있을 수 있다는 점을 염두에 두라. 이 모퉁이들은 당신이 생각했던 것과 제법 다를 수 있다. 그리고 그 예상을 뛰어넘는 무엇인가가 당신을 한 단계 더 성장시켜줄 것이다.

● 실험 심리학자 ㅣ 조너선 스쿨러

39
평생의 열정

나는 요리가 좋다. 언제나 그랬다. 요리야말로 내가 열정을 바친 대상이었고 정신적 안식처다. 나는 요리를 할 때 비로소 안정과 기쁨, 고요함과 안락함을 느낀다.

음식은 인생에서 중요한 몫을 담당한다. 인간은 매일 뭔가를 먹는다. 음식은 육신과 마음을 풍요롭게 하며, 특히 맛 좋은 식사는 평안과 기쁨, 황홀감까지 선사한다. 어느 문화권에서나 인생의 중요한 순간을 기념할 때에는 항상 음식을 나눈다. 잔치 없는 결혼식을 상상할 수 있겠는가? 실제로 음식은 사람들을 하나로 이어주고 결속력을 강화시킨다. 저녁 식사 자리에서 성사된 중요한 사업 거래나 정치적 합의는 헤아릴 수 없을 정도로 많다. 음식은 또한 애정을 표현할 수 있는 방법이다. 부모는 자녀의 생일날 아이가 제일 좋아하는 요리를 선물함으로써 사랑을 표현한다. 이런 이유로 나는 요리를 사랑한다. 그런데 내가 요리를 좋아하는 특별한 이유는 또 하나 있다.

나는 한국인으로 태어나 여섯 살 때까지 한국에서 자랐다. 내 고향은 전라남도 광주였고 당시 어머니는 대학생이었다. 가난한 집안에서 대학에 들어간 사람은 어머니뿐이었다. 어머니는 똑똑한 학생이었고 장학금도 여러 번 받았다. 어렸지만 꿈이 컸던 어머니는 공부를 하면서 생계비까지 버느라 늘 바빴다. 친부였던 남자 친구는 임신 소식에 어머니를 떠났다. 나는 싱글맘에게서 태어난 것이다.

어머니는 바빴지만 운 좋게도 내게는 외할머니가 계셨다. 할머니는 근사한 분이었다. 시골에서 살았던 할머니와의 삶은 도시의 삶과는 완전히 달랐다. 할머니 집에는 채소를 가꾸는 밭이 있었는데 나는 그곳이 정말 좋았다. 나는 번잡한 도시를 떠나 할머니의 안뜰을 뛰어다니며 다른 아이들과 즐거운 시간을 보냈다.

할머니가 무슨 일을 했는지는 기억나지 않지만 요리를 하셨던 모습은 생생하다. 할머니는 언제나 맛난 음식을 만드셨다. 나는 아직도 할머니가 담근 김치 맛을 기억하고 있다. 지금까지 먹어본 김치 중 단연 최고였다. 나는 대부분의 시간을 할머니와 보냈고 특히 부엌에서의 시간들을 좋아했다. 화로에서 나오는 열, 부엌에서 나는 풍미들로 늘 행복했다. 부엌에 있을 때 나는 고요함과 아늑함을 느꼈다. 주변의 모든 것이 불안정하게 흔들렸던 시절, 유일하게 행복을 느낄 수 있는 공간은 할머니의 부엌이었다.

어느 날, 큰 변화가 내게 닥쳤다. 여섯 살이 되었을 무렵, 어머니는 나를 제대로 교육시킬 수 없다는 사실을 깨닫고 큰 결정을 내렸다. 교육은 어머니의 전부였다. 어머니는 대학을 졸업하기 위해 그야말로 고군분투했고, 내게도 같은 기회를 주고 싶어 했다. 그러나 그 당시 한국에서는 어머니의 꿈을 이루기 힘들었다.

미국으로 입양되면 좋은 학교에 갈 수 있을 거라던 어머니의 말씀을 아직 기억한다. 미국에서 좋은 양부모를 만나 사랑받게 될 거라고 했던 말도. 그러나 어머니의 바람은 이루어지지 못했다. 나는 미국에서 새로운 부모를 만나지 못했다.

내가 양부모를 만난 곳은 스웨덴이었다. 나의 새로운 인생은 스웨덴에서 시작되었다. 처음에 나는 어쩔 줄을 몰랐다. 언어도 몰랐고 그곳의 문화에 대한 지식도 없었다. 어떻게 행동해야 할지 알 수 없었다. 생면부지의 땅에서 나는 너무도 외로웠고 어딘가 이상한 곳에 와 있다는 느낌으로 고통스러웠다. 어머니와 할머니가 보고 싶어 가슴이 미어질 듯했다.

여섯 살밖에 안 된 아이였지만 나는 새 가족들에게 이런 슬픔을 내보여선 안 된다는 것을 알고 있었다. 만약 그들이 상처를 입고 나를 다시 버리면 어떻게 한단 말인가? 물론 양부모님은 나를 버리지 않았고, 나의 방황과 슬픔을 묵묵히 이해해주셨다. 사랑이 넘치는 분들이었다. 스웨덴의 양부모님은 내가 가족의 일원이라고 느낄 수 있게 첫날부터 최선을 다하셨다.

낯선 스웨덴 땅에서도 내가 편안함을 느낄 수 있는 공간은 있었다. 한 곳은 양어머니의 채소밭이었다. 양어머니의 채소밭은 할머니의 채소밭과 크게 다르지 않았다. 다른 한 곳은 부엌이었다. 스웨덴에 온 지 이틀 만에 나는 양부모님을 위해 첫 음식을 만들었다. 버터를 바른 흰 빵 옆에 파슬리를 썰어놓은 간단한 음식이었다. 전에는 그런 음식을 본 적이 없었지만, 나는 새 가족이 이 음식을 즐겨먹는다는 사실을 알아차렸다. 나는 그분들이 좋아하는 것을 해드리고 싶었다. 외할머니가 한국에서 내게 해주셨던 것처럼 말이다.

내 요리의 여정은 이렇게 시작되었다. 성장하면서 요리는 내 최대 관심사가 되었다. 어렸을 때 춤과 발레, 노래와 축구도 배웠지만 금방 시들해지곤 했다. 그러나 요리를 향한 열정만큼은 변하지 않았다. 고등학교를 졸업한 후 나는 대학에서 사회학을 전공했다. 이상한 일이지만 그렇게 좋아하는 요리를 직업이라고 생각해본 적은 없었다. 아마 생모의 공부에 대한 욕심이 내 마음속에도 남아 있었기 때문인가 보다. 아니면 대학에 들어간 이후 그저 그런 생활에 바로 적응해버린 탓인지도 모르겠다.

나는 대학을 졸업했고, 세계 일주를 했으며, 런던으로 가서 국제 마케팅 석사 학위를 받았다. 그 뒤 유니레버(Unilever)라는 기업에서 브랜드 매니저로 일을 시작했고, 나중에는 오클라 푸드(Orkla Foods)라는 식품 회사에서 마케팅 매니저로 일했다. 직접 음식을 만드는 건 아니었지만 식품 업계에 자리를 잡은 것이다.

마케팅 매니저로서의 생활은 나름 창조적면서 비즈니스적이고 혁신적인 일이었다. 내 직업이야말로 세상 최고의 일이라는 느낌으로 살았다. 일 때문에 부엌에서 보내는 시간이 줄었지만, 요리와 음식에 대한 열정만큼 식지 않았다. 요리를 할 때만큼은 늘 진심과 정성을 다했다.

어느 날 저녁, 나는 집에서 '마스터셰프 스웨덴(Masterchef Sweden)'이라는 프로그램을 보고 있었는데, 마침 새 시즌의 지원자를 모집한다는 문구가 흘러나왔다. 나는 갑자기 그 메시지가 나를 향한 것이라는 느낌을 받았다. 가장 좋아하는 일을 하면서 다른 사람들과 경쟁할 수 있다는 흥분감, 뭔가 새로운 것을 배울 수 있다는 가능성이 주는 설렘, 미디어의 열기 등이 나를 매료시켰다. 결국 나는 지원했다. 제일 중요한 목표는 즐거움을 느끼는 것이었다. 우승은 꿈조차 꾸지 않았다. 하지만 나는 우승했다. 도전을 하나씩 하나씩 받아들였고 대부분의 경연에서 승자가 되었다. 오직 눈앞에 닥친 도전에 집중했을 뿐 결과는 중요하지 않았다.

경연에 참가하는 동안 나 자신에 대한 새로운 사실을 알게 되었다. 나는 요리에 대해 애정 이상의 감정을 가지고 있었다. 요리에 대한 열정은 마음속에서 우러난 것이었고, 어린 시절 사랑했던 외할머니가 키워주신 것이었다. 그 열정은 내 정체성의 일부였으며 삶을 즐겁게 만들어주었다.

스웨덴 최고의 요리 경연 우승자라는 명예를 안겨준 것은 요리에 대한 열정과 강한 집중력이었다. 그 뒤로 내 인생은 완전히 바뀌었다. 나는 현재 전문 TV 셰프로, 푸드 크리에이터로, 요리와 인생에 대한 강사로, 요리책의 저자로 활동하고 있다. 요리를 전문직이라고 생각하지 않았던 나로서는 정말 큰 변화다. 진심 어린 열정이야말로 인생의 영원한 동반자다.

● 요리 연구가 | 제니 월든

40
마법의 힘

　　인생이란 선택의 연속이다. 우리가 하는 전문적인 일은 결국 그 선택들이 이어진 결과다. 인생이라는 나무를 가지치기하면서 내린 선택들은 각각 중요한 인생의 터닝 포인트를 상징한다. 최소한 나한테는 그렇다.

　　모든 것은 만화책 한 권으로부터 시작되었다! 여섯 살이 되었을 무렵 나는 뉴욕 맨해튼에 있는 아파트에서 『슈퍼맨』을 읽고 있었다. 그러다가 만화책 중간에 끼여 있는 광석 라디오 제작 도안을 발견했다. 나는 금세 그 도안에 매료되었다. 집을 뒤져서 재료만 찾으면 별 어려움 없이 공짜로 만들 수 있을 것 같았다. 배터리 없이 음악이나 라디오 프로그램을 들을 수 있는 라디오라니. 뭔가 근사한 마법이 펼쳐질 것 같았다. '해보고 싶다'는 생각이 들었다.

제일 먼저 필요한 재료는 다 쓴 두루마리 화장지심이었다. 집에서 쉽게 찾을 수 있는 재료였다. 다음에는 화장지심을 감쌀 철사가 필요했다. 나는 쓰레기통을 뒤져 철사를 찾아냈다. 다음은 면도날이었다. 아버지의 욕실에서 쓰고 버린 면도날을 찾았다. 연필심과 면도날을 연결해 광석 라디오의 핵심 부분을 만들 수 있었다. 좀 성가신 재료가 이어폰이었다. 그때 공중전화 부스 수화기에서 이어폰을 뽑으면 된다는 생각이 퍼뜩 떠올랐다. 나는 공중전화 부스로 들어가 수화기 나사를 풀고 이어폰을 훔쳤다.

마지막으로 필요한 부품은 '가변 축전기(광석 라디오의 중심 주파수를 변화시키는 데 쓰이는 장치)'라는 것이었다. 나는 어머니를 졸라 지하철을 타고 무선 전자 장비의 중심지인 커낼(Canal) 가로 갔다. 우리는 눈에 보이는 첫 번째 상점으로 들어갔다. 나는 점원에게 다가가 가변 축전기가 필요하다고 배짱 좋게 말했다. 그리고 점원의 대답은 간단했다.

"크기는?"

이 질문 한 방에 내 정체가 들통 났다. 나는 어떤 크기가 필요한지 모를 뿐만 아니라 애초에 그 물건을 어디에 쓰는지도 모른다고 실토했다. 가변 축전기를 원하는 이유를 차근차근 설명하자 점원은 친절하게도 내게 꼭 필요한 물건을 15센트에 내주었다.

이제 필요로 하는 부품들을 모두 손에 넣었다. 나는 제작 도안

대로 광석 라디오를 조립했다. 그리고 가변 축전기로 주파수를 찾은 뒤 연필심과 면도날로 조율했다. 갑자기 음악이 터져 나왔다. 나는 이어폰을 통해 흘러나오는 '공짜' 음악에 깜짝 놀랐다. 정말 놀라웠다. 따로 전원을 꽂지 않았는데도 음악이 흘러나온 것이다! 그야말로 마법 같았다. 이 모든 과정은 나를 완전히 사로잡았다!

그 당시 나는 엔지니어가 되리라고는 예상하지 못했다. 그러나 그 무렵부터 전자 기기를 만지작거리기 시작했고, 라디오 관련 책자를 탐독했으며, 찾을 수 있는 모든 라디오를 해체하고 다시 조립했다. 공학이 무엇인지도 모르는 상태에서 전자 공학을 독학했던 것이다. 여섯 살 때 만든 그 광석 라디오는 내 인생의 중요한 터닝 포인트였다. 나는 결국 엔지니어가 될 운명이었고, 그 선택은 내가 알아채기도 전에 벌써 이루어졌다.

나를 현재로 이끈 건 재미와 도전, 그리고 마법의 힘이었다.

● IT 전문가 ǀ 레너드 클라인록

41
어떤 기회주의자의 성공

인생을 바꾼 터닝 포인트에 대한 글을 요청받았을 때 특정 사건을 떠올리기는 힘들 거라 생각했다. 나는 '성공에는 비결이 없다'는 말을 믿기 때문이다. 그저 열심히 일하고 자신의 일을 좋아하는 것이 성공의 비밀이다! 그래도 특정 분야에서 성공할 수 있었던 비결을 굳이 하나 꼽으라면 나의 '기회주의적인 성격'을 말하고 싶다.

다시 말하지만 나는 인생의 터닝 포인트가 된 사건을 떠올릴 수 없다. 다만 지금의 나를 만들어준 시간에 대해서는 얘기할 수 있다. 때는 1995년 4월. 그해 4월에 두 사건이 일어났다. 그 당시 나는 그 기회를 잡으려고 노력했고, 덕분에 지금의 내가 될 수 있었다. 고마운 일이다.

1995년 4월 3일, 나는 워릭 대학의 영국 심리학회 연례 콘퍼런스에서 「테크놀로지 중독: 새로운 시대의 심리학 연구」 논문을 발표했다. 슬롯머신과 비디오 게임 중독에 대한 연구들을 총괄한 것이었다. 나는 논문에서 'TV 중독'과 (해킹과 프로그래밍 등의) '컴퓨터 중독' 또한 이론적으로 유사한 중독 활동이라고 추정했다.

사실 그날 논문을 발표하게 된 계기는 이렇다. 콘퍼런스가 열리기 2주 전, 플리머스 대학에서 내 심리학 강의를 듣던 친구 중 하나가 《뉴욕타임스》에 발표된 3월 8일자 기사를 건네주었다. 「중독의 매력과 온라인 인생」이라는 인터넷에 매료된 사람들에 대한 기사였다. 이 신종 '중독'은 기술 중독에 관한 내 정의, 즉 과도한 인간과 기계의 상호 작용이 중독의 새로운 영역에 포함된다는 주장과 잘 맞아떨어졌다.

사실 나는 인터넷 초보였다. 컴퓨터 문맹이라고 보아도 좋았다. 콘퍼런스에서 논문을 발표하기 직전 나는 한 온라인 중독 토론회에 가입해 '인터넷 중독'에 대한 의견을 구했다. 그리고 며칠 만에 자신이 인터넷에 중독되었다고 여기거나, 인터넷에 중독된 사람을 안다고 주장하는 사람들에게 대여섯 통의 답신을 받았다. 개중에는 남편이 타국에 관심이 많은 여자와 인터넷으로 하루 종일 대화를 나눈다는 여성도 있었다.

나는 온라인 토론 그룹에서 받은 이메일을 논문에 인용했고,

발표를 마친 직후 기자 회견에 참석해달라는 요청을 받았다. 회견장에 나타난 기자들은 슬롯머신이나 비디오 게임 중독에는 관심이 없었다. 모두들 인터넷 중독에 대해 더 많은 정보를 얻고 싶어 했다. 그러나 나는 아직 인터넷 중독에 관해 과학적 연구를 하지 않은 상태였다.

인정할 건 인정해야겠다. 나는 인터넷 중독이 실제로 존재하는 것인지 숙고하지 않고, 남편의 온라인 불륜으로 결혼이 파탄 난 여성 이야기를 기자 회견에서 했다. 다음 날 나는《Daily Express(데일리 익스프레스)》를 비롯한 여러 신문에 등장했다. "컴퓨터 마니아인 남편과 이혼하다'라는 다소 선정적인 기사 제목과 함께. 그리고 곧바로 영국의 유명한 교육 잡지《Times Higher Education Supplement(타임스 대학 교육)》으로부터 인터넷 중독 심리에 관한 글을 써달라는 요청을 받았다.

4월 7일, 내가 보낸 기사가 잡지에 실렸다. 나는 이 기사를 인터넷 중독에 대한 소규모 연구 지원 기금을 신청하는 데 활용했다. 지원금을 받아 시행한 연구는 1997년 시카고 전미심리학협회(American Psychological Association) 연례 콘퍼런스에서 발표했다. 그 발표 덕분에 제인 가켄바흐(Jayne Gackenbach) 박사의 저서 『Psychology and the Internet(심리학과 인터넷)』에 들어갈 인터넷 중독에 관한 글을 요청받았고, 나머지는 알려진 대로다. 현재 나는 전 세계에서 가장 많은 인터넷 중독 관련 논문과 기사를 작성한 사람이다.

또 하나의 기회가 찾아온 것도 이와 비슷한 시기였다. 1995년 3월 국립 복권청의 운영진인 캐멀롯 그룹은 긁는 방식의 즉석 복권을 영국 도박 시장에 도입했다. 즉석 복권이 도입되자마자 영국의 언론 매체들은 내게 이 신종 도박의 잠재적·심리적 영향에 대해 논평해달라고 요청했다.

언론의 관심을 등에 업은 나는 영국의 대표적 일간지 《타임스》에 짧은 편지 형식을 글을 써서 보냈다. 긁는 형식의 즉석 복권을 '종이 슬롯머신'으로 비유한 내용이었다. 실제로 높은 구매 빈도, 거의 당첨될 뻔했다는 사행 심리, 조작적 조건 형성 등 즉석 복권의 심리 메커니즘은 슬롯머신과 유사했다. 게임 기계에 관해 발표한 논문에도 이미 강조된 내용이었다.

운 좋게도 내 편지는 4월 19일자 신문에 실렸다. 그리고 그날 오후 늦게 런던에 본사를 둔 한 라디오 방송국에서 이튿날 아침 방송에 출현해달라는 요청을 받았다. 즉석 복권의 잠재적 중독성에 관한 내 인터뷰는 4월 20일 아침 6시 50분에 라디오를 통해 흘러나왔고, 방송이 나간 뒤 영국 전역의 다른 라디오 방송국에서 인터뷰 요청이 쇄도했다. 그로부터 한 달 동안 나는 15건이 넘는 인터뷰를 했고, 복권을 다룰 줄 아는 '중요한 전문가'가 되었다. 유일한 문제는 내가 《타임스》에 실린 편지를 빼고는 즉석 복권에 대해 아무런 글도 쓴 적이 없다는 사실이었다.

나는 신종 복권 분야에 대해 더 심층적으로 연구하기로 마음

먹고 학술 논문을 써서 《Education and Health(교육과 보건)》이라는 학술지에 보냈다. 편집자는 논문을 받아주었고 몇 개월 뒤 지면에 발표되었다. 10월 25일, 노동당 국회 의원 린 존스(Lynne Jones)는 내 논문을 간추린 형식으로 국회 의사록에 인용했다. 이러한 보도와 인용을 근거로 나는 다시 연구 보조금을 지원했고, 긁는 형태의 청소년 복권에 대한 3년치 연구 기금을 확보했다. 이 기금은 청소년 도박을 우려하는 단체들로부터 나온 것이었다. 그 이후 나는 청소년들의 복권 구매 행태에 관한 수많은 학술 논문을 발표했으며, 결국 청소년 복권은 나의 연구 분야 중 하나가 되었다.

앞에서 이야기한 두 가지 사건은 준비된 자가 성공을 거머쥔다는 사실을 보여준다. 자신에게 찾아오는 기회를 이용할 준비만 되어 있다면 언제든 큰 변화를 맞이할 수 있다. 내게 찾아왔던 미디어 활용 기회를 포착하지 못했다면 인터넷 중독과 복권 중독 연구도 시작하지 못했을 것이다. 되돌아보면 1995년 4월은 내 학문의 터닝 포인트였지만 당시 나는 그 사실을 깨닫지 못했다.

● 심리학자 ｜ 마크 그리피스

42
레오나르도 다빈치의 유산

방영되지 못한 TV 프로그램 하나가 내 학문적 여정을 근본적으로 바꾸어놓았다. 1966년, BBC의 한 수습 프로듀서는 레오나르도 다빈치의 '물 드로잉'에 대한 프로그램을 졸업 작품으로 제작하기로 결정했다. 부끄러운 이야기지만 그 프로듀서의 이름은 아무래도 기억이 나질 않는다. 그 프로듀서는 처음부터 프로그램을 방송용으로 제작할 생각이 없었기 때문이다.

수습 프로듀서도 필시 처음엔 에른스트 곰브리치(Ernst Gombrich) 경이나 존 셔먼(John Shearman)을 비롯한 학계의 '거물'들에게 접근했을 것이다(나는 이들과 함께 수학했다). 그리고 이들은 당연히 방영되지도 않을 프로그램에 시간을 빼앗기고 싶지 않았을 것이다. 아마 자문 대상의 맨 아래 어디선가 내 이름이 거론되었으리라.

그때 나는 르네상스 미술에 대한 대학원 졸업 논문을 막 끝낸 터였다. 사실 나는 논문을 준비하면서 내용이 어려운 레오나르도 다빈치만큼은 늘 피해왔다. 그런데도 이 수습 프로듀서가 자문을 해달라고 요청한 것이다. 어깨가 으쓱해질 만한 일이었다.

물의 역학에 대한 레오나르도의 시각적·언어적 설명은 복잡하기로 유명하다. 곰브리치는 친절하게도 우리의 문제 해결을 돕기 위해 자신의 미발표 논문을 공개해주었다. '물과 공기의 운동 형식'에 관한 논문이었다(「레오나르도의 유산」, 1969). 그 논문을 읽고 있자니 내가 있을 자리를 찾았다는 느낌이 들었다.

이 논문에서 곰브리치는 다빈치의 드로잉을 '과학'이나 '미술'이라는 범주에 상관없이 시각 연구의 주제로 다루었다(나는 훗날 이 연구를 '시각의 역사'라고 칭하기도 했다). 사실 나는 이미 곰브리치의 저서 『Art and Illusion(예술과 환영)』을 통해 그가 분야를 넘나드는 사학자라는 사실을 알고 있었다. 그는 이 책에서 라파엘로(Raffaello Sanzio)의 원형 구도 회화 「걸상에 앉은 마돈나(Madonna della Sedia)」를 원형 회전식 전기면도기를 다룬 대중적 광고와 나란히 비교하기도 했다.

에른스트 곰브리치의 연구 방식은 19세기부터 엄격히 규정되어온 '학문적 분야'라는 경계에 얽매이지 않는 것이었다. 그런 이유로 그는 초인적 관찰력의 산물로 간주되어왔던 다빈치의 스케치들도 과학 이론으로 증명할 수 있었다. 그가 밝혀낸 바에 의하면 다빈치의 드로잉에 나타난 물의 소용돌이는 아리스토텔레스의 물리학 규정에 근거한 것이었다.

나는 또한 곰브리치의 저서에서 기존의 가설이나 모델, 관찰 데이터를 시각적으로 검증하는 '창조와 비교(making and matching)' 과정을 읽은 바 있었다. 곰브리치는 이 과정을 설명하며 철학자 칼 포퍼(Karl Popper)의 글에 나오는 가설과 반증 이론을 소개했다. 그리고 우리는 다빈치의 물 드로잉을 통해 그가 과학적 법칙에 따른 운동 패턴을 '창조'했을 뿐만 아니라, 소용돌이 치는 물을 통제된 실험 환경 내에서 검토하며 '비교'했음을 확인할 수 있었다. 곰브리치는 그 과정을 추적하면서 다빈치가 '투사체의 운동을 지탱하는 것은 교란된 공기'라는 아리스토텔레스의 운동 이론을 어떤 방식으로 비판하고 극복했는지 입증했다.

수습 프로듀서는 프로그램에서 다빈치의 '비교' 작업을 현대식으로 모방하고 싶어했다. 그 작업을 수행한 사람은 런던 대학의 어느 물리학자였다(애석하게도 그의 이름 역시 기억나지 않는다). 그는 일련의 실험을 고안해서 다빈치가 기술했던 물의 움직임을 재현해냈다. 내가 기억하는 바에 의하면 그 실험은 꽤 효과가 좋았다. 그 물리학자가 만든 물의 흐름과 다빈치의 드로잉은 구분이 어려울 정도였다. 그만큼 다빈치의 드로잉이 훌륭했다는 얘기다. 정말 기분

좋은 일이었다.

그러나 훗날 나는 곰브리치가 다빈치 역학을 이해할 수 있는 핵심적 열쇠를 놓쳤다는 사실을 알아냈다. 곰브리치는 다빈치 역학의 뿌리를 아리스토텔레스라고 말했으나, 실은 중세 역학 이론에서 비롯된 것이었다. 중세의 운동 이론에 의하면 특정한 힘이 움직이는 물체에 작용하면 물체는 그만큼 추진력(impetus)을 얻었다. 그리고 그 추진력은 물체가 정해진 시간 내에 정해진 공간을 따라 움직이면서 감속하는 물체의 운동을 지배했다.

그럼에도 불구하고 곰브리치가 모든 점에서 옳았는가 하는 문제는 내게 중요하지 않았다. 다빈치에 관한 세부적인 기술도 마찬가지였다. 나는 다빈치에 관한 곰브리치의 논문을 읽으며 모든 시각 이미지의 발생에 대한 근원적인 질문과 방법론을 얻었다.

학문 간에 구축된 울타리를 뛰어넘을 자유. 이 문제는 40년 넘는 세월 동안 내 사유와 저작에서 중요한 화두로 작용했다. 다빈치에 대한 글도 마찬가지였다. 다빈치를 다룬 저작에서 나는 이 위인의 다양성을 강조하는 작업보다는 다양한 활동을 통합해주는 핵심에 도달하기 위해 노력했다. 미술 과학에 대한 다른 저작들도 마찬가지였다. '미술 과학'은 원근법, 광학, 해부학의 시각과 역사, 그리고 더 광범위하게는 미술과 과학이 공유하는 직관을 다루는 학문이다. 그 TV 프로그램을 만들던 당시, 나는 내가 10년 넘는 세월 동안 과학 학술지 《Nature(네이처)》에 미술 과학에 관한 글을 정기적으로 쓰게 될 거라고 상상도 하지 못했다.

언젠가 런던에서 미술사, 과학, 심리학을 넘나드는 곰브리치의 특별한 강의를 듣게 될 기회가 있었다. 강의가 끝나고 곰브리치에게 인사를 하러 갔을 때, 나이 든 청중 한 사람이 곰브리치에게 이런 질문했다. "교수님은 대체 필드(field)가 어디십니까?" 그는 곰브리치의 광범위한 강의에 충격을 받은 것 같았다. 곰브리치는 특유의 비엔나식 억양으로 대답했다. "아, 필드요? 그런 건 당나귀나 갖는 거죠(Donkeys have fields)."

* 영어에서 필드는 연구, 전공 분야라는 뜻과 울타리를 친 동물 양식용 들판이라는 뜻을 동시에 가지고 있다

● 미술사학자 ㅣ 마틴 켐프

43
과학자가 행운을 만나는 방법

> 행운은 준비된 자가 기회를 만날 때 온다.
> – 세네카, 고대 로마의 철학자

행운은 준비를 필요로 하지만, 준비조차도 우연일 때가 종종 있다. 1990년까지 약 20년 동안 나는 의사이자 연구자로서 인간의 노화 현상을 이해하려고 애쓰고 있었다. 내 연구실에는 실험용 쥐가 있었고, 조로증에 걸린 거의 모든 어린이들의 사례를 알고 있었으며, 관련 문헌도 다수 갖고 있었지만 해답은 요원했다.

문제는 관점이었다. 광범위한 데이터와 수많은 이론이 있었지만, 어떤 방향을 선택하더라도 전혀 들어맞지 않는 데이터는 늘 있었다. 많은 자료를 일관성 있게 엮어낼 수천 가지의 작동 방식과 수십 가지의 아이디어가 있는 것이나 마찬가지였다. 누군가 이 자료들을 하나로 꿰맬 기능적 장치를 고안해냈다 하더라도, 이러한 장치에 속하지 않는 수백 가지 데이터는 여전히 남아 있었다. 조심스럽게 고안한 장치가 실제로는 작동하지 않는 경우도 있었다.

코끼리 더듬는 장님 이야기의 고전적 사례가 될 만한 문제였다. 장님들은 각자 코끼리를 정확히 묘사했지만 모두 부분적인 것일 뿐이었고, 아무도 총체적으로 그려내지는 못했다. 데이터를 모은 사람들도 분명 성실하고 지적인 사람들이었을 것이다. 그 데이터를 '노화'라는 관점에서 꿰매려는 사람들도 충분히 준비된 상태였겠지만, 결과적으로 성공하는 사람은 없었다.

여러 문제 가운데 하나는 거의 모든 사람이 노화를 '그냥 일어나는' 수동적인 과정으로 느낀다는 것이었다. 다들 이렇게 말하는 것 같았다. "무얼 기대하는 거야? 사람들은 그냥 나이가 드는 거잖아." 하지만 그것은 설명이라기보다는 논점 회피에 가까웠다. 만약 나이가 들었다는 이유로 노화가 진행되는 거라면, 그 노화를 일으키는 것은 무엇인가?

우리는 다른 동물들이 다른 비율로 늙어간다는 사실, 심지어는 다른 사람들이나 신체의 다른 부분들도 서로 다른 속도로 노화가 이루어진다는 것을 알게 되었다. 더욱 충격적인 사실은 생식 세포계(정자와 난자 세포)나 일부 기관은 아예 노화가 진행되지 않는다는 점이었다. 노화는 시간이 흐르면서 '그냥 일어나는' 현상이 아니었다. 어떤 경우에는 노화가 진행되지 않거나 다른 기이한 방식으로 이루어지는 경우도 있었다. 하지만 대다수의 학자들은 허공에서 허우적거리다 결국 노화를 '누적된 손상' 탓으로 돌렸다. 그 손상을 어떤 식으로 볼 것이냐에 대해 입장이 달랐다 해도 결론은 늘 같았다.

1990년대 초반, 우리는 바로 이 지점에 멈춰 있었다. 좌절과 혼란 속에서도 나는 노화에 대한 임상 교재를 쓰기로 결정했다. 교재에서 우리가 아는 부분을 설명하되 '코끼리'에 대한 총체적 관점이 없다는 사실을 강조했다. 나는 내가 묘사할 수 있는 코끼리의 부분들을 그렸고, 시각을 넓힐 수 있는 방법을 제안했으며, 언젠가 문제 전체를 보리라는 희망을 제시했다. 그러면서 계속 자료를 모으고 노화를 주제로 하는 콘퍼런스에도 참가했다. 최신 연구에 대한 정보를 얻고 다른 이들과 토론하는 기회를 갖기 위해서였다.

1993년, 나는 수백 명의 의사와 연구자가 캘리포니아 타호 호수에 모이는 사흘 간의 콘퍼런스에 참가했다. 그리고 이 행운의 사흘 동안 문제를 풀수 있는 기회를 만났다.

콘퍼런스 자체는 지루했지만 참가자들은 대부분 근사한 사람이었다. 노화에 관한 교재를 이미 저술한 사람도 만났다. 내가 쓰려던 책보다 더 훌륭한 듯했다. 그러나 그 책 역시 일반적인 노화 데이터를 나열하고 기술했을 뿐 색다른 길을 제시하지는 못했다.

다행인 점은 내가 그의 이야기를 들으며 막다른 골목에 좌절하기보단 이 문제를 해결해야 한다는 열정에 불타올랐단 사실이다.

나는 나름의 준비가 되어 있었다. 임상 의학 수련을 받은 사람들과 연구 수련을 받은 사람들 사이에서 의사소통을 중재할 수 있었기 때문이다. 임상의들은 서던법(Southern Blots, DNA단편에서 특정 염기 배열을 가진 조각을 검출하는 방법) 같은 틀에 박힌 연구 절차를 믿지 않았던 한편, 연구자들은 비(非)스테로이드 약물을 사용하는 판에 박힌 치료 요법을 신뢰하지 않았다. 나는 대부분의 시간을 두 집단 사이의 소통을 촉진시키는 데 할애했지만, 인간 노화에 대한 단서는 찾을 수 없었다.

그러던 어느 날 오후 기회가 찾아왔다. 대학 연구실을 떠나 생명 공학 업계로 갔던 젊은 연구원 칼 할리(Cal Harley)가 내게 말단소립(telomeres, 세포 분열을 담당하는 DNA 조각)에 대한 이야기를 해준 것이다. 나는 세 가지 사실에 큰 충격을 받았다.

첫째, 할리의 데이터는 놀랄 만큼 훌륭했다. 그의 일관성 있는 데이터는 산발적인 데이터를 제시한 뒤 억지로 상관관계를 만드는 기존 학자들의 주장과 달랐다. 그는 주의 깊게 데이터를 연구했고, 그 데이터는 현실로 드러났다. 둘째, 할리는 놀랍도록 주도면밀한 연구자였다. 질문을 받아도 절대 머뭇거리거나 얼버무리지 않았고, 데이터가 보여주는 것 이상의 발언도 하지 않았으며, 그 이상의 주장도 펼치지 않았다. 데이터는 단지 데이터일 뿐이었다. 그는 대담한 이론을 주장하지 않았다. 그저 더도 덜도 아닌 실제 세계만을 보여주었다.

세 번째 충격은 계시에 가까웠다. 내가 인간 노화에 대해 아는 모든 것을 집약한 데이터가 그에게 있었던 것이다. 한 시간도 채 지나지 않아 나는 산발적인 데이터 더미와 형이상학적인 이론의 구렁텅이에서 벗어났다. 노화가 어떤 과정으로 작동하는지, 그것이 우리가 이미 알고 있는 현상들을 어떻게 설명하는지, 그리고 앞으로 무엇을 할 수 있는지에 관한 이해의 영역으로 들어섰다. 노화 관련 질환의 원인과 예방법에 대한 단서를 얻은 것이다.

열쇠는 말단소립이 세포의 노화를 통제하는 방식에 대한 새로운 데이터였다. 많은 사람이 이 데이터를 무시했지만(결국 말단소립 또한 세포였기 때문이다) 나는 의사였기 때문에 세포라는 생명의 작은 단위가 어떤 식으로 질병에 관여하는지 알고 있었다. 사람들은 말단소립보다 유리 라디칼(radical), 단백질의 글리코실화(Glycosylation), 미토콘드리아와 과산소 디스뮤타아제(SOD), 유전자 돌연변이 등의 진부한 주제에만 관심을 보일 뿐이었다.

심지어 할리조차도 그날 저녁 나누었던 대화에서 자신의 데이터가 지니는 중요성을 과소평가했다. 타고난 겸손함과 주의 깊은 성격 때문에 데이터 이상의 과감한 추정을 하지 못하는 듯했다. 수치에 대해 말해보라는 나의 강요에 못 이겨 '노화 현상의 15퍼센트 정도가 말단소립 단축 때문인 것 같다'고 인정할 뿐이었다. 그렇게 마침내 나는 생물의 노화를 설명할 수 있는 근본적인 키워드를 발견했다.

그와 함께한 한 시간 만에 내 인생이 바뀌었다. 나는 이제 우리의 미래를 보기 시작했다. 새로운 관점에서 노화는 더 이상 '그냥 일어나는' 사건이 아니었다. 노화의 작용 방식을 알면 진행을 멈추거나 되돌릴 수 있는 방법을 찾을 수 있었다. 지금까지 불가피하다고 여겨졌던 노화 관련 질환을 예방하거나 치료할 수 있게 되는 것이다. 이제 문제는 사람들에게 삶을 되돌려주기 위해 어느 부분에 얼마나 효과적으로 개입할 것인가가 되었다. 이후 몇 년 동안 우리는 그 실현 가능성을 입증했고, 여전히 가장 효과적인 접근법을 찾아내기 위해 노력하고 있다.

* 이 글은 출간 예정인 『Telomerase Therapy』에서 발췌·요약한 것이다.

● 노화학자 | 마이클 포셀

44
본능적인 직감

　　내 인생의 수많은 터닝 포인트 중 하나만 꼽을 수는 없다. 내게 일어났던 변화는 매우 점진적인 것이었다. 언젠가 나의 외양이나 행동이 변했다는 사실을 새삼 깨닫고 깜짝 놀랐을 정도다. 그만큼 나의 변화는 눈에 띄지 않을 만큼 천천히 일어났다. 그럼에도 불구하고 마음속에 떠오르는 한 가지 터닝 포인트가 있다.

　　나는 영국에서 대학을 졸업한 뒤 하버드 대학에서 정치학 박사 과정을 밟기 시작했다. 미국 생활은 매우 즐거웠고 근사한 친구도 몇 명 사귀었다. 하지만 나는 곧 학문이 나와 맞지 않는다는 사실을 깨달았다. 정치학이라는 좁은 관심 분야를 주제로 학생들 앞에 서기 전에 긴 시간을 준비하는 일은 나와 어울리지 않았다. 학위를 얻으려면 많은 노력을 기울여야 했지만, 이런 노력 자체가 학위의 가치를 증명해주는 것은 아니라는 생각이 들었다. 본능적인 직감이었다.

　몇 달 뒤 나는 학위를 포기하기로 결심했다. 쉽지 않은 결정이었다. 특히 하버드 대학의 엄청난 명성 때문에 더욱 그랬다. 몇몇 친구들은 내가 끔찍한 실수를 저지르는 거라고 생각했다. 하지만 결정을 내렸던 순간부터 지금까지 단 한 번도 내 선택을 후회한 적은 없다. 지금 내가 쓰는 글에서 느끼는 만족감은 대학에서 느끼던 만족감과는 비교가 불가능할 정도로 크다. 물론 하버드 대학이나 학자적인 삶을 비판하자는 건 아니다. 그 일은 단지 내게 어울리지 않았을 뿐이다.

　내가 그 결정을 통해 분명히 알게 된 사실은 자신에게 맞지 않는 길을 가고 있을 때 '변화를 시도할 수 있는 능력'은 매우 중요하다는 것이다. 설사 지금 가고 있는 길이 부와 명망을 보장해준다고 하더라도, 다른 사람들이 당신의 결정을 이해하지 못한다 하더라도 마찬가지다. 자신이 누구의 가치를 따라 살고 있는가, 누구의 목표를 이루려고 애쓰고 있는가를 자문하는 일은 세상 무엇보다 중요하다.

　당신은 자신이 정한 목표와 가치를 따르고 있는가? 아니면 사회나 부모님, 친구들이 정한 가치를 따르고 있는가? 사람들이 좋다고 인정하는 목표를 따라 살면서 그것이 진정 가치 있는 삶이라고 믿어버리지는 않았는가? 자신의 목표와 다른 사람들의 목표를 동일시하는 것은 인지 부조화다. 물론 인생을 살면서 결점 없이 완벽한 길을 갈 수는 없다. 그러나 제 길을 벗어났을 때 경로를 수정하는 방법만큼은 배울 수 있다.

박사 학위 과정을 시작했던 일은 결코 후회하지 않는다. 설사 그것이 잘못된 선택이었다 해도 말이다. 만약 그런 실수를 하지 않았더라면 이 귀중한 교훈도 얻지 못했을 것이다. 사실 나는 여전히 '내가 실은 학자가 되었어야 했다'는 후회를 숨기며 살아가는지도 모른다.

● 저널리스트 | 올리버 버크먼

45
예정된 우연들

고등학교를 졸업하고 음대에 들어갔다. 아버지가 목사였던 관계로 교회에서 피아노를 쭉 연주했기 때문이다. 다른 전공에 대해서는 아는 바가 없었고 그래서 결국 피아노를 전공으로 선택했다.

그런데 대학 기숙사에 들어갔을 때 한 편의 영화 같은 사건이 일어났다. 고등학교 시절 나는 친구들과 함께 8밀리미터 비디오카메라로 영화를 찍는 취미를 갖고 있었다. 물론 오스카상을 탈 만한 수준도 아니었고 생업으로 영화판을 드나들겠다는 생각도 없었지만, 그래도 그때 만든 영화들은 제법 봐줄 만했다. 우리는 범죄 영화나 공상 과학 영화, 심지어 전쟁 영화도 만들었다. 그런 이유로 대학에 갈 때에도 자연스레 비디오카메라를 지니고 갔다. 혹시 대학에서 영화 촬영에 관심 있는 친구를 만날 수 있을까 해서였다.

기숙사에서 짐을 풀다가 내가 만든 필름 몇 개를 바닥에 떨어뜨렸다. 복도 건너편에 있던 한 친구가 필름을 보더니 자기가 영화 관련 수업을 듣는데, 괜찮으면 필름 편집하는 법을 알려주겠다고 했다. 나는 그때까지도 필름을 자르고 붙이는 기술에 대해 몰랐기 때문에 그의 제안이 몹시 반가웠다.

그날 밤 그 친구와 나는 두세 시간 정도 필름 편집 작업을 했다. 그때 옆에서는 영화학과의 한 교수가 프로젝트 때문에 늦게까지 작업을 하고 있었다. 처음엔 그가 교수인지도 몰랐다. 그는 우리 어깨 너머로 편집 작업을 지켜보더니 이튿날 내 영화를 수업 시간에 상영해도 되겠냐고 물었다. 2년에서 3년 동안 영화 수업을 들어도 내 영화 정도의 수준에 못 미치는 학생이 많다는 것이었다. 나는 우쭐해졌다. 그래서 교수의 부탁을 받아들이며 강의실 뒤에 앉아 학생들의 반응을 보게 해달라고 말했다.

다음 날 그 교수는 내 영화를 수업 시간에 상영했다. 특별할 게 없는 영화였는데 학생들은 내 영화의 내용과 기법에 대해 열띤 토론을 벌이기 시작했다.

그 순간 나는 한 줄기 섬광 같은 것을 맞은 느낌이었다. 나는 그 느낌에 완전히 매료되었다. 내 인생에서 그렇게 선명한 순간은 여지껏 없었다. 만일 내가 비디오카메라를 이용해 사람들이 이야기를 나누게 할 수 있다면 그것이야말로 내가 평생 할 일이라는 생각이 들었다. 그날 오후 나는 곧장 대학 행정실로 가서 미디어로 전공을 변경했다. 그리고 지금까지 단 한 번의 후회도 없이 미디어 제작자의 길을 걸어왔다.

많은 세월이 흘렀고 나는 여전히 같은 길 위에 있다. 나는 비디오카메라와 함께 전 세계 50개국 이상을 누볐고, 캘리포니아의 버뱅크(Burbank)에 '쿡 픽쳐스(Cooke Pictures)'라고 하는 미디어 제작 회사를 운영하고 있다. 내 영화를 높이 평가해준 교수와 내 영화를 보고 열띤 토론을 벌여준 영화과 학생들에게 고마움을 전한다. 그날 강의실에서 벌어졌던 그 영화 같은 사건은 내 인생 여정을 완전히 바꾸어놓았다.

● **프로그램 제작자 ǀ 필 쿡**

46
마케팅을 발견하다

우리는 모두 자신의 삶에 깊은 영향을 미친 여러 개의 터닝 포인트를 알고 있다. 나로 말하자면 낸시(Nancy)를 아내로 맞은 일, 노스웨스턴 대학 켈로그 경영 대학원에서 탁월한 사람들(특히 피터 드러커[Peter Drucker])을 만난 일 등을 들 수 있다. 그중에서도 인상적인 터닝 포인트를 꼽자면 1년짜리 하버드 교육 프로그램에 참가했던 경험이다.

이 프로그램은 내 인생을 바꾸어놓았다. 나는 고전 경제학자에서 행동 경제학자로 변모했다. 행동 경제학자는 경제적 결정을 내릴 때 합리성이라는 가정을 포기하는 사람이다. 그때 나는 100년의 역사를 지닌 마케팅 분야로 들어섰다. 그리고 마침내 마케팅 과학이 행동 경제학의 또 다른 이름이라는 사실을 깨달았다.

때는 1960년대 초, 엄청난 동요와 문화적 격변의 시대였다. 냉전이 한창이었고, 베트남전이 시작되고 있었다. 환경 문제, 인종 차별, 언론 자유, 향정신성 약물 등이 쟁점으로 떠올랐다. 비틀즈와 팝 음악이 나타났고, 히피 문화와 청년 문화가 꽃피우기 시작했다. 나는 이 시기에 위세를 떨친 신좌파에 마음이 기울어져 있었다.

나는 MIT에서 박사 학위를 받은 뒤, 고향인 시카고에 있는 루즈벨트 대학에서 교편을 잡았다. 루즈벨트 대학은 제2차 세계 대전이 끝난 뒤 엘리어 루즈벨트(Eleanor Roosevelt) 영부인의 후원으로 설립되었으며, 다양한 문화를 지향하는 활발한 학풍을 지닌 곳이었다. 나는 그곳에 있던 저명한 두 경제학자 아바 러너(Abba Lerner)와 월터 웨이스코프(Walter Weiskopf)에게 매료되었다. 이들은 모두 나치의 대학살을 가까스로 피하고 미국으로 이주한 사람들이었다. 학생을 가르치는 일은 즐거웠다. 학생들 역시 대다수가 대학 교육을 통해 아메리칸드림을 이루고자 하는 이민 1세대였다.

2년 뒤, 나는 포드재단이 경영학과 교수들의 연구 능력을 향상시키기 위해 고등 수학(미적분, 선형 계획법, 행렬 대수법 등)을 가르치는 1년짜리 특별 과정을 하버드에서 운영한다는 소식을 들었다. 포드재단은 50명의 유망한 경제학자와 경영학과 교수를 선발하고 있었다. 나는 프로그램에 지원했고 운 좋게 뽑혔다. 아내에게 1960

년 한 해 동안 하버드에서 고등 수학을 배우기 위해 보스턴으로 떠나야 한다고 말했다.

포드재단은 하버드 대학 외부에서 세 명의 탁월한 수학 교수를 선발한 뒤, 하버드의 하워드 라이파(Howard Raiffa) 교수와 함께 비즈니스 결정을 내릴 때 필요한 고등 수학 적용 방법을 가르치게 했다. 무엇보다도 나는 이 프로그램에 선발된 다른 50명의 교수들에게 깊은 인상을 받았다. 그들은 회계, 재정, 경영, 운영, 마케팅, 사업 전략 등 경영의 다양한 분야를 대표하는 이들이었다.

1년 과정 동안 여러 소그룹이 형성되었다. 나는 추첨에 따라 마케팅 그룹에 속하게 되었다. 나와 같은 그룹에 속한 학자들은 실제로 마케팅이 어떻게 작용하는지에 대해 이제까지 내가 배운 경제학보다 더 통찰력 있는 정보를 제공해주었다. 경제학자들은 수요와 공급에 의해 가격이 결정된다고 이야기하지만, 실제 어떤 방식으로 정해지는가에 대해서는 거의 말하지 않는다. 가격은 생산자에서 도매업자로, 또 소매업자로, 그리고 최종 소비자로 가면서 계속 변하는 것이기 때문이다. 또 경제학자들은 광고, 세일즈 프로모션, 홍보 등 기업의 지출이 어떻게 수요 곡선을 변화시키는지도 말하지 않는다. 브랜드가 어떻게 구축되고 가격과 소비자의 선택에 영향을 끼치는지도 알려주지 않는다.

내가 속한 마케팅 그룹에는 노트르담 대학에서 온 제리 매카시(Jerry McCarthy)도 있었다. 그는 훗날 4P 마케팅 믹스 접근법을 다룬 최초의 마케팅 교재를 출간한 인물이다. 퍼듀 대학의 프랭크 배스(Frank Bass)는 신제품의 라이프사이클 곡선을 예측하는 수학적 모델을 만들어낸 인물이고, 오하이오 주립 대학에서 온 로버트 버젤(Robert Buzzell)은 나중에 하버드 대학으로 옮겨 상이한 마케팅 전략이 이윤에 미치는 영향을 계량화하는 데 업적을 쌓은 인재였다. 퍼듀 대학에서 온 에드 페서미어(Ed Pessemier)는 제품 관리 이론을 발전시켰고, 미시간 주립 대학의 윌리엄 레이저(William Lazer)는 소비자 라이프스타일 이론에 혁혁히 공헌한 인물이다.

나는 쟁쟁한 교수들이 속한 이 마케팅 그룹에 참여하게 되어 무척 기뻤다. 그들은 자신의 마케팅 분석에 적용되는 수학적 기술을 분주히 공부했다. 그리고 우리는 이미 출간된 논문 중에서 수학 분석을 마케팅 분야에 응용한 내용을 찾아 첫 번째 논문집을 출간했다.

이때의 활동이 내게 끼친 영향은 두 가지 측면에서 매우 심오한 것이었다. 첫째, 노동 경제학에서 마케팅 경제학으로 연구 분야를 바꾸기로 결심했다. 둘째, 마케팅에 영향을 미치는 수학의 힘을 믿게 되었다. 그리고 그 기세를 몰아『Marketing Decision Making』(국내 미출간)이라는 책의 초고를 썼다. 당시에는 이 책이 14쇄를 넘겨 찍고, 세계에서 마케팅 분야를 주도하는 교재가 되리라고 짐작도 하지 못했다.

● 마케팅 경영학자 | 필립 코틀러

47
Re-thingking

「2001 스페이스 오디세이(2001: A Space Odyssey)」라는 영화를 본 후 나는 인공 지능 분야에 관심을 갖게 되었다. 인공 지능을 만들고 싶었던 이유는 단순히 그런 기계를 갖고 싶어서가 아니었다. 인간의 작업을 제대로 이해하지 못하는 컴퓨터에 싫증이 나 있었고, 이와 반대로 인간의 사유가 작동하는 방식에 매료되었기 때문이다. 컴퓨터는 인간의 사유를 모방하는 시뮬레이션 장치가 될 수 있으리라 생각했다. 그러면 컴퓨터는 지적인 존재처럼 보일 것이고 쓸모도 상당할 것이었다.

언어학을 공부하는 대학원생이었던 나는 인간과 문자로 소통하는 컴퓨터를 꿈꿨다. 그래서 어떻게 컴퓨터가 글을 읽을 수 있을까 고민했고, 그 문제를 해결한 뒤에는 컴퓨터의 학습 방법을 연구했다. 신문 기사를 읽는다는 것은 읽은 내용으로부터 뭔가를 습득한다는 사실을 의미한다. 나는 우리 팀이 개발한 탁월한 프로그램을 많은 방문객에게 알릴 예정이었다. 그러나 그 전에 나는 우리가 개발한 프로그램이 같은 기사를 반복해서 읽고도 "이미 읽었다."라거나 "이 기사에 싫증이 나."라고 말하지 않는다는 데 주목했다.

그때부터 나는 학습 과정이 어떻게 작동하는지, 인간의 기억 체계가 어떻게 지식을 모으고 갱신하는지 고민하기 시작했다. 컴퓨터가 '안다는' 것이 무엇을 의미하는지, 혹은 컴퓨터가 '말하고' 싶은 게 있다는 것이 무슨 뜻인지 고민해야 했다.

그때 나는 예일대 교수로 수년간 재직하며 대규모 인공 지능 연구소를 운영하고 있었고, 그 무렵 딸아이가 학교에 입학했다. 아이는 학교가 지루하다며 학교 가는 걸 그다지 좋아하지 않았다. 그래서 나는 또 아이가 어떻게 하면 더 제대로 사고하고 배울 수 있을까 생각하기 시작했다. 어쨌든 나는 그런 주제의 전문가였으니 말이다.

나는 학교 가기 싫어하는 딸아이에게 직접 읽기를 가르쳤다. 그런데 딸아이가 읽기를 배우는 방식은 컴퓨터가 읽기를 배우는 방식과 매우 달랐다. 딸아이에게 읽는다는 것은 글자를 인식하고, 소리를 인식하는 일이었다. 반면에 컴퓨터가 읽는다는 것은 한 문장의 단어들과 한 문단의 문장들로부터 결론을 이끌어내는 일이었다. 컴퓨터는 딸아이가 배우는 것보다 더 정교한 작업을 진행하고 있었던 셈이다. 모순적이었다. 딸아이는 글의 의미를 몰랐지만 말을 잘했고, 컴퓨터는 글의 의미는 잘 파악했지만 말을 못했다. 반면에 딸에게 수학을 가르치는 일은 절망적이었다. 아이가 수학 공부에 겁을 먹었기 때문이다. 이와 달리 컴퓨터는 수학의 명수였다.

나아가 나는 일련의 주제에 관해 딸아이와 긴 대화를 나누었다. 딸은 그 주제에 대해 어렸을 때나 더 나이가 들었을 때나 상관없이 늘 흥미로운 관점을 갖고 있었다. 그러나 컴퓨터와 대화를 나누는 것은 훨씬 더 어려운 일이었다. 우리는 컴퓨터와 대화를 시도했지만 딸애가 늘 할 말이 있었던 데 비해 컴퓨터는 어떤 관점도 없었다. 우리가 '생각하라'고 지시한 일을 제외하고 컴퓨터는 그 무엇에 관해서도 '사유'하지 않았다.

컴퓨터에게 '학습'이란 자신을 정보로 채우는 일이었다. 하지만 아이에게 '학습'은 아이디어의 교환을 의미했고, 흥미를 확대시켜 관심 분야의 지식과 능력을 확대하는 시도였다.

그렇다면 학교는 무엇을 했는가? 학교가 한 일은 아이와 아이디어를 교환하는 것도, 아이의 흥미를 확장해주려고 노력하는 것도 아니었다. 학교가 아이에게 했던 일은 내가 컴퓨터에게 했던 일과 매우 비슷한 것이었다. 학교는 딸아이에게 지식을 주입하려고만 했다.

우리 연구 팀은 컴퓨터에게 지식을 주입했고 컴퓨터는 뭔가

를 아는 듯 보였지만, 실은 아무것도 알지 못했다. 반면에 딸아이는 따로 정보를 주입하지 않아도 많은 것을 알고 있었다. 그 아이는 실제 세계에 살면서 호기심을 가지고 이것저것 관찰했기 때문이었다. 그런데도 왜 학교는 아직까지 '지식을 주입하는 교육법'을 택하고 있는 걸까?

이러한 깨달음으로 인해 나의 연구는 전혀 다른 방향으로 나아갔다. 나는 더 이상 인공 지능 개발에 골몰하지 않았다. 인간을 지적인 존재로 만드는 일이 훨씬 더 중요하다는 결론을 내렸다. 먼저 교육 체계가 생각 없이 반복하던 관행을 중단시켜야 했다. 학교는 그야말로 멍청한 짓을 하고 있었다. 버트런드 러셀(Bertrand Russell)은 이렇게 말했다.

"인간은 무지하게 태어났지 멍청하게 태어난 게 아니다. 인간을 멍청하게 만드는 것은 교육이다."

쉬운 싸움은 아니었다. 학교는 많은 이해관계가 얽혀 돌아가는 곳이었고 그중 누구도 변화에는 관심이 없었다. 급기야 나는 모든 나라의 정부가 멍청한 졸업생을 원한다고 생각했다. 멍청한 교육을 받은 이들은 정부가 하라는 대로 거리를 청소하고, 군대에 가서 총을 쏘는 존재가 된다. 그렇게 나라를 통제하는 게 학교의 목적이라는 생각이 들었다.

인간의 기억과 학습은 혼란, 좌절, 실패에 의존한다. 배움은 대상에 대한 호기심에서 오는 것이며, 학습을 통해 자신이나 타인에게 알게 된 점을 설명해야 한다. 세상의 기원을 궁금해 하는 컴퓨터는 (명령을 내리지 않는 이상) 존재하지 않을 것이다. 그러나 아이들은 늘 호기심으로 가득 차 있다. 그리고 학교는 최선을 다해 아이들의 호기심을 중단시키고 '언젠가 필요할 것'이라는 이유로 수학 공식을 암기시킨다.

나는 현재 교육 개혁의 십자군이다. 모든 것은 딸애가 학교를 재미없어 하는 장면을 보면서 시작되었다. 지금은 손자들이 학교를 싫어한다. 결국 변한 것은 나뿐이었던 셈이다.

● 인공 지능 공학자 | 로저 섕크

48
가족의 취향

　　노르웨이 텔레마르크 주에 있는 촌구석, 춥고 어둑한 겨울의 어느 토요일 오후였다. 아홉 살이었던 나는 친구들과 함께 라디오 앞에 앉아 우리가 좋아하는 '어린이 시간' 프로그램을 초조한 마음으로 기다리고 있었다. 다섯 시부터 여섯 시까지 흘러나오는 이 프로그램은 한 주의 하이라이트였다. '어린이 시간'이 시작하기 전에는 독일 클래식 음반사 그라모폰(Grammophon) 레코드의 다양한 음악을 틀어주는 오후 콘서트 프로그램이 방송되었다.

　　갑자기 내가 들어본 것 중 가장 환상적인 음악 소리가 번개처럼 내 귀를 엄습했다. 나는 멍한 채로 마음을 빼앗겼다. 그 자리에서 꼼짝할 수 없었다. 귀를 사로잡는 라틴 아메리카 스타일의 열정적인 음악과 연주는 마치 마법 같았다. 아나운서의 목소리가 들려왔다.

"도널드 필립스(Donald Phillips)의 '반딧불이'를 토미 라일리(Tommy Reilly)의 하모니카 연주로 들었습니다."

58년이 지난 오늘도 나는 이 특별한 음악을 생생하게 기억한다. 그때 이후로 나는 하모니카에 열광했고, 특히 토미 라일리의 열렬한 팬이 되었다. 그 당시 형은 노르웨이의 라디오 잡지 《Programbladet(프로그람블라데트)》를 사 보곤 했다. 그 잡지에는 노르웨이의 라디오뿐만 아니라 덴마크와 스웨덴, 독일, 네덜란드, 영국 BBC 라디오의 모든 음악 프로그램에서 틀어주는 곡에 대한 상세한 설명이 실려 있었다. 잡지는 매주 수요일에 배달되었고, 나는 듣고 싶은 프로그램을 표시해 가며 잡지를 탐독했다. 그렇게 유럽의 많은 라디오 방송국에서 토미 라일리의 연주를 들을 수 있다는 사실을 알게 되었다. 그의 연주는 노르웨이 라디오의 '아침 음악' 프로그램에 자주 나왔다. 나는 토미 라일리의 음악을 듣기 위해 평소보다 일찍 일어나기 시작했다.

나는 음악적인 분위기가 물씬 풍기는 가정에서 행복한 어린 시절을 보냈다. 지역 학교의 교장이었던 아버지는 상당한 실력을 지닌 아마추어 바이올리니스트이자 노르웨이 민속 악기인 하르단게르 피들(Hardanger fiddle)을 탁월하게 연주하는 분이었다. 어머니와 형은 아름다운 목소리로 노래를 불렀고, 삼촌은 유명한 작곡가인 에이빈드 그로븐(Eivind Groven)이었다. 클래식 뮤직, 노르웨이 민속음악, 대중음악은 일상의 일부였다.

예닐곱 살 무렵 나는 처음으로 하모니카를 선물받았다. 단순한 모양의 하모니카는 당시 노르웨이 어린이들이 흔히 갖고 있던 종류의 악기였다. 2년 뒤 할아버지는 더 좋은 하모니카를 사주셨고, 토미 라일리에게 마음을 빼앗긴 이후에는 부모님이 반음계 하모니카를 사주셨다. 식구들은 나의 음악적 취향을 존중하고 많은 도움을 주었다. 열한 살 생일 때 나는 전축과 뛰어난 네덜란드 하모니카 그룹인 '하차 트리오(The Hotcha Trio)'의 음반을 선물로 받았다. 또 업라이트 피아노뿐만 아니라 토미 라일리나 내가 좋아하는 다른 음악가들의 라디오 방송을 녹음할 수 있는 탠드버그(Tandberg) 녹음기도 받았다. 나는 《BBC Radio Times(BBC 라디오 타임스)》를 구독하기 시작했고, 토미 라일리가 일주일에 한 번 정도 BBC방송에 나온다는 사실을 알았다. 토미 라일리의 음반은 찾기가 꽤 힘들었지만, 다행히 그의 초기 78회전 음반을 겨우 구할 수 있었다. 정말 신나는 일은 '반딧불이'라는 곡이 수록된 음반을 찾아냈다는 것이다. 1953년 그가 처음으로 스칸디나비아 반도를 방문했을 때 스톡홀름에서 녹음한 45회전 EP 음반이었다.

나는 피아노와 하모니카를 열성적으로 연습했다. 나는 지역의 오르간 연주자에게 피아노 레슨을 받았다. 하지만 노르웨이에는 전문적으로 하모니카를 가르칠 만한 교사가 없었다. 나는 크게 실망했고, 결국 라일리에게 팬레터를 써서 이런 사정을 토로했다. 라일리는 친절하게도 답장을 해주었다. 그는 독일의 하모니카 제작사인 호너(Hohner)를 연결해주었고, 호너는 고맙게도 라일리의 교본과 새 레코드 두 장을 보내주었다.

당시 반음계 하모니카는 제대로 된 악기로 인정받지 못하고 있던 상태였다. 어떤 유명 음악 사전에서 다음과 같은 구절을 읽고 무척 화가 났던 기억이 난다. "하모니카는 아무런 음악적 가치도 없는 장난감에 불과하지만, 더 형편없는 악기인 아코디언의 전신이라는 점에서 어느 정도 역사적으로 흥미롭다."

사실 하모니카는 수천 년의 흥미진진한 역사를 지니고 있다. 하모니카는 이른바 '리드(read) 없는' 악기로서 클라리넷이나 색소폰처럼 '고정된 리드가 있는' 악기와 대비된다. 고정 리드 악기는 마우스피스 한쪽에 붙은 얇은 진동판을 떨리게 해서 소리를 내는 구조다. 반면에 리드 없는 악기는 연주할 때 다른 어떤 떨림판의 도움 없이도 소리를 만들 수 있다.

리드 없는 악기는 아시아에서 유래되었다. 많은 역사가는 기원전 4500년경 중국 황제가 이런 방식을 처음 고안해냈다고 주장한다. 중국의 하모니카인 '생(笙)'이라는 악기는 현대 하모니카의 조상으로서 적어도 3,000년 동안 아시아 음악의 핵심 역할을 담당해왔다. 한국의 '생황(笙簧)'을 포함해 아시아 여러 나라에는 이와 비슷한 형태의 악기들이 있다. 이 악기들이 유럽에 전해진 건 13세기 탐험가인 마르코 폴로가 아시아를 여행하면서다.

오늘날의 하모니카와 닮은 유럽 최초의 하모니카는 1821년 열여섯 살의 시계 수리공 크리스티안 부쉬만(Christian Buschmann)이 독일에서 제작한 것이다. 1857년부터는 다른 시계공인 마티아스 호너(Matthias Hohner)가 전문적으로 하모니카를 제조하기 시작했다. 그리고 1930년, 호너 회사는 연간 2,500만 대의 하모니카를 생산하게 된다.

온음계 하모니카는 오늘날 세계에서 가장 널리 연주되는 악기 중 하나지만, 이 악기로는 반음계 범위가 필요한 다양한 음악 장르를 소화해낼 수 없었다. 최초의 반음계 하모니카는 1920년대에 등장했다. 소수의 재능 있는 음악가들은 반음계 하모니카의 잠재력을 발견하고 대중음악, 클래식 분야의 실내악, 교향악과 재즈에 도입했다. 반음계 하모니카가 연주회용 악기로 자리 잡게 하는 데 큰 공헌을 했던 선구적 음악가가 바로 캐나다 출신의 거장 토미 라일리였다.

동화 같은 내 이야기의 두 번째 장은 '토미 라일리, 외이벤 베르그(Øivind Bergh) 지휘, 노르웨이 라디오 오케스트라'라고 적힌 방송 목록을 보았을 때 시작되었다. 1960년 10월 13일에 방송되는 30분 길이의 프로그램이었다. 내 눈을 믿을 수 없었다. 즉시 책상 앞에 앉아 노르웨이의 거장 지휘자 외이벤 베르그에게 편지를 썼다.

"위대한 연주자 토미 라일리가 노르웨이에 연주하러 온다는 것이 정말입니까?"

외이벤 베르그는 친절하고 자상한 사람이었다. 그는 내가 우상을 만날 수 있도록 오슬로로 나를 초청했다! 다행히도 내가 다니던 중학교의 교장 선생님은 내가 오슬로행 기차를 탈 수 있도록 연주회 당일 몇 시간 일찍 조퇴를 허락해주셨다.

기차가 오슬로에 도착했을 때의 기대와 흥분이 아직도 생생하다. 외이벤 베르그는 기차역까지 나를 마중 나와 자신의 사브(SAAB) 차량에 태우고, 오슬로에서 가장 좋은 거주지 중 한 곳에 있는 자기 집으로 데리고 갔다. 그곳에는 아름다운 부인이 훌륭한 음식을 차려놓고 열네 살짜리 학생에 불과한 나를 기다리고 있었다.

우리는 토미 라일리 부부를 태우기 위해 고급스러운 홀멘콜렌(Holmenkollen) 호텔로 갔다. 미소를 짓는 훤칠한 신사와 작은 체구의 아름다운 영국인 금발 여성이 나를 따뜻하게 맞아주었다. 우리는 다시 차를 타고 베르그의 집으로 돌아가 영원히 잊을 수 없는 저녁 식사를 했다.

그날 나는 꿈꾸던 모든 것을 이루었다. 숭배하던 영웅을 만났고, 그에게 궁금했던 것들을 물었으며, 베르그의 응접실에서 토미 라일리의 연주를 직접 들었다. 그날 낮에 미리 녹음해 둔 환상적인 라디오 콘서트를 함께 들은 것이다. 그리고 마지막으로 가장 중요한 기적. 나는 하모니카의 거장에게 처음으로 레슨을 받았다. 그때까지 나는 라디오와 음반으로 들었던 소리를 흉내 내며 어떻게 하면 변음계 하모니카를 연주할 수 있을지 고민하고 있었다.

그의 지도를 받은 후 나는 두 가지 기본적인 사항을 고칠 수 있었다. 운지법과 입술을 대는 법이었다. 토미 라일리는 훌륭한 선생님이었고, 내게 하모니카를 바르게 잡는 방법과 혀를 사용해서 왼쪽 구멍은 막고 오른쪽은 열어놓는 방법을 알려주었다. 또한 숨을 조절하는 법과 톤을 만들어내는 법에 대해서도 조언을 해주었다. 그가 가르쳐준 방법은 이후 내가 하모니카의 거장으로 거듭나는 데 있어 튼튼한 바탕이 되어주었다.

그날 저녁의 만남이 끝나자 와이벤 베르그는 나를 다시 기차역으로 태워다주었고, 토미 라일리는 내게 자신의 하모니카 중 하나를 선물로 주었다! 하늘을 둥둥 떠다니는 것 같았다.

말할 필요도 없이 그날 저녁의 경험은 내게 엄청난 영감을 주었고, 내가 나아갈 방향을 알려주었다. 토미 라일리를 만난 사건은 전율, 그 자체였다. 그는 최고의 하모니카 연주자였을 뿐만 아니라, 최고의 롤모델이었다. 뛰어난 음악가이자 사랑스러운 유머 감각을 갖춘 성실하고 진솔한 신사이기도 했다.

이날의 추억은 이후 40년 동안 지속된 길고 유익한 협력 관계의 출발점이었다. 토미 라일리는 안타깝게도 2000년 여든한 살의 나이로 세상을 떠났다. 우리는 경이로운 우정을 쌓았고, 그는 나의 멘토가 되어주었다. 나는 여러 해 동안 그의 매니저 일을 했고, 연주회와 라디오, TV, 레코딩 현장에서 듀엣곡을 연주했다. 1976년 런던에서 LP 음반을 함께 만들었고, 세계 전역을 여행했다. 특별한 관계였다. 나는 그에게 '가족'이나 마찬가지였다. 나보다 한 살 어린 라일리의 아들 데이비드는 내 가장 친한 친구 중 한 명이다. 나는 그의 결혼식에 들러리로 서기도 했다.

나는 가끔씩 이 일련의 사건들에 대해 놀라움을 금치 못하며 그 시간들을 되새기곤 한다. 1956년 1월 14일, 라디오에서 들은 음악 한 곡이 나의 인생을 통째로 바꿔놓았다. 이것은 우연이었을까, 아니면 운명이었을까?

나는 인생에 정해진 계획이 있다고 믿는다. 그러나 삶의 중요한 갈림길에 다다랐을 때 해야 할 선택도 있다. **중요한 건 꿈을 따르는 것뿐만 아니라 가슴 깊이 간직한 열정에 진정성을 부여하는 것이다.** 나의 열정은 하모니카를 통해 감정을 표현하고, 타인들과 음악의 아름다움을 나누는 것이다. 토미 라일리는 열정, 성실함, 고된 연습, 자제력이 성공의 필수 요소라는 진리를 가르쳐주었다.

나는 진정 행운아였다. 하모니카와 놀라운 음악 세계 덕분에 보람차고 풍요로운 삶을 영위했다는 데 늘 고마움을 느낀다.

● 하모니카 연주가 | 지그문트 그로븐

49
도날디스트(Donaldist)를 만나다

내 인생에서 특별한 터닝 포인트를 분리해내기는 어렵다. 소중한 선생님과의 대화 한 번도 없었고 나를 공포에서 해방시켜준 죽음의 그림자도 없었다. 나는 그저 평생 미술과 디자인을 향한 여정을 걸어왔다. 다른 일을 할 가능성은 진지하게 생각해본 적조차 없다. 어렸을 때는 수학과 과학에 관심이 있었지만, 그럴 때조차 그래프를 아름답게 그리는 일에 온통 정신이 팔려 있었다. 그 이후 나는 내 인생을 바꾼 수백 가지 크고 작은 결정을 내렸다. 인근 번화가에서 화방을 발견했고, 내 작품을 인쇄하는 방법을 알아냈으며, 독일을 떠나 캘리포니아로 가서 미술을 배우고 삶을 꾸렸다. 그러나 특히 극적인 터닝 포인트는 없었다. 이것들은 내 삶의 방향을 정하는 데 도움이 되어 준 세 번의 작은 경로 수정일 뿐이다.

게다가 '터닝 포인트'라는 개념은 그 특정한 시기, 즉 '이전과 이후'라는 게 존재한다는 암시를 풍긴다. 나는 내가 아직 '이후'에 도달했다고 생각하지 않는다. 나는 여전히 방향을 바꾸고 있다. 아마 죽을 때까지 그런다고 해도 별로 놀라지 않을 것 같다. 내게는 매일이 아직 제대로 파악되지 않는 거대한 이미지 퍼즐의 또 다른 조각 같다. 분명한 목표를 염두에 두지 않고 살아간다는 것은 다소 불안하지만, 이런 상황은 나름 내가 의식적으로 상상하는 것보다 훨씬 흥미롭고 새로운 방향으로 나를 이끌어준다.

그렇다 해도 내가 지금 하는 작업의 바탕이 되어준 결정적 순간을 굳이 꼽자면, 도날디스트(Donaldist)를 만난 경험을 얘기하고 싶다. 도날디스트란 누구이며 도날디즘(Donaldism)이란 무엇일까? 그것은 도날드 덕(Donald Duck)과 그의 가족 데이지(Daisy), 조카, 그리고 스쿠루지 맥덕(Scrooge McDuck)과 그 일파가 살고 있는 세계에 대한 과학적 탐구다. 오해는 마시길. 도날디즘은 만화책 수집이 아니다.

(대부분 독일인인) 도날디스트는 작가, 철학자, 과학자들의 집단이다. 도날디스트의 직업은 꽤 다양하다. 그중에는 교수와 응용 물리학자와 저널리스트, 판사도 있다. 이들은 지난 30여년간 도날드 덕을 그린 작가 칼 바크스(Carl Barks)의 텍스트를 구해 '덕 세상(Duckburgh)'의 물리 법칙과 사회 규칙에 대한 이론을 정립해왔다.

《Der Donaldist(더 도날디스트)》는 이들의 발견을 담은 훌륭한 과학 저널이다.

수년 동안 도날디스트들은 덕 세상 엔트로피의 무차별적 성질을 규명해왔고, 언클링(uncle-ing 또는 Veronkelung)이라 알려진 현상(문자 그대로 언클링이란 덕 세상에는 부모가 없고 삼촌들과 이모들만 존재한다는 것을 의미한다)을 다루어왔으며, 덕들이 기쁘거나 화가 날 때 어떻게 이빨이 솟아나는지를 밝혀왔다(설명에 의하면 덕들의 이빨은 큰 기쁨이나 분노 등 정서적으로 고양된 상태일 때만 튀어나오는 발기 조직으로 이루어져 있다).

1977년 이 과학자들은 한스 본 스토치(Hans von Storch)라는 실직한 기상학자에게 이끌려 '진정한 도날디즘을 추종하는 독일 비영리 단체(Deutsche Organisation der Nichtkommerziellen Anhänger des Lauteren Donaldismus)', 즉 도.날.드.(D.O.N.A.L.D.)를 결성했다.

내가 도날디스트를 발견한 것은 열한 살 때였다. 이들은 내 인생의 구원자였다. 나는 어려서부터 인기와는 거리가 먼 아이였다. 나는 보통 독일 아이들이 하는 일들이 통 재미가 없었다. 운동에도 재능이 없었고, 음악에도 관심이 없었고, 맥주를 마시고 축구를 하겠다는 꿈도 없었다. 나는 그저 덩치 크고 뚱뚱한 괴짜였다.

오늘날이 괴짜 부흥기라는 점을 생각하면 나는 어쩐지 평범하게까지 보인다. 하지만 그때는 1985년이었다. 인터넷이 등장하기 몇 년 전이었다. 당시 괴짜라는 것은 학교에서 늘 얻어맞는 사람을 뜻했다. '어울리거나, 맞거나'가 당시의 규칙이었다. 나는 아이들과 어울리려고 노력해보았지만 다들 그것이 연기에 불과하다는 사실을 알아챘다. 결국 나는 패배를 인정하고 그림 그리기와 독서, SF와 디즈니 만화의 세계로 숨어들었다.

그 당시 독일에서 디즈니 만화는 굉장한 인기를 누렸다. 아마 에리카 훅스(Erica Fuchs) 박사의 뛰어난 번역이 한몫을 담당했을 것이다. 훅스 박사는 원작의 노골적인 대화에 고전 문학과 대중문화에 대한 풍부한 암시를 섞음으로써 원작을 더욱 풍요롭게 만들어주었다. 마블(Marvel)과 DC가 출간하는 슈퍼 히어로 만화에서는 불가능한 일이었다. 미국의 슈퍼히어로들이 독일에서 큰 존재감을 가지지 못했던 까닭도 아마 이런 이유 때문일 것이다.

아홉 살이 넘자 나는 내가 좋아하는 작가들에게 편지를 써서 그림을 보내달라고 청하기 시작했고 근사한 답장을 많이 받았다. 나는 월트 디즈니(Walt Disney)가 원화의 드로잉을 그리지 않았다는 사실을 알고 있었다. 그러나 최소한 그의 자필 서명은 갖고 싶었다. 어떤 기사에서 그의 딸인 샤론 매이 디즈니(Sharon Mae Disney-Lund)의 이름을 보았다. 그녀의 주소를 찾아낼 수 있겠다 싶었다. 그때 아버지는 하노버에 있는 빌헬름-부슈 박물관(Wilhelm-Busch Museum, 일러스트레이션과 그래픽 작품을 전시하는 곳)에서 자원봉사를 하고 계셨고, 그 연줄 덕분에 나는 다양한 출판사와 쉽게 연락할 수 있었다. 그러나 디즈니의 서명을 얻는 데에는 그 연줄도 소용이 없었다.

그 당시 나는 저작권이 없는 게 빤한 디즈니 만화 캐릭터들의 샘플을 보내느라 월트디즈니프로덕션 독일 지부와 이미 연락을 하고 있었다. 딱히 내가 저작권법을 존중하는 나라에 태어나서라기보다는 그림이 엉성했기 때문에 벌인 일이었다. 어린 나이였지만 나는 그런 그림이 못마땅했다. 저작권이 있는 캐릭터를 도용하려면 최소한 그럴 듯하게 그려야 한다는 게 내 생각이었다.

그러나 중요한 것은 디즈니의 자필 서명을 얻어내는 일이었다. 어느 날 밤, 심야 토크쇼를 보고 있던 식구들이 나를 거실로 불러냈다. "저 사람 좀 봐. 너만큼이나 도날드 광이야!" 그 남자가 바로 도.날.드.의 창설자인 기상학자 한스 본 스토치 박사였다. 지나치게 진지한 표정을 짓고 있어 좀 이상해 보이는 인물이었다. 나는 즉시 그에게 편지를 썼다. 본 스토치 박사는 내 편지를 도.날.드.의 다른 멤버들에게 전달했고, 몇 주일 뒤 나는 당시의 회장이었던 강골프 세이츠(Gangolf Seitz) 박사에게서 답장을 받았다. 나를 도.날.드. 멤버로 초청하는 내용의 글이었다. 그는 나를 엘케 임베르거(Elke Imberger)에게 소개시켜 주었다. 엘케는 도.날.드. 멤버 후보에 대한 심문을 담당하는 내부 조직 BKA(Befragen der Kandidaten im Aufnahmeverfahren)의 책임자였다. 도날디스트들은 일상의 큰 부분을 독일인 특유의 텃세를 패러디하는 데 할애한다. BKA는 독일식

FBI인 'Bunderskriminalamt' 약자이기도 하다.

도.날.드.의 멤버가 되려면 도날디즘이 추구하는 가치관을 적은 강령이 인쇄된 엽서에 서명한 후 엘케에게 우편으로 보내야 했다. 결과적으로 나는 멤버가 되지 못했다. 왜냐고? 진짜 시험은 엽서의 어느 부분에 우표를 붙이는가 하는 것이었기 때문이다. 나는 늘 하던 대로 도날드 덕 그림이 찍힌 자리에 우표를 붙였다. 도날드 덕 위에 우표를 붙여 도날드 덕을 가린 셈이다. 나중에 알게 된 바에 의하면, 진정한 도날디스트는 우표로 도날드 덕을 가리면 안 되었다. 도날드 덕 옆에 우표를 붙여야 했던 것이다.

사실 그때는 이 모든 절차가 그저 우스개인 줄 몰랐다. 그래서 엘케가 나의 실수를 지적했을 때 나는 정말로 공포에 질렸다. 겨우 찾은 이 소중한 사람들을 직접 만나기도 전에 기회를 통째로 날려버리게 생긴 것이다. 그것도 편지 한 통과 우표 한 장 때문에! 기회를 또 얻을 수 있는지 알기 위해 기다리던 시간은 정말 길고 지루했다.

엘케와 나는 금방 친해졌다. 얼마나 친해졌는지 매주 편지를 주고받을 정도였다. 몇 년이 지나서야 나는 그 편지가 엄청난 친절이었다는 사실을 깨달았다. 나는 열두 살짜리 꼬마였고 엘케는 역사학 전공자로 박사 논문을 쓰고 있었다. 그런 사람이 내게 그 긴 편지를 보내준 것이다. 지금도 그녀는 내게 길고 재미난 편지를 써주며, 인내심을 가지고 내 보고서를 읽어준다. 글쓰기에 대해 내가 아는 모든 지식은 모두 엘케에게 배운 것들이다.

시간이 흘러 나는 다른 도날디스트들과도 편지를 주고받기 시작했다. 과학자, 저널리스트, 일러스트레이터, 판사 등 다양한 직업을 가진 도날디스트들은 모두 답장을 보내주었다. 이들은 나의 첫 번째 인터넷이었다. 오늘날 우리는 인터넷 검색을 통해 어떤 문제든 답을 구할 수 있고, 같은 생각을 가진 사람들을 전 세계에서 찾아낼 수 있다. 그러나 그때는 1985년이었고 나는 믿을 수 없을 만큼 운이 좋은 녀석이었다. 그렇게 만나서 친구가 된 사람 중에 척 먼슨(Chuck Munson)이라는 사람이 있다. 그는 미국인 도날디스트이자 진정한 친구다. 훗날 그는 내가 캘리포니아에 정착하는 데 큰 도움을 주었다. 참 신기한 인연이다.

주저 없이 내 모든 괴짜 짓을 지지하고 도와주신 부모님은 내가 얼마나 행운아인가를 뒷받침하는 증거다. 꽤 오랜 시간 동안 아버지는 나를 차에 태워 전국 방방곡곡의 도날디즘 행사에 데리고 다녔다. 아버지는 그곳에서 늘 '삼촌'으로 큰 환대를 받았다(도날드 덕 만화에 나오는 가족관계는 부모가 아니라 삼촌과 이모뿐이라는 점은 앞에서 말한 바 있다). 내 부모님은 괴짜나 특이한 취미와는 무관한 분들이었지만 이런 분위기에도 꽤 잘 어울리셨다.

엘케와의 우정이 시작될 무렵 그녀는 《더 도날디스트》에 내 그림을 실어도 되겠느냐고 물었다. 그녀는 BKA 업무뿐만 아니라 독자 우편 섹션도 맡고 있었다. 이 일은 내 그림이 어딘가에 실리는 최초의 사건이었다. 54쪽짜리 《더 도날디스트》의 40쪽을 본 순간 나는 기절할 만큼 흥분했다. "왼쪽 아래 좀 봐! 내 그림이야! 또 그림을 실으려면 어떻게 해야 하지?" 당시 나와 편지를 주고받던 대부분의 사람은 이미 잡지에 글을 싣고 있었다. 그들은 기꺼이 자신의 글에 내가 그림을 그려 넣도록 허락해주었다. 그 후 몇 년 동안 나는 수십 개의 삽화 작업을 진행하며 디자인과 글자 배치 프린팅에 대한 지식을 습득했다.

아홉 번의 내지 삽화를 실은 후 드디어 표지 삽화를 그리게 되었다. 65쪽짜리 잡지의 대부분은 '독서는 교육 효과가 있는가?'라는 기사에 할애되었다. 저자는 패트릭 바너스(Patrick Bahners)였고 그는 훗날 독일의 유력 일간지 《Frankfurter Allgemeine Zeitung(프랑크푸르터 알게마이네 차이퉁)》의 책임 편집자가 되었다. 그가 요청한 삽화는 도날드 덕을 닮은 패트릭의 아바타가 푸딩 속에 들어앉아(바크스의 도날드 덕 만화에서 게임 중 답이 틀리면 받는 벌을 참고한 그림) 우스꽝스러운 제목의 책들을 읽는 그림이었다. 이 표지 그림은 《344 Things》 포스터나 《You Deserve A Medal》 등에 나오는 디자인의 연장선상에 있다. 인쇄물 디자인의 경우 거대한 한 방의 유머보다는 자잘한 유머를 폭포수처럼 쏟아부어야 더 효과적이다.

1989년 도.날.드. 전국 대회가 끝나고 (나는 함부르크와 베를린을 물리치고 인구 2만 명에 불과한 내 고향에서 이 대회를 주최했다) 조직의 친구 몇 명과 사이가 좀 틀어져 남는 시간 동안 다른 일을 찾아보기로 했다. 결국 이런 이유로 나는 처음 광고계에 들어가게 되었다.

다시 한 번 강조하지만 도날디스트는 내 인생의 구원자였다. 그들은 내게 평범하지 않은 유머 감각을 갖고도 여전히 '존경할 만한' 인간으로 통할 수 있다는 사실을 보여주었다. 대부분이 이상하거나 심지어 기괴하다고까지 여기는 주제에 에너지를 투자하면서도 좋은 친구들을 만나거나 근사한 경력을 쌓는 것은 불가능한 일이 아니다. 모두 나를 구제 불능의 괴물의 여길 때 이들은 내게 나를 지지하는 가족이 있다는 사실을, 나도 꽤 괜찮은 사람이라는 사실을 깨닫게 해주었다.

물론 나는 여전히 거부당할까 봐 두렵다. 내가 하는 일이 아무런 이득도 되지 않을까 봐 걱정스럽다. 아마 늘 그럴 것이다. 그러나 노날디스트 친구들이 보여준 모범 덕분에 이제 나만의 아이디어를 쫓는 일을 포기하겠다는 생각은 하지 않는다. 설사 기괴한 방향으로 아이디어가 흘러가더라도 상관없다.

● 일러스트레이터 | 스테판 부커

50
변하지 않는 것은 없다

　내게 미국행은 많은 면에서 큰 변화를 불러왔다. 가족과 떨어져 혼자 지내야 했고, 추운 날씨에 떨어야 했으며, 비슷한 사람들끼리 어울려 살던 사회를 떠나 어딜 가도 눈에 띌 수밖에 없는 문화권에 떨어진 것이다. 이런 변화는 모두 섬유 공학 연구를 위해 미국 대학원에 진학하겠다는 내 선택의 결과였다. 나는 분명한 계획이 있었고 무엇을 해야 하는지도 정확히 알고 있었다. 그야말로 모든 준비를 마친 것이다. 하지만 학기가 시작되고 가르침을 받으려고 생각했던 교수가 학교를 떠난다는 사실을 알게 되었을 때, '꿈의 집' 같던 내 계획은 와르르 무너져버렸다. 두려웠다.
　그때 다른 교수가 나를 지도해주겠다고 제안했다. 그는 수학과 프로그래밍 분야에서 탁월한 석학 중 한 명이었고, 수학 문제 해결을 위해 새 컴퓨터 언어를 발명한 천재였다. 나는 섬유 공학에만 집중해왔던 터라 프로그래밍은커녕 컴퓨터에 대해서도 전혀 아는 게 없었다. 컴퓨터를 접한 경험이라고는 에어컨이 있는 건물의 유리벽에 붙은 컴퓨터를 한 대 본 것이 전부였다.

나는 새로운 곳에서 또 다른 선택을 해야 하는 도전에 직면했다. 그 선택은 내가 막 배우고 익히기 시작한 것들을 변화시켜야 한다는 의미였다. 내가 컴퓨터 프로그래밍을 배울 수 있을까? 함께 할 거라고 상상도 못해본 교수의 기대에 부흥할 수 있을까? 다행히 도전에 직면한 그 순간 나는 겸허한 자세로 현실을 받아들였다.

새로운 길은 매우 험난했다. 무엇보다도 컴퓨터 프로그래밍을 신속히 배워야 했다. 미지의 길에 대한 두려움을 떨쳐내고 최선을 다해서 변화를 받아들여야 했다. 나는 변화를 어쩔 수 없는 일이 아니라 자신의 선택이라고 해석하기 시작했다. 그러자 이 도전을 극복하고 더 나은 내가 될 수 있을 거라는 자신감이 솟아났다.

지금 나는 도전을 기회로 만든 나의 선택이 자랑스럽다. 이 도전을 통해 나는 컴퓨터 프로그래밍 영역에서 완전히 새로운 전망을 발견했다. 세계 최초로 전자 스프레드시트를 개발한 교수 옆에서 'TK!솔버(TK!Solver)'라는 최첨단 소프트웨어 개발에 관여했다. 이 소프트웨어를 엔지니어들이 사용하는 문제 해결 도구의 필수 요소로 만드는 데 핵심적인 역할을 담당했다. 나는 개인용 컴퓨터의 황금기에 푹 빠져들었다. 그리고 유수의 제조사들이 개발한 개인용 컴퓨터의 미발매 버전을 시험하는 연구에 몰두했다. 정말 근사했다! 도전에 맞서길 잘했다는 생각이 들었다.

그 선택은 또한 내가 뛰어난 석학들과 함께 연구할 수 있는 영광을 가져다주었다. 우리는 컴퓨터와 섬유 사이의 시너지 관계를 탐색했고, 세계 최초의 웨어러블 마더보드(Wearable Motherboard)를 개발했다. 보통 스마트 셔츠라고 부르는 물건이다. 웨어러블 혁명(wearable revolution)의 기반을 닦은 셈이다. 이어 '섬유는 컴퓨터다'라는 혁신적 패러다임이 탄생했고, 스마트 섬유라는 새로운 분야가 생겨났다. 스마트 섬유 분야는 오늘날 의료 건강과 게임, 치안, 개인 모바일 정보 등에서 적용되고 있다.

최초의 스마트 셔츠는 현재 워싱턴에 있는 스미소니언 미국사 박물관(Smithonian's National Museum of American History)의 영구 소장품이 되었다. 20년 전 그 중요한 선택의 순간에 거대한 변화를 수용하지 않았다면 불가능했을 일이다.

뜻밖의 도전이라는 터닝 포인트를 통해 터득한 진리는 '변화가 인생의 유일한 상수'라는 것이다. 어떻게든 나아지고자 하는 사람은 변화를 수용해야 한다. 설사 변화를 받아들이는 게 불리해 보이는 순간에도 그렇다. 변화라는 이 항구적인 동반자와 함께할 때 우리는 인생의 모든 시도를 성공으로 이끌 수 있다.

● 섬유 공학자 | 선다레산 자야라만

51
고민의 깊이

　나는 내가 창조적인 사람이라는 사실을 항상 자랑스럽게 생각해왔다. 나는 흘러넘치는 아이디어로 사람들이 가진 문제를 늘 탁월하게 해결해주었다.

　IBM에서 엔지니어로 일하던 시절, 회사는 다양한 아이디어를 제출할 수 있는 내부 시스템을 많이 개발해놓았다. 이 시스템은 창의성을 발현하는 출구였고, 나는 이를 적극 활용했다. 활용보다 남용에 가까웠다고 해야 할 정도였다. 15년 넘게 IBM에서 일하면서 274번이나 아이디어 관련 상을 받았으니 말이다. 어쨌든 IBM 엔지니어 중 최고의 성적이었다.

　아이디어가 많은 사람은 누구나 그 아이디어를 실현해줄 손발

이 필요하다. 나 역시 당시엔 몰랐지만 많은 사람이 내 아이디어를 실현하기 위해 고군분투하고 있었다. 그래서 내가 IBM을 떠나 창업주의 길을 걷게 되었을 때, 내게는 더 이상 아이디어를 실현해줄 창조적 출구가 없었다. 결국 새로운 아이디어가 떠올라도 나 혼자 어렵게 실행하거나, 그냥 사라져버리는 경우가 대부분이었다.

시간이 지나면서 나는 최상의 아이디어들이 실행되지 못한 채 사라지고 있다는 사실을 깨달았다. 창업을 했던 터라 전보다 더 실질적인 일 한 가지에 집중해야 했지만, 머릿속에서는 여전히 온갖 아이디어가 넘실거리고 있었다. 적잖은 갈등이 내면에서 벌어졌다. 아이디어는 용솟음치는데 그것을 담을 그릇이 없었다.

그러던 어느 날 밤 모든 것이 바뀌었다.

나는 늘 반쯤 몽롱한 상태로 근사한 아이디어를 가지고 씨름하다 한밤중에 잠에서 깨곤 했다. 그러면 대개 다시 잠들 때까지 한두 시간 동안 이런 상태가 계속되었다. 그러나 그날 밤은 달랐다. 그때 떠오른 생각은 희망이라기보다 악몽에 가까웠다. 아이디어를 실행할 방법을 생각해내지 못하면 몽땅 빼앗겨버릴 것이라는 생각이 들었다. 결국 아이디어의 샘은 말라버릴 테고 나는 더 이상 새로운 아이디어를 생각해내지 못하리라.

크고 선명한 메시지였다. 아이디어를 가장 가까운 친구로 두고 있는 사람이 아이디어를 빼앗긴다는 것은 팔다리를 잃는 일만큼이나 큰 비극이다. 나는 결국 불구가 될 것이었다. 나는 반드시

이 문제를 풀어야 했다. 며칠 동안 이 고민에서 벗어날 수 없었다. 그리고 마침내 답을 발견했다.

첫 번째 걸음은 내 아이디어를 견인할 수 있는 수단을 만드는 것이었다. 1997년 시작한 다빈치 연구소(Da Vinci Institute)가 바로 그 결과물이다. 다빈치 연구소의 목표는 도전하고 싶은 모든 프로젝트를 다룰 만큼 크고 유연하며 창의적인 조직이 되는 것이었다.

두 번째 걸음은 거친 개념에서 나오는 섬광 같은 아이디어를 붙잡아 이를 재빨리 활용 가능한 아이디어로 구축하는 신속한 방법을 개발하는 것이었다. 대부분의 회사는 아이디어를 채택하고 제품으로 바꾸는 과정이 느리고 지극히 어려웠다. 내게는 훨씬 더 빠른 방법이 필요했다.

마침내 1998년, 나는 전문 강연가의 길로 나아가기 시작했다. 사실 강연을 시작하기 전에는 어떤 결과가 나올지 분명하게 예상할 수 없었다. 다양한 분야를 다루기엔 내 식견이 부족한 것만 같았다. 하지만 내게는 아이디어를 짧은 시간 내에 말로 옮길 수 있는 강점이 있었다. 아이디어를 실행하는 데 몇 달, 몇 년씩 시간을 들일 필요가 없었다. 며칠, 몇 시간, 심지어 몇 분이면 충분했다. 그때 이후 나는 수많은 창조적 결과물을 만들었다. 잡지 칼럼, 책, 비디오, 인터뷰, 소셜 미디어 등을 통해 내 아이디어들이 구현되었다.

내 인생을 바꾸었던 순간들을 되돌아보면서 만약 다른 길을 갔더라면 어떻게 되었을까 생각해본다. 결론은 어떤 우회로를 통하더라도 결국은 **이 길로 왔을 거라는 것이다.** 이 길이 바로 내 소명이었다. 그리고 내가 조금 더 일찍 이 길을 알아보았더라면 여기까지 오는 데 그토록 오랜 시간이 걸리지는 않았을 것이다.

안타깝게도 대부분의 사람은 자신이 향하는 길의 끝에 다다르지 못한다.

● 미래학자 ｜ 토머스 프레이

52
인내를 배우다

열여섯 살 때였다. 어느 날 밤, 잠에서 깨었는데 다리를 움직일 수 없었다. 몸을 굴려 침대에서 내려온 다음 통로를 기어가며 "살려줘요!"라고 외쳤다. 방에서 뛰어나온 부모님은 바닥에 쓰러져 있는 나를 보고 바로 구급차를 불렀다.

처음에는 의사들도 뭐가 문제인지 찾아내지 못했다. 의사들이 알아낸 것이라곤 뱃속에 포도알만 한 덩어리가 있다는 사실 뿐이었다. 그들은 아마 종양인 것 같다며 정확한 원인을 알기 위해선 배를 가른 뒤 조직 검사를 해보는 수밖에 없다고 했다. 그러나 의사들의 예상과 달리 그 덩어리는 근육이 부어올라 생긴 것이었다. 감염으로 인해 근육이 부어올라 다리에 있는 주요 신경 중 하나를 압박해서 마비와 극도의 통증이 온 것이다. 다행히 목숨을 위협하는 질병은 아니었지만 치료에 많은 시간이 필요할 거라고 했다.

실제로 한 달가량 치료를 받았다. 의사와 간호사들은 수시로 내 몸에 주사를 찔러댔고, 나는 라디오를 듣거나 이런저런 생각을 하면서 대부분의 시간을 보냈다. 부모님이 사준 작은 전자 피아노를 이용해 생애 첫 노래를 만들기도 했다.

회복은 더뎠다. 병원에 머무는 한 달 동안 체중이 20킬로그램 가까이 빠졌다. 대부분이 근육이었다. 도움을 받지 않으면 걸음조차 떼기 힘들 정도였다. 퇴원 후 몇 주 동안은 지팡이를 짚기도 했다. 의사가 걷는 데는 무리가 없겠지만 스포츠, 특히 내가 좋아하는 농구는 영영 할 수 없을 거라고 말했다. 나는 그 말을 믿지 않았다. 근육량을 늘리면서 걷고 뛰는 데 전념했다. 불안했지만 희망을 버리지 않았다. 노련한 의사의 경험과 충고도 열여섯 살의 순진무구한 의지에는 속수무책이었다.

나는 한 달 만에 다시 걸음을 옮기고, 몇 달 뒤엔 재활 치료를 시작했다. 6개월 뒤엔 다시 농구를 하기 시작했고, 고등학교 대표팀으로 뽑혔으며, 이듬해에는 주전으로 자리 잡고 올스타 명단에 이름을 올렸다.

내가 이런 사연을 구구절절 이야기하는 이유는 이때의 경험이 내 인생과 일을 은유적으로 비유하고 있기 때문이다. 상황이 나에게 불리하게 돌아갈 때 내 앞에는 두 개의 갈림길이 있었다. 내가 움직일 수 없다는 정해진 운명에 굴복할 것이냐, 내 앞길을 막고 있는 장애물을 거부하느냐. 다행히 나는 가족과 친구들의 도움으로 두 번째 길을 택했다. 그 길을 통해 인내와 추진력, 원대한 이상과 목표 설정이 얼마나 중요한가를 배웠다.

그때 이후 나는 의심이 생기거나 실패를 맛볼 때마다 열여섯 살, 내 인생이 예기치 않은 걸림돌 때문에 망가질지도 모른다며 절망했던 시간을 떠올린다. 병원 침대에 누워서 어둡고 적막한 시간을 보내는 동안 사람들은 내게 '실현 가능한 목표에 집중하라'고 속삭였다. 하지만 나는 삶에 대한 포부를 가로막는 그들의 말을 듣지 않았다. 그 시간이야말로 가치 있는 무엇인가를 만들어낼 수 있는 최고의 기회였기 때문이다. 그러면서 내가 가진 능력을 당연시해서는 안 된다는 것, 매일매일 감사하며 살아야 한다는 것을 배웠다. 인내와 노력, 그리고 한계를 극복하고자 하는 의지가 결국 불가능을 가능하게 해준다는 사실을 발견했다.

● 경영 컨설턴트 | 토드 헨리

53
준비된 우연

 우리네 인생은 각각의 사건을 어떻게 헤쳐 나가느냐에 따라 다양한 모습으로 변모한다. 인생을 좌우하는 사건 중에는 미소를 자아내거나 눈물을 흘리게 하는 사소한 것들이 있는가 하면 한 사람의 인생을 바꾸어놓는 중요한 것도 있다. 나는 지금 나를 성장시킨 굵직한 사건들을 생각해본다. 어떤 사건을 경험하고 어떻게 대응했는지, 또 얼마만큼 성장했는지.
 사실 나는 내가 춤을 추는 사람이 되리라고는 전혀 상상하지 못했다. 그렇다. 내 아버지의 세 가지 직업 가운데 하나가 사교댄스 강사였다. 나는 다섯 아이 중 맏이였고, 부모님은 어리다고 할 만큼 젊으셨다. 아버지가 직업을 세 가지나 가졌던 건 순전히 가족을 먹여 살리기 위해서였다. 꿈을 꿀 공간이나 시간은 없었다. 옆에 있는 이웃들의 직업도 정유 공장 직원, 자동차 수리공, 피자 가게 점원이 전부였다.

아버지가 사교 춤 강사(아버지는 볼룸 댄스라는 말을 목의 털을 곤두세울 만큼 싫어했다)였기 때문에 나는 일곱 살 무렵부터 이미 왈츠와 차차차, 룸바, 탱고, 스윙 댄스 등의 스텝을 외우고 있었다. 고등학교에서는 춤을 꽤 잘 추는 쿨한 백인 남자이자 리더로 통했다. 여자아이들은 누구나 나와 춤을 추고 싶어 했다. 흑인 여자애들도 나를 근사하게 여겼다. 하지만 춤은 기껏해야 여자아이들을 유혹하는 데 쓰는 취미에 불과할 뿐, 그 이상도 이하도 아니었다.

나는 디킨슨 칼리지에서 연극을 공부했다. 뮤지컬이 아니라 정극(靜劇), 네오 클래식이나 아방가르드 연극을 했다. 졸업 후에는 고등학교 통학 버스를 몰면서 필라델피아의 소사이어티 힐 극장에서 연극을 했다. 그러나 추운 날씨에 쫓겨 서쪽 애리조나 주의 투손(Tucson)이라는 곳에 정착했고, 그곳에서 내가 얻을 수 있는 유일한 직장은 '아서 머레이 볼룸 댄스 스튜디오(Arthur Murray Ballroom Dance Studio)'의 강사 자리였다.

나는 댄스홀의 거울에 둘러싸인 채 향수와 파우더, 터키석으로 치장한 부유한 중년 여성들에게 춤을 가르치며 세월을 보냈다. 물론 이때에도 춤에 대한 애정이 있었던 것은 아니다. 춤은 그저 돈벌이였고, 희망적인 관점에서 해석해도 취미에 불과했다.

그러던 어느 날, 일하러 가는 길에 문이 열린 발레 스튜디오가 있어 그 안을 들여다보게 되었다. 열한 살 쯤 된 일군의 아이들이 (대부분 여자아이였다) 발레 바 근처에서 동작을 하고 있었다. 사교댄스가 아닌 춤을 추는 수업은 처음 본 것이었다. 나는 발레에 매료되었다. 또 하나의 좋은 취미이자 운동이 될 것 같았다. 길을 걸으며 나는 발레 성인반 수업을 들어야겠다고 결심했다.

첫 번째 수업 시간에 선생님은 내게 나이를 물었다. 스물네 살이라고 답했다. 그러자 그는 학생들이 보는 앞에서 이렇게 말했다. "발레를 시작하기엔 나이가 너무 많아요. 체격도 재능도 좋지 않아 보이고요. 춤으로는 아무것도 못할 겁니다. 다시는 오지 마세요."

그러나 나는 포기와는 거리가 먼 사람이었다. 이 선생의 오만함은 나를 자극했고, 나는 위대하지는 않아도 유능한 춤꾼이 되겠다고 다짐했다. 결국 나는 어여쁜 여선생이 가르치는 10~11세 반 수업을 듣기 시작했다. 선생님과 어린 친구들은 나를 지지해주었고, 나와 함께하는 시간을 좋아했다.

그로부터 4년 뒤 다시 할리우드로 이사했다. 나는 단번에 댄스계를 사로잡을 준비가 되어 있었다. 그러나 할리우드에는 아는 사람이 아무도 없었다. 우선 중심가의 원룸 아파트가 비어 있다는 소식을 듣고 자리를 잡기로 했다. 아파트의 입주자 중 한 명은 푸들 두 마리를 기르는 백인 매춘부였다. 다른 한 사람은 베트남 출신의 동성애자 수의사였는데, 그는 내가 만났던 남자 중 가장 여성스러운 사람이었다. 어쨌든 이 두 사람은 내가 만났던 사람들 중 가장 친절한 사람으로 기억에 남아 있다.

나는 여객선 파티 무대부터 「Chicago(시카고)」, 「All That Jazz(올 댓 재즈)」 등으로 유명한 보브 포스(Bob Fosse)의 뮤지컬까지 돈이 될 만한 오디션은 모조리 보았다. 하지만 일자리는 없었다. 도전을 거듭했지만 들려오는 건 낙방 소식뿐이었다. 오디션 세계의 엄혹한 현실을 전혀 몰랐던 것이다. 일자리는 없었고 댄서는 넘쳐났다. 안무가들은 무자비한 데다 불친절하고 무례했다. 여덟 시간이나 계속되는 오디션부터 15분도 채 되지 않는 오디션까지 종류도 제각각이었다. 현실을 직시해야 했다.

'나는 평생 춤을 직업으로 삼고 싶은가? 내게 충분한 실력이 있나? 돈이 떨어지면 어떻게 될까?'

결국 나는 스스로 두 번째 다짐을 했다. 그리고 꼭 지키기로 결심했다.

'돈이 떨어질 때까지 댄서가 되는 길을 계속 찾는다. 웨이터를 하면서 예술가인 양 하는 부류는 결코 되지 않는다. 수업만 듣는 예술가도 사절이다. 예술로 먹고살 수 없다면 춤은 포기한다!'

나는 끈기와 결단력을 가지고 춤 연습에 매진했다. 어떤 날은 하루 10시간을 연습에 할애했다. 오디션도 계속 치렀다. 그러나 결과는 늘 같았다.

1월에 할리우드로 왔고 이제 9월이었다. 나는 예나 지금이나 게으름을 피운 적이 없었다. 일자리 하나를 구하지 못해 힘들어하면서도 내심 쓸모 있고 창의적이면서 돈도 버는 일을 하려고 노력했다. 하지만 스스로 했던 맹세가 나를 옭아맸다. 도대체 언제쯤이면 충분하다는 생각이 들까? 결정적 순간은 언제일까? 지난 9개월 동안 아무 일도 하지 않았다. 사흘 동안 제대로 된 식사도 하지 못했다. 그때 전화기가 울렸다. 할리우드에 와서 사귄 친구 하나가 카페 피가로라는 근사한 식당에서 점심을 사겠다고 했다. 그는 내가 처한 상황을 잘 알고 있었다.

식사를 마치고 친구가 계산을 하는 동안 벽에 붙은 공고문 하나가 눈에 들어왔다. "웨이터 구함. 매니저에게 연락할 것." 갑자기 이 공고문이 계시로 다가왔다. 이제 맹세를 지킬 때가 되었다. 웨이터 자리를 구하고 춤을 포기하리라. 무거운 마음으로 계산대의 여직원에게 매니저를 만나거나 근무 지원서를 작성할 수 있느냐고 물었다. 내게 웨이터 경력이 있다는 말도 덧붙였다. 그녀는 저녁에 다시 와서 매니저에게 직접 이야기하라고 했다. 나는 정말 그럴 작정이었다.

나는 체념에 빠진 채로 마지막 댄스 수업을 들으러 코로넷 스튜디오(Coronet Studios)로 향했다. 마지막 수업은 모던 댄스 강의에서 탁월한 실력을 보여준 랜드럼 부부에게 받을 예정이었다. 나는 댄서 친구들에게도, 랜드럼 부부에게도 이것이 나의 마지막 춤이라는 말을 하지 않았다. 그런데 수업이 절반 정도 진행되었을 때 스튜디오 주인이 나를 찾았다. "여기 빈센트 패터슨 씨 있습니까?" 나는 영문도 모른 채 그를 따라 사무실로 갔다. "당신을 찾는 전화입니다." 주인이 내게 전화기를 건네주었다.

"빈센트 패터슨 씨?"

"그런데요."

"조 베넷(Joe Bennett)입니다. 딕 반 다이크(Dick Van Dyke)와 다른 유명인을 주연으로 하는 TV 프로그램의 안무를 맡고 있는데 남성 댄서가 한 명 필요합니다. 오디션 안무가 몇 사람이 당신을 추천하더군요. 한 댄서가 당신이 랜드럼 씨의 수업을 듣는다고 말해주었습니다. 제가 그곳으로 가서 수업을 볼 수 있을까요? 오디션은 따로 없고 일은 이틀 후부터 시작될 예정입니다."

"아, 베넷 씨……."

"조라고 불러요."

"조, 여기에 와서 저를 봐주시면 영광이겠습니다. 지금 막 워밍업을 마쳤고 이제 본격적으로 춤을 출 예정입니다. 완벽한 타이밍이네요."

조는 수업을 참관하러 왔다. 나는 온 마음과 영혼을 다해 춤을 추었다. 내 미래가 이 춤에 달려 있었다. 만일 조가 나를 고용하지 않는다면 약속했던 맹세를 지키리라 결심했다. 어쩔 수 없었다.

20분간 내 춤을 지켜본 조는 나를 밖으로 불러서 물었다.

"당신은 정말 훌륭한 댄서입니다. 전화번호를 주세요. 비서에게 연락해서 일정을 알려드리라고 하죠."

"감사합니다. 제가 얼마나 감사한지 모르실 겁니다."

"이틀 후에 봅시다."

이렇게 해서 내 댄스 경력은 시작되었다.

나는 딕 반 다이크 스페셜로 시작해서 몇 년간 춤을 추었다. 셜리 매클레인(Shirley MacLaine)과 함께 세계 투어를 했고 많은 광고와 TV 쇼에서 춤을 추었다. 마이클 잭슨(Michael Jackson)의 「Beat It」 뮤직비디오에서는 갱단의 리더 역할을 맡았다. 내가 등장한 유명한 뮤직비디오 가운데 최초의 작품이었다. 그 후 나는 마이클 잭슨과 마돈나(Madonna), 플라시도 도밍고(Plácido Domingo), 다니엘 바렌보임(Daniel Barenboim) 등과 함께 작업을 하며 거의 모든 장르에서 감독이자 안무가로 성공했다.

맹세를 지키기 위해 노력했다는 것을 세상에 보여주지 않았더라면, 그 테스트를 통과하지 못했더라면 예술가가 될 기회는 오지 않았을 것이다. 나는 댄서로서, 약속을 지키는 인간으로서 자신을 증명해야 했다.

고작 한 순간이 인생을 통째로 바꾸어놓을 수 있다.

내 인생을 바꾼 것은 단 한 통의 전화였다.

● 안무가 · 공연 감독 | 빈센트 패터슨

54
내가 스스로를 파괴하는 이유

25년 전, 나는 남편과 함께 뉴욕에 도착했다. 남편의 박사 학위를 위해서였다.

겁이 났다. 많은 인파, 높은 건물들, 범죄와 마약에 대한 무시무시한 사연들. 처음 한 주 동안은 혼자 밖에 나가지 않았다. 그러나 결국 밖으로 나가 직장을 구해야 했다. 그리고 기왕 일할 거면 월(Wall) 가에서 근무해야겠다고 작정했다. 어쨌거나 나는 뉴욕에 살고 있었고 큰돈을 벌고 싶었기 때문이다. 직장을 다니다 임신을 하고 가정주부가 되는 보통 내 나이의 여성들과는 거리가 먼 생각이었다. 게다가 나는 음악을 전공했고 회계나 금융, 비즈니스 쪽에는 발을 들여놓은 적도 없었다.

우선 비서로 일을 시작했다. 매일 책상 앞에 앉아 금융의 신이 되기를 원하는 사람들을 지켜보았다. 야망 가득한 20명의 남자들이 정신없이 전화 통화를 하고 있었다. 그들이 상대방에게 웨이스트 매니지먼트(Waste Management, 미국의 폐기물 관리 회사 - 옮긴이)의 주식을 100주라도 팔 수 있다면 신이 되는 길에 한 걸음 더 가까워질 텐데……. 하지만 지루하고 힘든 일이었다. 전화를 끊었다가 또 걸고 끊는 일이 되풀이되었다. 마침내 누군가 주식을 사려는 기미라도 보이면 강매에 가까운 호소가 시작된다. 치어리더나 쓰는 꽃술 따위는 던져버리고 본게임으로 들어가야 한다.

처음에는 기분이 몹시 상했다. 고등학교를 다니던 시절에는 나도 치어리더였으니까. 그때 이런 생각이 들기 시작했다. 내가 저 남자들보다 못할 게 뭐가 있어? 나도 저들만큼 똑똑한 여자야. 저 안으로 들어가야겠어. 남편이 박사 학위를 얻으려면 앞으로 5년에서 7년은 걸릴 텐데. 나는? 아무런 도전 없이 만족할 수 있을까? 지금의 10배나 되는 연봉을 받을 수 있는데 왜 여기서 만족해야 하지? 그래서 나는 본게임으로 들어갔다.

그 당시 나는 내 선택이 '파괴(disruption)'라는 사실을 알지 못했다. '파괴'라는 개념은 비서직이라는 뒷문을 통해 월 가로 걸어 들어간 후 우연히 만난 아이디어다. '파괴적 혁신(disruptive innovation)'이란 하버드 경영 대학원의 클레이튼 크리스텐슨(Clayton Christensen) 교수가 저렴한 가격이나 혁신을 통한 시장 재편을 기술

하기 위해 창안한 개념이었다. 이러한 혁신은 결국 업계를 완전히 뒤집어놓는다. 한국 기업인 현대 자동차가 일본의 도요타 자동차에 입힌 타격이야말로 파괴적 혁신이라 부를 만한 것이었다.

물론 내가 파괴라는 개념을 본격적으로 깨달은 것은 그로부터 10년 후 크리스텐슨의 저서 『The Innovator's Dilemma(혁신 기업의 딜레마)』를 읽고 나서였다. 그때 나는 증권 중개사 메릴린치(Merril Lynch)에서 투자 분석가로 일하고 있었다. 메릴린치는 신흥 시장의 이동 통신과 미디어 부문 투자를 주로 담당하고 있었다. 나는 이동 전화 보급률이 늘 예상 이상으로 치솟는 이유를 설명하는 데 크리스텐슨의 파괴 개념이 완벽한 틀을 제공한다는 사실을 인식했다. 이동 전화는 유선 전화를 파괴하고 있었던 것이다.

파괴라는 틀에 익숙해질수록 이 개념은 비즈니스뿐만 아니라 개인, 특히 내게 적용 가능하다는 확신이 생겼다. 나는 10년째 기관 투자가들이 인정하는 투자 분석가로 일하고 있었다. 게임의 최고봉에 있었지만 이제 뭔가 다른 것을 할 시기였다. 뭔가 중요한 진전을 볼 시기가 된 것이다. 파괴 이론에 의하면 내가 메릴린치에 머무는 한 진전은 일어나지 않는다. 현 상태를 뒤집기 위해 아무도 놀지 않는 곳에서 게임을 할 필요가 있었다.

몇 달 후 사직했다. 창업을 하기 위해서였다. 사람들은 내가 제정신이 아니라고 생각했다. 당시 내가 누리고 있던 힘과 명망은 뼈를 깎는 노력의 결과였다. 나는 비서로 출발해서 금융가의 먹이

사슬을 타고 올라가 결국 누구나 인정하는 분석가가 되었다. 그런 내가 왜 다시 이곳을 떠나 아동용 책을 쓰고 남미에 대한 리얼리티 TV 프로그램을 만들려고 하는가?

물론 아동용 책을 쓰지도, TV 프로그램을 만들지도 못했다. 오히려 나는 경제 월간지 《Harvard Business Review(하버드 비즈니스 리뷰)》를 위해 일과 인생을 다룬 블로그를 만들고 크리스텐슨과 투자회사를 공동 창업했다. 동료들과 친구들에게 나의 변화는 터무니없어 보였겠지만 가장 성공적인 혁신은 '새로운 시장과 가치 네트워크를 창출함으로써 기존의 시장과 네트워크를 전복시키는 것'이라는 파괴적 혁신의 틀에서 보면 내 선택은 매우 합리적이었다.

내가 성공이라는 큰 산을 중단 없이 올라갔다는 오해가 있을까 하는 노파심에 덧붙이고 싶은 이야기가 있다. 사실 외롭고 두려운 나날이었다. 2005년, 직장을 그만두고 아드레날린을 뿜어내던 시간들이 지나자 정체성을 잃었다는 엄청난 상실감이 찾아들었다. 나는 더 이상 사람들에게 전화를 걸어 "메릴린치의 휘트니 존슨입니다."라고 말할 수 없게 되어버렸다. 이제 나는 "휘트니 존슨입니다."라는 평범한 말로 자신을 소개해야 했고 때로는 그에 대한 불만이 나를 지배했다.

투자한 상품에 대한 수익률이 너무 나빠서 현금 흐름이 제로를 향해 곤두박질치는 때도 있었다. 마치 형편없는 사람이 된 것 같았다. 하지만 아무도 가지 않는 길을 갈 때에는 외로울 수밖에 없다.

이렇게 외롭고 두려워도 자신을 파괴하는 데에는 두 가지 이유가 있다.

첫째, 내면 깊은 곳에서 울리는 목소리를 듣고 따르지 않으면 당신은 안에서부터 조금씩 시들어갈 것이다. 이것이 바로 올바른 일을 하면 틀리고, 틀린 일을 하면 맞는 '혁신가의 딜레마(Innovator's Dilemma)'라는 현상이다. 혁신을 이루건 말건 우리는 늘 추락의 위험에 처해 있다. 그러므로 가능하면 혁신을 이루는 방향으로 나아가는 게 맞다.

둘째, 기업의 경우 파괴를 단행했을 때가 매뉴얼을 따랐을 때보다 보통 성공 확률이 6배 높아진다. 물론 실패의 위험은 있지만 가능성은 늘 유리한 방향으로 기울게 마련이다. 그리고 파괴적 혁신을 이루었을 때 수익은 20배나 높아진다.

나는 파괴적 혁신을 실행하는 기업을 구축하거나 사들이면서 방송에도 많은 시간을 할애한다. 그래야만 한다. 월 가에서 보낸 시간 이후 내가 깨달은 사실은 파괴적 혁신의 동력이 개인으로부터 나온다는 것이다. 기업은 파괴하지 않는다. 파괴하는 것은 인간이다. 만일 여러분이 진정으로 세계를 진보시키고 싶다면 내면에서 혁신을 단행하라. 그리고 자신을 파괴하라.

● 투자 전문가 | 휘트니 존슨

55
우연히 행복해지다

나는 러시아의 모스크바에서 태어났다. 돌이켜보면 미술을 공부한 것은 딱히 내 의지가 아니었던 것 같다. 다섯 살 때 부모님의 손에 이끌려 미술 학교에 입학한 이후 다른 일은 생각도 해본 적이 없기 때문이다. 나는 그저 부모님이 선택해주신 길을 따랐고 그게 당연하다고 생각했다. 지금 생각해보면 부모님은 일찍부터 내 소질을 고려하고(그 나이에 누가 소질에 대해 생각했겠냐마는) 선택해주심으로써 진로에 대한 나의 고민을 덜어주려 했던 것 같다.

10년 동안 미술 학교에서 공부한 뒤에는 5년 동안 모스크바 국립 섬유 대학에 다녔다. 전공은 섬유 산업용 그래픽 디자인이었다. 그러나 솔직히 그 학교에서 내게 섬유 산업용 그래픽 디자인을 가르쳐준 사람은 없었다. 섬유 산업용 디자인이라는 건 이름일 뿐이었고, 우리는 그저 정식 드로잉과 회화, 종이 공예 등 모든 분야를 조금씩 배웠을 뿐이다. 그래픽 디자인은 전체 수업 시간의 10분의 1에 불과했다. 그때 내가 배운 지식이 나중에 알게 된 '그래픽 디자인'과 얼마나 다른지는 구구절절 설명하기조차 힘들다. 그래서 나는 그래픽 디자인 분야를 제대로 공부할 수 있는 곳을 물색하기 시작했고, 결국 영국을 유학지로 선택했다.

좀 이상하게 들릴지도 모르지만 외국 유학 결정은 내 인생 최초의 터닝 포인트였다. 모스크바에 남았을 경우 인정받는 그래픽 디자이너가 될 확률은 제로였다. 그런 상황을 알면서도 모스크바에 남아 있자니 숨이 막힐 것 같았다.

영국에서 공부를 시작한 이후에는 성공하고 싶다는 욕망이 소용돌이치기 시작했다. 기회들이 허공을 떠다니는 것 같았고, 나는 그저 손을 뻗어 잡기만 하면 된다는 느낌이었다. 그럼에도 불구하고 그래픽 커뮤니케이션 석사 학위를 마치는 데에는 2년이라는 긴 시간이 소모되었다. 그리고 내가 진정한 예술적 영감(종이 작업)을 찾아낸 건 다시 그 뒤 2년 동안 그래픽 디자인에 대한 모든 것을 잊고 나서였다. 아이로니컬하게도 나는 그래픽 디자인이 내 적성에 맞지 않는다는 걸 깨닫기 위해 그 많은 공부를 했던 것이다.

사실 나는 늘 종이라는 재료에 특별한 매력을 느껴왔다. 러시아에서 미술 공부를 하는 동안에도 아무 생각 없이 종이를 이용해 다양한 작품 기법을 시도하곤 했다. 퀼링 기법(quilling technique)은 특히 내게 '잘 맞는' 분야였다. 퀼링 기법은 종이끈을 돌돌 말아 모양을 만든 뒤 종이판에 붙여 디자인하는 것이다. 나는 퀼링이라는 말을 들어본 적도, 방법을 배운 적도 없었다. 아는 거라곤 종이를 돌돌 말면 끝부분을 붙일 수 있다는 사실 정도였다(모스크바에서 대학을 다닐 때 한 교수가 우리에게 샘플로 보여준 책을 따라한 게 전부였다).

나만의 독특한 디자인을 개발하던 당시 나는 손으로 그리는 일러스트레이션에 집중하면서, 잠재적 고객들에게 보여줄 작은 드로잉 안내 책자를 만들고 있었다. 문제는 표지였다. 책자 표지에 넣을 내 이름 '율리야'를 어떻게 하면 눈에 띄게 만들 수 있을지 아이디어가 선뜻 떠오르지 않았다. 갖가지 도안을 엄청나게 많이 만들었지만 마음에 드는 게 없었다.

그러던 중 갑자기 퀼링 기법이 떠올랐다. 그때는 종이 공예를 잠깐 해본 경험이 앞으로 나를 대표하는 스타일이 될 거라고 생각하지 못했다. 종이끈을 돌돌 말아 내 이름을 만들어 붙이니 입체적인 느낌이 꽤 근사했다. 게다가 매우 개성적으로 보였다. 글자 윤곽은 빨간색, 장식 컬과 안쪽 선은 흰색으로 단 두 가지 색만 사용했다. 다음 도안은 같은 글자체를 쓰되 흰색만 썼고, 종이끈으로 만든 그림처럼 보이게 만들었다. 다음에는 흰색과 노란색, 오렌지색에서 빨간색까지 일곱 가지 색을 써서 도안을 만들었다.

바로 이것이었다. 드디어 진정한 나만의 스타일을 찾아냈다.

나는 남편과 함께 이 도안들의 사진을 찍어 내가 좋아하는 출판사 다섯 곳에 포트폴리오를 보냈다. 그중 한 곳은 《G2》라는 《The Guardian(가디언)》의 평일 증보판 일간지였다. 일주일 후 《G2》의 아트 디렉터에게 전화가 걸려왔다. 표지와 여섯 개의 내지 일러스트레이션이 필요하다는 얘기였다. 각 일러스트레이션에는 글자, 숫자와 더불어 '검소한 크리스마스'라는 글자 도안이 들어갔으면 좋겠다고 했다.

문제는 마감 기한이 3일 반 밖에 안 된다는 것이었다. 미칠 지경이었다. 첫 샘플 디자인 작업을 끝내는 데만 5일은 필요한데 3일 반 만에 다 끝내라니? 그러나 내 대답은 "가능합니다."였다. 난생 처음 받은 주문인데 시간적인 이유로 거절할 수는 없었다. 그 3일 반은 절대로 잊지 못할 것이다. 거의 잠을 자지 못했다. 심지어 제시간에 마감하지 못할 지 모른다는 생각에 공황 발작까지 겪었다.

그러나 결국 나는 해냈다. 《G2》 증보판은 내 일러스트레이션을 표지에 실었고, 나는 전문 디자이너로서 발걸음을 내딛게 되었다. 그 표지 도안은 곧 모든 주요 디자인 블로그를 점령했다. 심지어 매년 발간되는 광고 대행사 D&AD의 최고의 디자인 책자에도 실렸다. 그 후 나는 주문을 받으려 애를 쓴 적이 없다. 고객들은 꾸준히 내 작품을 찾았다. 지금도 마찬가지다. 지난 6년 동안 나는 전 세계의 고객들을 상대로 100가지 이상의 프로젝트를 진행했다.

현재 나는 진정 내 것이라고 느낄 수 있는 고유한 예술적 스타

일이 있어서 행복하다. 내가 걸어온 길에는 불필요하거나 헛된 여정은 없었다. 러시아에서의 배움도 매우 중요했다. 그때 선생님이 대충이라도 종이 디자인 도안을 보여주지 않았더라면 오늘의 나는 없었을지 모른다. 하지만 정말 중요한 활자체에 대한 지식과 애정은 영국에서의 유학을 통해 배웠다. 영국에서 배운 그래픽 디자인이 내 퀼링 작품을 더욱 세련되게 만들어주었다. 그런 점에서 영국 유학은 내 인생의 첫 번째 터닝 포인트였다고 해도 좋다.

● 페이퍼 아티스트 | 율리야 브로드스카야

PART 3

점을 잇다
Connecting the Dots

56
답은 언제나 고정관념 밖에 있다

어렸을 때 나는 사람들이 인생의 의미를 이해하기 위해 '종교'와 '과학'이라는 두 종류의 지혜에 기댄다는 사실을 알게 되었다. 그리고 어린 나이였음에도 불구하고, 종교적 신앙을 권위적으로 행사하는 이들의 언행이 일치하지 않는다는 사실도 알아냈다. 종교는 '진리'에 대한 내 탐구심을 발휘할 수 있는 흥미로운 분야가 아니었던 것이다. 결국 나는 생명의 신비를 이해하기 위해 '과학'의 길을 걷기로 결심했다.

초등학교 때부터 대학 시절까지 나는 생물학과 유전학, 진화론 분야에서 '진리'에 대한 알찬 교육을 받았다. 세포 복제 연구의 선구자인 어윈 코닉스버그(Irwin Konigsber) 박사의 연구실에서 대학원생으로 공부했으며, 1971년에는 복제 줄기세포 발달에 대한 실험 조사로 박사 학위를 받았다. 그리고 위스콘신 의과 대학의 해부학 교수가 되어 의대생들에게 세포와 조직, 장기의 작동 방식을 가르치는 세포 생물학을 가르쳤다. 학생들에게 펼쳤던 강의는 그 당시 확립되었던 유전자 결정론, 즉 유전자가 우리의 건강과 삶을 지배한다는 신념을 담은 것이었다.

유전자 결정론은 가족의 계보에 있는 유전자가 개인의 생물학적 특성을 형성한다고 주장했다. 즉 유전자가 우리의 신체를 통제함으로써 우리는 언제나 유전의 '희생자'가 될 수밖에 없는 것이다. 그래서 가족의 병력에 암이나 알츠하이머병, 당뇨병이 있는 사람들은 항상 언젠가 자신도 그 병에 걸리리라는 두려움을 안고 살았다.

이렇게 나는 학생들에게 이렇게 생명이 유전자에 의해 통제된다고 가르쳤다. 그러나 복제 줄기세포에 대한 내 연구는 완전히 다른 길을 향해 달리고 있었다.

우선 나는 복제된(유전적으로 동일한) 세포들을 각기 다른 배양 접시에 쪼개 넣었다. 그리고 접시마다 다양한 형식의 표준 배양기를 공급한 뒤, 상이한 '환경' 속에서 동일한 유전자를 가진 세포들이 어떤 식으로 발달하는지 살펴보았다. 결과는 놀라웠다. 동일한 세포들이 환경의 영향에 따라 다른 모습으로 성장했던 것이다.

예를 들자면 어떤 배양기에서는 세포가 근육을 형성한 반면,

다른 배양기에서 뼈를 형성했다. 그리고 또 다른 배양기에서는 지방 세포를 형성하기도 했다. 유전자가 세포의 운명을 좌우한다는 기존의 가정이 심각한 도전에 직면한 것이다. 무엇보다도 나는 내가 학생들에게 가르쳤던 이론을 반대로 뒤집어야 하는 난감한 상황에 처했다.

하지만 내 실험 결과에 가장 극적으로 반응한 건 함께 과학을 연구하는 동료들이었다. 그들은 내 연구가 인위적이라며 받아들이기를 거부했다. 유전자 통제에 대한 자신들의 근본적인 신념을 뒤흔들었기 때문이었다. 결국 나는 내가 가르쳤던 전통적인 도그마(dogma, 독단적인 신념이나 학설)보다 내 연구의 '진실'을 믿었다는 이유로 1982년 대학을 사임해야 했다. 내 삶을 바꾸어놓은 긴 모험은 그렇게 시작되었다.

나는 내 연구에 신뢰성을 더하기 위해 환경 요인들이 유전자와 세포의 행태를 어떻게 통제하는지 생물학적으로 분석할 필요를 느꼈다. 구체적으로 세포의 '두뇌'가 어떻게 작용하는지를 밝혀야 했다. 그리고 이 연구를 위해 생물학 분야의 밖으로 나가 양자 물리학과 프랙탈(fractal, 부분과 전체가 똑같은 모양을 하고 있다는 자기 유사성 개념을 기하학적으로 푼 구조. 나뭇가지 성에 등의 패턴을 생각하면 된다) 수학, 정보 과학, 발달 심리학 등의 다양한 학문을 공부해야 했다.

기존의 생물학 교과서에서는 세포의 가장 큰 세포 기관인 핵을 '두뇌'라고 일컬었다. 실질적인 세포의 유전 정보가 핵에 모두 들어 있었기 때문이다. 핵은 세포의 관제 센터인 셈이었다. 실제로 유전자는 세포의 단백질 구성체를 만드는 데 청사진 역할을 했으며, 전체 세포를 재생시키는 데에도 관여했다. 누가 보아도 핵은 세포의 생식과 재생을 담당하는 기관임에 분명했다.

나아가 나는 세포의 피부격인 세포막을 연구하기 시작했다. 세포막은 단순한 구조적 외양을 가지고 있었으며, 이 때문에 생물학자들은 세포막을 세포질을 담고 있는 '랩' 정도로만 인식했다. 그만큼 세포 연구에서 중요성이 떨어졌다는 얘기다. 하지만 나는 달랐다.

세포막은 이온과 염분, 양분의 진입과 이탈을 통제하는 단백질 통로를 갖고 있었는데, 나는 세포막의 분자 구조에 대한 심층적 분석을 시도하며 세포막의 양자 역학적 성질을 평가하기 위한 작업을 지속적으로 시도했다. 그리고 환경 정보 처리에 있어서 세포막이 수행하는 역할을 밝히기 위해 수많은 정의를 만들어냈다.

그리고 결국 내 인생을 바꾸어놓았던 1985년 어느 날 저녁, 나는 세포막의 성질을 나만의 고유한 방식으로 재정의했다. 세포막은 수용기와 채널을 갖춘 액정, 즉 반도체라는 것이다. '세포가 반도체'라는 말을 적는 순간, 나는 그와 같은 정의를 어디선가 본 적이 있다는 걸 깨달았다. 바로 '라디오색(RadioShack)'이라는 전자 제품 가게에서 첫 번째 컴퓨터와 함께 구매한 『Understanding Your

Microprocessor(마이크로프로세서의 이해)』라는 책이었다.

그 책의 서문에는 컴퓨터칩을 '출입문과 통로가 달린 결정', 즉 반도체라고 정의해놓았다! 처음에 나는 '참 대단한 우연이군. 세포막과 컴퓨터칩이 동일한 정의를 공유하다니……' 하고 생각했다. 그러나 몇 분 동안 두 개념을 비교하고 난 뒤 나는 세포막과 칩이 문자 그대로 동일하다는 사실을 깨달았다. 반도체는 세포막의 비유적 표현이 아니었다. 세포막은 정말 컴퓨터칩이었다!

세포막은 유기체의 정보 처리기기다. 세포막은 환경의 자극(입력 정보)을 읽어내고, 그 반응(출력 정보)은 세포의 행동과 유전자의 활동을 조율하여 생존을 보장한다. 이 새로운 비전을 통해 세포는 환경적으로 통제되는 '프로그래밍 가능한' 칩으로 재정의되었다. 세포는 유전적으로 수천 개의 변종을 표현할 수 있으며, 그들의 운명은 환경에 의해 결정되는 것이다.

인간의 몸은 50조 개의 세포로 이루어져 있으며, 세포 생물학에 대한 지식은 직접적으로 인간 생물학에 적용된다. 본질적으로 인간은 피부로 덮여 있는 배양 접시고, 이 접시 속 수조 개의 세포는 혈액이라 불리는 배양기 속에 감싸여 있다. 세포 유전자를 통제하는 혈액의 화학 작용은 뇌에 의해 조율되며, 우리의 의식과 감정에 의해 형성된다.

생명에 대한 새로운 진실을 깨달은 뒤 나는 엄청난 기쁨을 느꼈다. 가슴 깊은 곳에서 올라오는 기쁨에 심장은 고통을 호소했고,

눈물이 볼을 타고 흘렀다. 이 새로운 인식은 '기존에 짜여진' 과학적 도그마에서 살아온 지난 30년을 완전히 변화시켰다. 유전자 통제에 대해 내가 습득해온 신념은 그야말로 틀린 것이었다! 인간은 유전자와 혈통의 '희생자'가 아니었다. 환경이 유전자 활동을 통제하고, 인간이 환경을 통제할 수 있기 때문에 우리는 자기 유전자의 주인이 될 수 있었다!

새로운 첫 번째 통찰이 나의 세계를 뒤집어놓았다면, 두 번째 통찰은 전 우주를 뒤집어놓았다. 기계론적 생물학자에서 영적 생물학자로 변모하면서 나의 인생 또한 즉시 바뀌었다. 이 새로운 통찰들은 내가 '불멸의 존재'라는 사실을 알려주었다. 나는 죽을 수 없다. 나의 정체성은 내 몸 안에서 유래된 것이 아니라, 내 몸이 받는 비물질적 환경 에너지로부터 온 것이기 때문이다. 나는 인간이라는 육신 이상의 존재였다. 인간의 몸을 통해 작용하는 영(spirit)이었다.

인간의 특징은 고유하다. 이 사실은 다음과 같은 관찰에 의해 입증되었다. 세포나 장기를 다른 사람에게 이식하는 경우, 장기를 받은 사람의 면역 체계는 그 이식물을 '타자'라 여기고 거부한다. 각 인간의 자아는 수용기(receptor)라 불리는 고유하고 복잡한 일군의 세포막 단백질에 의해 구별되는 까닭이다.

'자아'를 의미하는 단백질 수용기는 세포막의 외부 표면으로부터 뻗어 있으며, 환경의 신호를 받아들여 방송하는 소형 TV 안테나를 닮았다. 만일 세포의 자아 수용기가 제거되면 세포는 더 이상 개별 정체성을 갖지 못하며 일반적인 세포로 전락하고 만다. 이와 동일한 통찰로 환생의 개념을 설명할 수도 있다. '환생'이란 동일한 나의 자아, 즉 수용기를 소유한 미래의 배아가 나와 동일한 정체성을 갖고 다른 몸을 통해 작용하는 것이다.

현대 과학에 대한 나의 새로운 관점과 신체에 작용하는 영에 대한 경험은 내 인생을 근원적으로 변화시켰다. 나는 더 이상 죽음을 두려워하지 않게 되었고, 인생의 더 큰 목표를 자각하게 되었다. 50조 개의 세포로 이루어진 내 몸의 운명이 의식과 감정에 의해 주로 결정된다는 사실을 알게 된 것이다. 나는 살아오면서 습득한 부정적인 잠재의식 프로그램을 새롭고 건강한 신념으로 대체할 수 있음도 알게 되었다. 이제 나는 내 마음의 감정에서 들려오는 슬기로운 내면의 목소리에 귀를 기울일 수 있었다.

사고방식의 변화는 삶의 변화로 이어졌다. '자아'에 대한 새로운 지식은 스스로에게 권능을 부여했다. 지난 25년간 나는 경이로울 정도로 건강했고 의사를 만나거나 약을 복용한 적도 없다. 나의 삶은 기쁨으로 충만하며 애정 어린 사람들에게 둘러싸여 있다. 그중에서도 가장 특별한 건 평생의 동반자, 내 사랑 마가렛(Margaret)과 '영원히 행복하게 살았습니다'라는 동화 같은 이야기를 만든 것이다.

놀랍겠지만, 결국 결론은 위대한 카르마(karma)다. 대부분의 사람은 우리가 죽어서 천국에 갈 것이라고 믿지만, 나의 인생은 그와는 다른 실상을 보여준다. 이제 나는 우리가 천국에서 태어난다고 믿는다. 지구는 우리의 창조적 세계이자, 소망과 욕망과 열망을 표현할 수 있는 공간이다.

● **신생물학자 | 브루스 립턴**

57
자신을 사랑하는 일은 아직 늦지 않았다

나는 미국 남부 앨라배마 주의 모바일(Mobile)이라는 깊은 산골에서 태어났다. 아젤리아라는 아름다운 꽃으로 물든 강렬한 경치 때문에 아젤리아 시티(Azalea City)라고도 알려진 곳이다.

나의 어린 시절은 결코 밝지 않았다. 나는 어린아이를 학대하는 가족을 피해 다른 가정으로 입양되었고, 작은 시골길 위에서 자랐다. 그렇게 나이가 들었지만 가난했던 집안 형편 때문에 대학 진학은 엄두도 못 냈다. 나를 여기서 끌어내줄 연줄도 없었고, 교육에 긍정적인 영향을 미칠 역할 모델도 없었다. 설상가상으로 어린 시절 남몰래 당한 폭행과 학대로 자존감까지 사정없이 뭉개져 있었다. 이를 극복하는 데는 수십 년의 시간이 필요했다. 내게 어린 시절의 기억 중 남아 있는 것이라곤 끊임없는 공포와 '기름진 음식'뿐이었다.

나를 기른 것은 펄펄 끓는 미움과 편견, 폭력, 무지의 압력솥 같은 점잖은(?) 환경이었다. 특히 나는 건강한 식생활에 대해서는 아무것도 배우지 못했다. 내가 배운 건 '특별한 때'에는 상상할 수 있는 맛난 음식들을 게걸스럽게 먹음으로써 '자신을 대우하라'는 것이었다. 기름과 버터로 칠갑이 된 음식, 달달한 음식, 튀긴 음식, 지방 가득한 바비큐 요리에 대해 세세하게 얘기하고 싶진 않지만, 정말 탐식이 지옥으로 떨어지는 일곱 가지 대죄 중 하나라면 나는 지옥에 갈 사람들을 많이 알고 있는 셈이다. 그렇게 건강한 생활양식에 대한 아무런 지식도 없던 나는 시간이 지날수록 망가졌고, 내 젊음은 늘어나는 뱃살과 함께 시들어갔다.

세월이 훨씬 지난 뒤 나는 집 밖으로 나갈 수 없는 곱사등이처럼 외딴 교외의 지하실에서 살고(실은 죽어가고) 있는 자신을 발견했다. 내가 몇 달 동안 집 밖에 나가지 않았던 이유는 만성적인 통증과 내 모습에 대한 수치심 때문이었다. 누가 봐도 정말 최악의 상태였다. 나는 슬펐다. 내게 도움을 줄 만한 사람이 아무도 없었다. 가까운 사람들에게 도움을 외쳤지만, 돌아온 건 냉대와 무관심뿐이었다.

마침내 이대로 죽을지도 모른다는 두려움의 시간이 엄습했다. 몸 상태가 극도로 악화되었다. 계단 몇 개만 올라도 숨이 턱까지

차올랐다. 정말 무서웠다. 나는 혼자였고 쇠약해져 있었다. 항상 피곤했고, 무덤이 가까워지는 게 느껴졌다. 나의 육신은 통증과 부서진 마음과 영혼의 고독을 감싸고 있는 지방 덩어리의 무덤이 되어 버렸다. 희망과 삶은 멀게만 보였다.

그럼에도 불구하고 나의 내면에는 무엇인가 여전히 남아 있었다. 그것은 아름답게 살고 싶다는 꿈이었다. 위대한 일을 하고 싶다는 원대한 소망이었다. 그러나 나의 꿈을 실현하기 위해서는 당시엔 너무도 멀게만 느껴졌던 힘과 생기가 필요했다. 나는 통증에 시달리는 허약하고 뻣뻣한 육신을 벗어버리고 싶었다.

어린 시절 맨발로 앨라배마의 흙탕길을 뛰어다니던 때가 떠올랐다. 그 당시의 나는 촌뜨기였지만, 최소한 뛰어다닐 수는 있었다. 어둠이 내리면 광활한 대지를 맨발로 뛰어 집까지 달려가곤 했다. 발가락 끝으로 얼마나 미친 듯이 속도를 내어 달렸는지 귓가에 바람소리만 웅웅 들려왔다. 그때 나는 머큐리(Mercury, 로마 신화에 등장하는 전령의 신. 날개 달린 모자와 신발을 신고 바람처럼 세상을 돌아다녔다)나 용감한 인디언처럼 지칠 줄 모르는 에너지가 용솟음쳤다. 나는 바람처럼 달릴 수 있었고, 내 안에서 뿜어져 나오는 힘을 느낄 수 있었다. 나는 그 젊음 가득한 용수철 같은 활기를 다시금 느끼고 싶었다.

건강을 되찾기 위해 내디딘 첫걸음 가운데 하나는 겸허함을 배우는 것이었다. 소중한 자신의 몸을 남용하고 학대하는 것은 극도의 오만이자 자기혐오였다. 나는 건강을 되찾기 위해 세상에 존재하는 아름다운 선물들과 친해지려 노력하고, 모든 것을 존중하며, 감사하기로 결심했다. 그리고 이런 과정을 높이 평가하는 사람들을 찾아 그들과 어울리기 시작했다.

또한 나는 건강하고 활기찬 삶을 살겠다고 다짐했다. 경이로운 인생을 경험하기 위해 필요한 에너지를 찾겠다고 결정한 것이다. 나는 인생을 이끌어나갈 수 있는 힘과 정력을 갖고 싶었다. 허약한 마비 상태로 무덤을 향해 갈 것인가, 아니면 활력을 되찾고 젊음과 기쁨이 충만한 인간으로 다시 일어날 것인가를 결정하는 것은 전적으로 나의 몫이었다.

지식을 찾아가는 여정의 선상에서 나는 어느 날 매우 중요한 사실을 한 가지 깨달았다. 인간의 몸은 신성한 질서를 지닌 불가해하고 기적적인 소우주라는 것이다. 세포 하나하나의 총명함과 복잡다단함, 그리고 정연함은 거대한 현대 도시의 모습과 다르지 않았다. 내 몸은 나를 사랑하고 있는 것이다! 생각해보라. 몸속에 있는 우주, 다시 말해 수조 개의 세포가 거대한 오케스트라처럼 일제히 자신의 역할을 수행하며 당신을 위해 봉사하고 치유한다. 당신의 세포는 잘 짜인 하모니 속에서 끊임없이 움직이며 당신을 정화시킨다. 사람의 몸이 최적의 건강을 유지하기 위해 우리에게 요구하는 것은 협조뿐이다. 그런데 나는 이 사실을 모른 채 내 몸과 전쟁을 치르고 있었던 셈이다.

나는 그동안 스트레스와 유독한 환경, 수면 부족과 최악의 독극물이 든 식품 등 소위 현대 미국인들이 가지고 있는 라이프스타일로 내 몸에 끔찍한 폭력을 행사해왔다. 비만인 사람은 만성 질병을 끌어안고 무덤을 향해 돌진하는 것과 같다. 내 몸 역시 기름과 동물성 지방, 정제된 탄수화물, 설탕, 소금 같은 독극물에 완전히 절어 있는 상태였다. 그리고 내가 신체에 가한 이 모든 폭력으로 인해 몸이 가지고 있던 자체 수리 능력은 과부하 상태에 빠져 있었다. 나는 세상을 치유하기 전에 먼저 스스로를 치유해야 한다는 사실을 깨닫지 못했다.

그러던 중 나는 내가 세계라는 거대한 무대에 던져진 존재라는 사실을 발견했다. 사람들을 대신해 이성과 평화의 목소리를 낼 수 있는 소중한 기회를 부여받은 것이다. 그리고 나는 그 기회를 통해 나를 더욱 겸손하게 만드는 깨달음을 얻었다. 겉으로는 세계 평화를 외치면서도 나 자신의 몸과는 험한 전쟁을 치르고 있다는 자각이 그것이었다. 나는 빈곤과 기아에 떠들고 다녔지만, 내 몸은 내 몫 이상의 음식을 먹고 있었다. 그야말로 위선자였다. 이러한 깨달음을 통해 나의 자만은 자기애(自己愛)라는 섭리를 향하기 시작했다. 간디가 전에 말했듯이 '나는 내가 이 세상에서 보고 싶은 변화의 모습 그 자체'가 되어야 했던 것이다.

나는 몸이 알아서 작용하도록 내버려두고 거기에 협조하는 간단한 일만으로도 내 몸이 비만이라는 끔찍한 병을 스스로 이겨낼 수 있다는 사실을 깨달았다. 체중 감량을 위해 내가 한 일이라고는 내 몸에 내재되어 있는 지혜와 지성에 순순히 협조하는 것 외에는 없었다. 실제로 성찰과 약간의 협조만 있으면 몸은 큰 노력을 들이지 않아도 스스로를 치유한다. 우리가 자신과 평화로운 관계를 유지할 때, 그 진정한 평화는 우리의 외적 존재인 몸을 통해서도 총체적으로 표현된다. 체중을 줄이고 건강해지는 것은 간단하고 쉬운 일이다. 목표는 체중 감량이 아니라 진정한 건강을 찾는 것, 삶이 주는 선물을 존중하는 것이 되어야 한다.

여러분이 건강을 되찾기 위해 하는 통렬한 싸움과 인내를 나는 잘 안다. 나도 겪어보았기 때문이다. 건강을 되찾는 싸움은 내게 매우 가까운 일이었다. 나는 실제로 45킬로그램 이상을 감량했고, 허리 사이즈를 127센티미터에서 76센티미터로 줄였다. 모든 약물로부터 해방되었고, 고도 비만, 심장병, 고혈압, 경계성 당뇨, 콜레스테롤 과다, 위산 역류, 녹내장, 관절염, 통풍, 후두염, 디스크, 불면증 등의 질환도 치유했다. 내 수명은 필시 수십 년 이상 연장되었을 것이다. 자연적인 방법으로 몸을 치유한 나는 이제 건강한 이십 대의 에너지와 활기, 유연성을 갖고 있다.

어떤 한 사람이 해낸 일이라면 누구든 할 수 있다. 여러분은 자신의 삶을 되찾고, 잠재력을 실현할 수 있는 길로 되돌아갈 수 있다. 자신을 다시 사랑하는 일에 너무 늦은 시기란 없다. 포기하지 말라. 여러분은 무엇이든 이룰 수 있다. 진정으로 원한다면 말이다. 내가 그 가능성의 증거다. 꾸준히 공부하고 자기애를 통해 자신을 제대로 돌보는 방법을 습득하라. 나는 내 자리에서 여러분을 지지하고 도울 것이다. 정신과 영혼, 육신이라는 3인조를 통합하면 무슨 일이든 실천할 수 있는 결단력을 얻을 수 있다. 그리고 그 결단력을 바탕으로 삶을 완전히 바꿀 수 있는 힘을 발휘할 수 있다. 이제 당신이 시작할 차례다!

● 긍정 심리학자 | 브라이언트 맥길

58
내 인생을 바꾼 고아원

케냐로 향했던 건 산을 오르기 위해서였다.

2006년말, 나는 9개월 동안의 여정을 마무리하고 있었다. 내가 꿈꿔왔던 세계 일주를 하며 여행기를 쓰는 여정이었다. 19개국을 돌면서 나는 다른 어떤 일에도 시간을 허비하지 않고 오직 내가 해보고 싶었던 일들만 하면서 지냈다.

처음엔 장거리 여행을 대비하자는 의미에서 2주 동안 대서양을 횡단하는 유람선을 탔고, 남아프리카에서 스카이다이빙을 즐겼다. 에베레스트 산 베이스캠프까지 트레킹을 했고, 인도의 해변에서 여러 달을 보낸 뒤, 몽골에서 모스크바행 시베리아 횡단 열차를 탔다. 시베리아 횡단 열차는 내 오랜 꿈이었고 나는 마침내 그 꿈을 이루었다(그러나 심한 먼지바람과 회색빛 무미건조한 풍경에 질려 하루만에 기차에서 내렸고, 결국 비행기를 타고 모스크바로 갔다).

나는 여행 도중 블로그를 시작했고, 100권의 책을 읽었으며, 아무도 나를 간섭하지 않는 생활을 즐겼다. 여행을 하면서 다른 누구도 아닌 온전한 나 자신으로 살았다.

케냐는 여행의 종착지였다. 에베레스트 산에서 등반에 대한 충분한 연습을 하지 못했음에도 불구하고, 케냐에 있는 산에는 꼭 오를 생각이었다. 어떤 사람이 산기슭에 있는 저렴한 게스트하우스를 소개해주었고, 나는 그의 제안을 고맙게 받아들였다. 그때까지만 해도 그 게스트하우스가 어떤 고아원의 소유 시설이라는 사실은 내게 별 의미가 없었다. 그저 하룻밤 묵을 곳이 필요했을 뿐이니까. 나는 새 친구를 찾는 게 아니었기 때문에 고아 친구들을 만난다 해도 별다른 느낌이 들 거라곤 생각하지 못했다.

케냐의 니에리(Nyeri)에 있는 고아원에 도착했을 무렵 나는 거의 아사 직전이었다. 도로변의 주유소에서 점심으로 먹은 비스킷은 (비록 메스꺼운 도로 위에서는 비스킷만한 게 없지만) 식욕을 달래기에는 역부족이었다. 십 대의 아이들이 고아원에 있는 어른들과 함께 점심을 먹겠느냐고 물었을 때 나는 신나서 펄쩍 뛸 지경이었다.

변화는 점심을 먹던 어느 시점엔가 찾아왔다. 오클라호마 주만큼이나 크게 웃으며 정원에서 풀을 뽑던 고아 아이를 흘끗거리다 그랬을까. 우거진 잔디를 비추던 샛노랗고 찬란한 햇빛을 보다가 그랬을까. 아니면 내가 생각하지 못하는 다른 어떤 계기가 있는 걸까.

이전에도, 이후에도 다시 없었던 그 변화의 순간에 나는 케냐의 고아원에 정착하기로 결심했다. 나는 고아원 사람들에게 더 머물러도 되는지 물었고, 그분들은 선선히 허락해주었다. 그리고 고아원에서 (아이들의 코를 풀어주거나 노래를 불러주는 일 외에) 내가 어떤 일을 할 수 있는지 알려달라고 하자 그분들은 달리기를 해보라고 제안했다.

그렇게 고아원 아이들은 나를 '코치'라고 불렀지만(심지어 마라톤 전문지인 《Runnner's World(러너스 월드)》도 얼마 동안은 나를 코치라고 불렀다) 나는 절대로 코치감이 아니었다. 비록 이온 음료를 사고 운동화도 구해오긴 했지만, 나는 여섯 살짜리 아이보다도 다섯 배나 느리고, 방향 감각도 전혀 없는 사람이었다. 어쨌든 케냐의 고아원에 머물렀던 2006년은 내 인생에서 가장 중요한 해였고, 그 이후로 많은 변화가 내 인생에 들이닥쳤다.

나는 정말 우연찮게 사회사업가가 되었다. 케냐 니에리 지역의 에이즈 고아원 아이들에게 운동 프로그램과 교육 장학금 혜택을 더 많이 제공하기 위해 '호프 런스(Hope Runs)'라는 비영리 국제 조직을 공동 창립하면서 사회 운동가로서의 길을 걷게 되었다. 그리고 재단의 한 친구가 유독 내 마음속에 깊이 자리 잡았다. 지금은 내 양아들이 된 새미 이쿠아(Sammy Ikua)가 바로 그 친구다. 우리가 처음 만났을 때 어린아이였던 새미는 최근 미국에서 고등학교를 졸업했다. 그리고 운 좋게도 나는 새미를 만난 뒤 신생 기업인 트위터에서 일하기로 결심했다. 세계로 발을 넓힌다는 트위터의 이상이 나의 꿈과 잘 맞았기 때문이었다.

다시 생각해도 2006년 케냐에서 머물렀던 단 하루가 내가 일군 이 모든 변화의 단초였다.

* 이 이야기는 클레어 디아즈 오티즈의 저서 『Hope Runs』에 실린 내용을 취지에 맞게 편집한 것이다.

● 테크놀로지 혁신가 ｜ 클레어 디아즈 오티즈

59
사진과 함께한 평생

나는 살면서 운이 좋은 편이었다. 내 인생은 꽤 많은 계기를 통해 항상 더 나은 방향을 향해 나아갔다. 부모님은 사진에 대한 애정을 길러주었으며 초등학교 3학년 때 내 인생의 첫 번째 카메라를, 고등학교 2학년 때에는 두 번째로 SLR 카메라를 사주었다. 스승이었던 톰 헌트(Tom Hunt) 씨는 내가 스무 살 때 매사추세츠 주의 '말보로(Marlboro)'에 사진가로서의 첫 일자리를 소개해주었다. 그리고 《Denver Post(덴버포스트)》에서 일한 지 20년 만인 지난 2010년에는 기획 사진 분야에서 퓰리처상을 받는 영광을 누렸다.

그때까지 나는 13년 동안 결혼 생활을 하면서 의붓아들 한 명을 키웠다. 하지만 결혼 생활은 파경을 맞았고, 나는 내가 일에 매몰되어 살았다는 사실을 깨달았다. 출장은 지나치게 잦았고, 너무 오랫동안 일했다. 한마디로 나는 일에 미쳐 있었다.

마흔네 살이 되자 내 자식을 갖지 못할지도 모른다는 불안한 생각이 들었다. 공허함이 밀려왔다. 난 늘 아버지가 되기를 꿈꾸었다. 태어나서 자라고, 사랑에 빠지고, 결혼하고, 아이를 갖고, 아이들이 또 자라서 자신들의 아이를 낳고 기르는 모습을 보며 인생을 마무리하는 것. 이런 일들이 자연스러운 인생의 행로라 생각했다. 그 모든 과정을 거치며 우리는 자신의 열정을 발견하고, 세상을 더 살기 좋은 곳으로 만드는 데 참여하는 것이다. 그리고 여기서 열정 못지않게 중요한 게 바로 모든 일을 함께할 가족이었다. 그런데 내게는 더 이상 가족이 없었다.

2010년, 내 결혼 생활은 파경을 맞았지만, 퓰리처상 수상은 경이로운 성과였다. 나는 이안 피셔(Ian Fisher)라는 미군 청년을 입대할 때부터 2년 동안 동행 취재했다. 이안이 고등학교를 졸업한 뒤 입대해서 기초 훈련을 받고 이라크에 배치되는 과정, 그리고 집에 돌아올 때까지의 시간을 내내 이안과 함께 지냈다. 나는 온통 그 작업에 매달려 있었다.

이 작업은 그 당시 나의 상관이었던 팀 라스무센(Tim Rasmussen)의 가이드를 받아 2007년부터 시작된 것이었다. 그때는 아프가니스탄과 이라크에서의 전쟁이 성과도, 인기도 변변찮을 시점이었다. 《덴버포스트》의 편집자들은 "누가 지금 군대에 가려고 하겠어?"

하고 반문했다. 이안 피셔가 독자들과 공유한 이야기는 바로 그 질문에 관한 쟁점들이었다. 나는 뭔가 중요한 일을 완수했고 매우 뿌듯했다. 그러나 압도적일 만큼 큰 환희를 느꼈는데도 마음 깊이 도사리고 있는 공허함만은 어찌할 도리가 없었다. 이 환희를 함께할 사람이 없었기 때문이다.

그해 연말 파티에서 제이미 코튼(Jamie Cotten)이라는 여성을 소개받았다. 지역 사진작가로 일하는 제이미는 아름답고 영민하며 유머러스한 사람이었고, 나는 말 그대로 그녀에게 매료되었다. 하지만 연애를 하고자 하는 생각은 하지 못했다. 내 나이가 너무 많았기 때문이다. 정확히 제이미와 나는 열여섯 살이나 차이가 났다.

우리는 일하면서 계속 만남을 가졌다. 나는 《덴버포스트》에서, 그녀는 법과 정치 관련 신문에서 사진 작업을 하고 있었다. 우리는 일에 대해 많은 이야기를 나누었고 급기야 서로 이메일을 주고받기 시작했다. 그러던 중 2011년 1월, 제이미는 자신의 사이트에 쓸 새 인물 사진이 필요하다며 서로의 사진을 찍어주면 어떻겠느냐고 제안했다. 사실 나는 내 사진을 찍고 싶은 마음도, 필요도 없었다. 하지만 보석 같은 제이미와 두어 시간을 보낼 수 있는 근사한 기회를 날려 보낼 수는 없었다.

나와 제이미는 카메라 셔터를 눌러대며 즐거운 오후를 보냈고 술을 마시며 사진들을 훑어보았다. 나는 그 시간이 끝나는 게 싫었다. 결국 밤늦게 헤어지면서 나중에 커피 한잔하자고 제이미에게 제안했다. 그러자 제이미는 웃으며 저녁을 먹는 게 어떻겠느냐고 되물었다. 커피 정도로는 그날 오후 우리가 보냈던 근사한 시간이 초라해질 것 같다면서 말이다.

마침내 우리는 데이트를 시작했고 가능한 자주 만났다. 거의 매일이라 해도 좋을 정도였다. 내 인생에서 그토록 행복했던 때가 또 있을까. 우리는 사진과 스토리텔링에 대한 열정을 공유하고 있었다. 그녀는 나를 새로운 음식의 세계로 안내해주었고 인생이란 즐겨야 하는 것임을 일깨워주었다. 그렇게 우리는 사랑에 빠졌다. 함께한 뉴멕시코 주의 산타페(Santa Fe) 여행은 그야말로 천국이었다. 나는 그녀가 배필임을 이미 알고 있었다.

여행이 끝나고 몇 주 후 제이미는 내게 사진을 보냈다. 사진 속에는 임신 테스트 양성 결과가 담겨 있었다. 그날 오후 느꼈던 감정을 일일이 다 형언하기란 불가능하다. 물론 주저함이나 망설임은 아니었다. 나는 최대한 빠르게 제이미를 찾아가 한쪽 무릎을 꿇고 청혼했다. 감사하게도 그녀의 대답은 "좋아요."였다. 우리는 그해 7월 결혼했고, 퀸(Quinn)은 이듬해 2월에 태어났다. 결혼식을 치른 날과 퀸이 태어난 날은 내 인생 최고의 날들이었다.

그 무렵 나와 팀은 해외에서 벌어지는 미군의 전쟁에 관한 이야기를 나누며 또 다른 프로젝트를 계획하고 있었다. 오바마 행정부가 들어서면서 곧 전쟁이 끝나리라는 것, 미군 부대가 귀환하리라는 사실을 예측했다. 그리고 돌아온 병사들이 많은 어려움에 처할 것이며, 그 고통이 사회적으로 문제가 되리라는 사실도 알고 있었다. 우리는 참전 군인의 눈을 통해 외상 후 스트레스 장애를 이야기하고 싶었다.

나는 몇 달 동안 자신의 이야기를 공유해줄 병사를 찾아다녔고, 마침내 2011년 4월 브라이언 스콧 오스트롬(Brian Scott Ostrom)이라는 해병대원을 만났다. 스콧은 이라크에 두 차례 파견되었던 정찰병이었다. 그는 자신의 외상 후 스트레스 장애를 이라크 팔루자(Fallujah)에서 보냈던 시간 탓으로 여겼다. 이후 9개월 동안 스콧은 믿을 수 없을 만큼 힘든 이야기들을 내게 들려주었다. 나는 그 이야기가 여태껏 촬영한 사진 가운데 가장 중요한 이야기가 될 거라 생각했다. 결국 나는 이 사진으로 두 번째 퓰리처상을 받았다.

이 작업을 하면서 나는 길고 힘든 시간을 보냈다. 그러나 이번에는 나를 이해해줄 사람, 함께해줄 사람, 일의 중요성을 알아주는 사람이 집에 있었다. 이제 좀 쉬면서 인생을 즐기라고 말해줄 사람이 있었다. 내가 사랑하고, 나를 사랑해주는 사람이.

지금 내 곁에는 제이미와 퀸이 있다. 우리 부부는 퀸이 사진에 관심을 가지게 될지 전혀 모른다. 만약 아이가 사진에 관심을 보인다면 우리는 응원하고 격려해줄 것이다. 하지만 그렇지 않더라도 아이가 자신의 열정을 찾아 세상을 더 나은 곳으로 만들 수 있도록 도움을 아끼지 않을 것이다.

● 보도 사진가 | 크레이그 워커

60
경제학자가 되다

어떤 사람의 인생이건 터닝 포인트와 변화는 가득한 법이다. 그리고 가장 중요한 터닝 포인트는 결혼, 출생, 죽음, 입학, 졸업, 첫 번째 취직과 같은 지극히 개인적인 통과 의례인 경우가 대부분이다. 그러나 내 인생의 터닝 포인트가 되었던 두 사건은 그야말로 예기치 못한 것이었고, 그 결과 또한 전혀 예상하지 못한 방향으로 흘러갔다.

나는 영국 랭커셔(Lancashire) 주의 작은 마을에서 자랐다. 아버지와 고모, 삼촌들은 고향에 있는 방직 공장에 다녔고, 가끔씩 대도시 맨체스터의 상점에 들려 필요한 물건을 사곤 했다. 런던에는 딱 한 번 가보았을 뿐이다. 그래서 내게는 노동자 계층인 내 가족의 삶과는 달리 먼 도시에서 전혀 다른 삶을 살고 싶다는 꿈이 있었다.

학교는 내게 다른 세상을 향한 도약의 발판을 제공해주었다. 선생님들은 제자들에게 헌신적이었으며 항상 지적인 탐험을 독려해주었다. 나는 지식에 굶주린 사람처럼 책을 읽었다. 특히 사르트르와 보부아르, 카뮈의 실존주의를 다룬 프랑스어 강의를 들은 뒤 철학 서적을 탐독하기 시작했다. 그 당시 나는 파리의 카페에 앉아 책을 쓰는 직업을 갖겠다는 꿈에 부풀어 있었다. 그래서 옥스퍼드 대학에 철학과 정치 경제 전공을 희망하는 원서를 넣었다. 철학과 정치 경제가 나의 낭만적 야망을 충족시켜줄 수 있는 최상의 경로로 보였기 때문이다.

마침내 나는 열일곱 살 때 옥스퍼드 대학에 입학했다. 나처럼 경험이 적고 지적 세련미가 모자란 사람에게 옥스퍼드 대학은 정말 특별한 장소였다. 학우들은 넘치는 자신감으로 폭발할 것 같았고, 굉장히 박학다식했으며, 견문도 상당했다. 반면에 나는 부모님과 하룻밤 이상 떨어져본 적 없는 애송이에 불과했다. 외국에는 나 가본 적도 없었다. 하지만 나는 더 이상 어린아이가 아니었다. 나는 대학에서 맞이한 첫 여름 방학 때 파리로 날아가 유명 철학자와 문인들이 드나들었다는 생제르맹(Saint-Germain) 거리의 카페 레 되 마고(Les Deux Magots)를 방문했다. 그렇게 옥스퍼드는 나를 바꾸기 시작했다.

그러나 내 인생의 진짜 터닝 포인트는 세계에서 가장 유서 깊은 명문대 중 한 곳에서 3년 동안 근사한 교육을 받았다는 게 아니다. 진짜 터닝 포인트는 '경제학의 즐거움'을 발견했다는 것이다.

사실 내가 경제학을 공부했던 까닭은 철학과 정치학에 관련이 깊었기 때문이었다. 그러니까 철학과 정치학을 더 깊이 이해하기 위해 경제학을 공부했다는 것이다. 그런데 내게 경제학을 가르쳤던 교수들은 모두 탁월한 교육자였고, 그중에서도 (현재 버밍엄 대학에 재직 중인) 피터 싱클레어(Peter Sincliar) 교수는 그야말로 교육적 재능이 출중한 분이었다. 그의 경제학에 대한 열정은 예나 지금이나 한계가 없었으며, 특히 경제학의 가치를 실생활뿐만 아니라 정치, 철학, 역사, 자연 과학적으로 확대시킬 수 있는 지식인이었다. 싱클레어 교수는 학생들의 의견을 늘 귀담아들었고, 학생들과 논쟁하는 걸 즐겁게 여겼다. 교육에 대한 의지가 얼마나 뜨거웠던지 아침 식사를 하며 내게 따로 개별 지도를 해주기도 했다. 그렇게 옥스퍼드 대학 내 브래스노스 칼리지(Brasenose College)에서 보낸 첫날부터 경제학은 내 천직이 되었다.

그 뒤 경제학자로서의 내 이력은 많은 변화를 거치게 된다. 나는 하버드 대학에서 박사 학위를 받은 뒤 영국 재무성에 취직해 민간 부문 거시 경제 예측가로 일했다. 그리고 기자 일을 배우고 싶다는 생각에 《The Independent(인디펜던트)》의 수습기자로 지원해

주식 시장을 분석하기도 했다.

1994년, 나는 자신들을 '인터넷 서비스 공급자(Internet Service Provider)'라고 소개하는 어느 소기업을 취재하기 위해 파견되었다. 영국에서 처음으로 인터넷 서비스를 제공한 그 기업은 이름은 유니팜(Unipalm)이었다. 이들은 런던의 최고급 호텔에 방을 빌리고 기자들과 주식 분석가들을 불러 모은 뒤 자신들이 가진 신기술을 소개했다.

그 당시는 지금과 달리 테크놀로지 분야에 대한 사람들이 이해가 매우 부족했던 시기였다. 전문 소프트웨어 업체도 거의 없었고, 이를 경제적 시야에서 바라볼 수 있는 사람은 더더욱 없었다. 하지만 나는 유니팜의 인터넷 서비스 기술을 보자마자 혁명적인 기술이라고 확신했다. 왜 그랬는지는 잘 모르겠다. 그러나 **인터넷 서비스 기술을 만난 그날이 내 인생의 터닝 포인트였음은 확실**하다. 그날 저녁, 나는 집으로 돌아가 남편에게 내가 본 모든 것들을 열광적으로 설명했다. 그리고 저축금을 털어 고가의 컴퓨터를 산 다음, 인터넷의 세계로 들어갔다(내 남편 로리 셸런 존스[Rory Cellan Jones]는 현재 BBC의 테크놀로지 통신원으로 근무하고 있다).

나는 곧바로 글쓰기 작업에 돌입했다. 내 첫 저서가 될 『The Weightless World(무중력 세상)』이었다. 이 책이 처음 출간되었을 때 나는 영국 일간지 《인디펜던트》에 경제학, 특히 1990년대 말의 '신경제(New Economy) 현상'과 '테크놀로지 붐'에 대해 글을 기고했다.

그러자 런던정치경제 대학(LSE)의 저명한 경제학 교수가 내게 인터넷 때문에 발생하는 이 모든 소동을 이해할 수 없다며 투덜거렸다. "물론 나도 인터넷을 통해 거래 비용을 줄일 수 있다는 사실은 잘 알고 있습니다. 하지만 우리는 경제학 모델에서 거래 비용을 어떻게 다루어야 할지 이미 알고 있어요." 그가 내게 한 말이었다.

    그 뒤로도 경제학자들이 새로운 디지털 기술을 진지하게 받아들이기까지는 꽤 많은 시간이 걸렸다. 닷컴 과열 현상 또한 진지한 연구를 진행하는 데 장애물로 작용했다. 그러나 지금은 '정보·커뮤니케이션 기술이 일자리와 경제 성장에 어떤 영향을 미치는가'가 경제학에서 가장 격렬한 논쟁거리로 떠올랐다. 인터넷이라는 역사상 가장 심오한 기술 혁신이 일어나던 시대에 경제학자가 되었다는 것은 그야말로 스릴 넘치는 경험이었다.

* 1996년 발간된 『무증력 세상』은 www.enlightenmenteconomics.com/about-diane/about-diane.html에서 PDF 파일로 읽어볼 수 있다.

● 저널리스트 · 경제학자 ㅣ 다이앤 코일

61
우연한 성공

내 인생은 꽤 많은 우연이 중첩되어 이루어졌다. 그래서 그런지 내 삶은 별 계획 없는 일련의 사건들이 만들어낸 급진적 변화의 산물처럼 보일 때가 많다. 사실 구체적인 인생 계획을 세웠다 하더라도 지금보다 더 나은 삶을 살고 있을 것 같지는 않다. 지금 나는 세계적인 싱크탱크 가운데 한 곳의 대표로서 성공적으로 일하고 있으며, 경제학자들과 정책 전문가들의 신임도 얻고 있다. 이 모든 일은 '행운'이라는 말로 밖에 형언할 수 없을 것이다.

'불운' 또한 내 인생에 톡톡히 한몫을 했다. 어려서 천식을 앓았던 나는 폐렴으로 한 달씩 학교를 결석하기도 했다. 그러나 그 기간 동안 나는 다른 어느 때보다 공부에 매진했고 큰 성과를 보았다. 어머니 덕분이었다. 언어와 수학을 좋아했던 어머니는 내가 집에서 보내는 한 달 동안의 시간을 당신이 내게 열정을 쏟아부을 수 있는 절호의 기회라고 여겼다. 어머니의 개인 교습을 통해 나는 학교에서 이해할 수 없었던 것들을 제대로 이해할 수 있게 되었다.

그 뒤 나는 반에서 1등을 할 정도로 학업에 재능을 보였고, 열 살 때는 남들보다 한 해 일찍 상급 학교 진학 시험을 보게 되었다. 내가 입학한 학교에는 다양한 배경을 가진 친구들이 가득했고, 덕분에 학업이나 사회생활 면에서 많은 것들을 배울 수 있었다.

내 인생의 두 번째 불운은 애버딘 대학에서 수학과 물리학을 전공하기로 한 결정이었다. 나는 입학하자마자 내가 수학과 물리학에 전혀 흥미를 느끼지 못한다는 사실을 발견했다. 다행히 세인트앤드루스 대학에 다니는 친구들이 애써준 덕에 나는 학교를 옮기고 전공도 정치학과 경제학으로 바꿀 수 있었다. 이후 정치학과 경제학은 내 경력의 기반이 되어주었다.

또 하나의 터닝 포인트는 세인트앤드루스 대학에 들어가기 한참 전에 일어난 일이다. 미국의 보수주의 철학자 러셀 커크(Russel Kirk)는 1940년대 세인트앤드루스 대학에서 매우 즐거운 시절을 보냈다. 그에게 배웠던 학생 중 한 명인 로버트 슈팅거(Robert Schuettinger)가 영국에서 강연할 대학을 물색했을 때 커크 교수가 세인트앤드루스 대학을 추천한 건 당연한 일이었다. 다행히도 슈팅거는 대학을 마음에 들어 했고 덕분에 나 또한 그를 알게 되었다.

슈팅거를 알게 된 건 행운이었다. 1970년대 중반, 내가 대학을 졸업하던 당시의 영국은 지독한 경제적 위기를 겪고 있었다. 일자리는 부족했고 나라는 혼돈 정국으로 빠져들었다. 하지만 슈팅거 덕분에 나는 미국에서 일자리를 구할 수 있었다. 워싱턴의 하원에서 일하게 된 것이다. 나 같은 촌뜨기에게는 정말 기가 막히게 훌륭한 배움의 기회였다. 하원 일을 했던 1년 동안 나는 이익 집단의 갈등, 빈틈없는 교섭, 목적을 위해 수단과 방법을 가리지 않는 잔인함 등 정치 역학을 제대로 배웠다. 그렇게 나는 싱크탱크를 설립하는 데 필요한 자원을 가지고 영국으로 돌아올 수 있었다.

사실 귀국은 내가 원했던 바가 아니었다. 1년 동안 하원에서 일을 한 뒤 나는 미시간 주의 힐스데일 칼리지(Hillsdale College)에서 철학을 강의하게 되었다. 하지만 비자가 만료되는 바람에 어쩔 수 없이 귀국해야 했고, 나는 실망감에 고개를 숙여야 했다.

그러나 결과적으로 귀국은 내 인생의 터닝 포인트가 되어주었다. 만약 비자가 만료되어 영국으로 돌아오지 않았다면 나는 그 시골 대학에서 평생 학자로 살았을 것이다. 미국에 정착하지 못한 덕분에 나는 영국으로 돌아와 더 특별한 일을 할 수 있었다.

처음 애덤 스미스 학회(Adam Smith Institute)를 창립하던 당시 우리는 이 기관이 학문적이어야 한다고 생각했다. 하지만 얼마 뒤 우리가 진짜로 할 일은 경제 관련 아이디어를 모아서 정치로 연결해주는 것이라는 사실을 발견했다. 그 계기가 되었던 터닝 포인트는 학회에서 발표한 한 편의 논문이었다. 그 논문에는 영국의 정부 기관 3,068개가 모두 거론되었으며, 그 형식적 독특함 덕분에 매체의 관심을 받았다. 그때부터 학회의 미래는 정해진 셈이었다.

1979년에는 또 하나의 터닝 포인트가 찾아왔다. 선거를 통해 당선된 대처 정부가 우리의 급진적인 아이디어를 실험하고 싶어 했던 것이다. 애덤 스미스 학회는 대처 정부 아래에서 민영화를 주도하는 혁신적인 역할을 담당했고, 이를 기반으로 다른 나라 정부에도 조언을 할 수 있는 국제적인 위치를 보유하게 되었다.

마지막으로 작은 터닝 포인트를 하나 더 소개하겠다. 노벨상을 수상한 경제학자 하이에크(F. A. Hayek)는 사람들이 관심을 가질만한 책을 많이 저술했다. 하지만 사람들은 어디서부터 접근해야 할지 몰라 우왕좌왕했다. 하이에크와 밀턴 프리드먼, 애덤 스미스 같은 인물에 대한 입문서가 필요하다는 생각이 들었다. 그때부터 지금까지 나는 경제학 입문서를 저술하고 있으며, 그 책들은 전 세계에 번역·출간되었다. 내게 복잡한 아이디어를 간단한 언어로 설명하는 재주가 있다는 사실을 발견한 건 아무래도 행운이었다.

이 모든 터닝 포인트의 교훈은 무엇일까? 자신이 잘하는 일을 붙잡고 그 일에 끈질기게 매달리라는 것이다. **역경이 닥쳐도 절대 포기하지 말고 불운을 기회로 바꾸라.** 그리고 기회를 두 손으로 꽉 부여잡으라.

● 사회학자 | 이먼 버틀러

62
50년간 내가 넘긴 수많은 책들의 페이지

　어린 시절 나는 고아원에서 자랐다. 어머니는 나를 낳다 돌아가셨고, 아버지는 형들을 키우느라 받은 스트레스로 심근 경색을 앓았다. 아버지는 경제적으로 부족했고, 할아버지와 고모들은 멀리 떨어진 도시에 살았기 때문에 우리 형제들은 도움을 받기가 어려웠다. 아버지는 어쩔 줄 몰라 했다. 아버지에게 어머니가 없는 아이들 넷은 공포 그 자체였다.

　돌아가신 어머니의 친구들은 힘을 모아 아버지를 도왔다. 그런 사람들은 있는 법이다. 이모들은 아버지가 병에서 회복하는 동안 어린 형들을 데려갔다. 어머니의 가장 친한 친구는 결혼도 하지 않고 노부모를 돌보던 상황이었지만, 우리 가족의 어려운 상황을 살펴 고아원에 있는 나를 방문하기 시작했다.

1년 후, 아버지는 어린 시절부터 어머니의 가장 친한 친구였던 그분과 결혼했다. 이 일이 터닝 포인트처럼 보일 수도 있겠지만, 아버지의 재혼은 터닝 포인트로 다가가기 위한 출발점일 뿐이었다. 새어머니는 현명하고 유능한 분이었다. 우리 네 형제를 다시 집으로 불러 모았고, 아버지가 가정을 꾸리게 도와주었다. 그렇게 시간이 흘러 두 분은 세 명의 아이를 더 낳았다. 나는 일곱 명의 아이들 틈에서 자란 것이다.

아버지와 새어머니는 매우 성실한 분들이었다. 그들은 부족하지만 편안한 환경 속에서 자식들을 키웠다. 하지만 아무래도 집안 형편은 넉넉한 편이 아니었다. 우리 형제들은 대학에 갈 만큼 공부를 곧잘 했지만, 학비를 받을 수 있는 형편은 아니었다. 그리고 나와 형제들의 터닝 포인트는 각자 공립 도서관을 알게 되면서 찾아왔다.

미국의 모든 마을에서 도서관은 귀중한 자원이자 배움의 원천이다. 도서관의 풍요로움은 누구에게나 열려 있다. 아이들은 자신의 이름을 쓸 줄 알게 되면 책을 대출할 수 있는 열람 카드를 발급받는다.

이런 사실은 별로 놀랄 만한 게 아니다. 지금 이 책을 도서관에서 빌려다 읽는 독자도 있을 테니까. 나는 도서관 열람 카드를 받은 것이 인생의 터닝 포인트였다고 말하는 게 아니다. 내 인생의 터닝 포인트는 내가 읽었던, 그리고 내가 읽고 있는 모든 책의 페이지를 넘기는 행동 그 자체다. 나는 매일매일 터닝 포인트를 맞이하는 셈이다.

19세기 미국 작가 헨리 데이비드 소로(Henry David Thoreau)는 다음과 같이 적었다. "얼마나 많은 사람이 책장을 넘기면서 자신의 삶에서 새로운 순간을 만나는가!" 어린 시절 나는 책을 읽으면서 다른 시공간에 살았던 작가들의 세계와 그들의 생각을 마음껏 즐길 수 있었다. 단어와 단어 사이, 페이지와 페이지 사이를 넘나들면서 책이 지닌 값진 가치들을 흡수했고, 이를 통해 나의 사고관을 확장시켰다.

내가 전 세계에서 몇 백만 부나 팔리는 작품을 쓸 수 있었던 까닭은 공부를 잘했기 때문도, 아버지가 재혼을 하셨기 때문도 아니다. 지난 50년 동안 내가 넘긴 수많은 책의 페이지 덕분이다. 책장을 넘기며 나는 책이 가진 가치를 믿게 되었고, 책이야말로 희망과 변화를 가져다준다는 사실을 확신하게 되었다. 책에 대한 신념이야말로 나를 작가로 키워준 자양분이다.

● 베스트셀러 소설가 | 그레고리 머과이어

63
'무지한 마에스트로'의 현명한 조언

나는 오케스트라의 지휘자. 연주장 좌석에서 보이는 나는 연미복을 입고 멀찌감치 선 채, 소리 없이 작은 막대기를 흔들며 연주자들의 놀라운 음향 과학과 예술을 구현해내는 인간이다.

바이올린 연주자는 수백만 달러짜리 스트라디바리우스를 움켜쥐고 있다. 잃어버리기라도 했다간 다시 구하는 데 엄청난 돈이 드는 악기다. 그러나 내 작은 막대기는 도둑을 맞아도 0원에 가까운 값으로 다시 구할 수 있다. 그런데 여기서 0은 기적을 일으키는 숫자일 수도 있다. 옛날에 살았던 이슬람교의 신비주의자는 이렇게 말했다. "만일 0을 본다면 아무것도 보이지 않는다. 그러나 0을 관통하면 무한이 보인다."

연주자들이 내 지휘봉을 보며 죽은 나무토막으로 느낀다면 나는 실패자다. 죽은 나무토막이 쓸모없다는 말은 아니다. 이 막대기로 나는 허공에 박자를 동일하게 표시하면서 연주자들의 합주를 도울 수도 있다. 그러나 연주자들이 막대기 사이를 보며 인간적·예술적 업적의 총체를 보게 만드는 것, 그것이야말로 지휘자가 보여주어야 할 예술의 진정한 본질이다.

지난 몇 년간 나는 내 작은 사무실인 지휘대에서 벌어지는 모든 일이, 음악과는 아무 상관없는 문제도 규명할 수 있다는 사실을 발견했다. 나는 내 깨달음을 이용하여 정치인부터 신생 기업가, 과학자, 대(對)테러 전투 부대까지 다양한 분야의 리더에게 조언을 제공해왔다. 당연히 나는 그 분야들에 대해 아무것도 아는 게 없다. 여러분은 도대체 어떻게 그런 무지한 인간이 자신이 알지도 못하는 일에 대해 가르칠 수 있는가 궁금해할 것이다. 그런데 사실 나는 그 물음을 통해 인생을 바꾼 깨달음을 얻었다. 무지는 탁월한 교사와 리더가 되는 열쇠라는 깨달음을.

사연은 이러하다.

어느 날 내가 살고 있는 텔아비브(Tel Aviv)의 은행 간부들에게 강연을 해달라는 요청이 들어왔다. 그런데 은행 인사부장의 말에 따르면 불행하게도 강연에 참석할 사람들은 클래식 음악에 관심이 없다는 것이었다. 함정에 빠진 느낌이었다. 사례금에 혹해서 거절하지 못한 내가 어리석게만 느껴졌다(그땐 젊고 철없던 시절이었다!).

나는 그들을 지루하게 만들고 싶지 않았다. 어떻게 하면 그 관객들에게 즐거운 시간을 제공할 수 있을까? 그들과 나 사이에 존재하는 무시무시한 격차에 대해 생각하지 않을 수 없었다. 녹슨 자전거를 타고 강연하러 온 내 모습을 그들은 벤츠 뒷좌석에 앉아서 보게 되겠지. 못내 불편했다.

하지만 그보다 더 중요한 문제는 음악에 관심도 없는 사람들에게 무엇을 가르칠 것인가였다. 그 당시 나는 서른 살이었고, 그들은 모두 나보다 나이가 많았을 뿐더러 사람을 다루는 데에도 훨씬 더 경험이 많았다. 은행에 근무하는 수만 명의 직원 수에 비하면 76명 규모의 텔아비브 교향악단은 무의미했다. 그런데 그들이 모르는 귀중한 아이디어를 내가 어떻게 제공한단 말인가? 도대체 어떻게 그들이 내 말에 귀를 기울이게 할 수 있단 말인가?

답이 없었다. 그러나 내게는 음악에 대한 열정이 있었고, 최소한 한 가지 강점도 있었다. 클래식 음악은 뭔가 진지하고 훌륭한 일이라는 명망 말이다. 바로 이 지점에서 나는 결심했다. 간부들에게 강연을 하는 대신 보여주기로 한 것이다. 서로의 무지, 서로 간의 복잡 미묘한 격차, 기업인과 예술가 타입 사람의 차이를 모두 꺼내놓은 다음 대화하기로 한 것이다. 보여줄 것은 내가 열정을 갖고 있는 대상이어야 했고, 일일이 설명하지 않아도 관객 또한 관련성을 생각할 수 있는 것이어야 했다.

그렇다. 지휘자야말로 리더이자 매니저다. 리더임을 100퍼센트 보여주는 존재. 관객은 그저 보면 된다. 비디오 영상을 함께 보며 이야기가 시작되었고, 서로 이야기를 나누면서 누구나 리더십과 협동에 대해 유용한 지식을 갖고 있음을 확인했다. 그들과 나의 지식은 그저 상이한 언어, 즉 금융 언어와 음악 언어라는 상이한 방식으로 부호화되어 있을 뿐 본질은 같았던 것이다.

이로써 간부들과 나 사이의 격차에 대한 공포는 사라졌다. 우리는 참신한 시각의 자극을 받을 수 있다는 것이 얼마나 소중한 일인지 깨달았다. 그리고 서로의 무지를 기꺼이 받아들였다. 나는 그들이 어떤 지식을 원하는지 알 필요가 없었다. 그저 그들을 자극하고 스스로 깨우치리라 믿으면 그뿐이었다. 그들 또한 자신이 다른 분야에 무지할 수 있다는 사실을 충분히 알고 있었다. 중요한 것은 새로운 사고를 향한 문을 어떻게든 열어젖히는 일이었다.

나는 '무지한 마에스트로'였고 그 이후로 더 나은 '무지한 마에스트로'가 되려고 노력하고 있다. 더 나은 '무지'란 나의 지식을 남들에게 '가르치려는 욕심을 버리는 것'을 의미한다. 더 나은 '마에스트로'란 사람들이 스스로 매움을 얻을 수 있게 도와주는 사람을 의미한다. 내가 모르는 분야면 더욱 좋다.

* 이 이야기는 2015년 5월 출간 예정인 이타이 탈감의 『The Ignorant Maestro』 내용을 취지에 맞게 편집한 것이다.

● 오케스트라 지휘자 | 이타이 탈감

64
당신이 식당에서 우연히 스티브 잡스를 만난다면?

어느 날 나는 어느 레스토랑 로비에 앉아 있었다. 인생을 변화시킬 만남이 이루어지리라고는 생각하기 힘든 공간이었다. 내가 그곳에 간 것은 아내와 저녁 약속이 있었기 때문이었다. 보통 같았으면 바(bar)에 앉았겠지만, 그날은 왠지 로비에 자리를 잡았다.

나는 아내를 기다리면서 신문의 경제면을 읽었다. 신문에는 이글 컴퓨터(Eagle Computer)라는 신생업체의 불운한 최후를 다룬 기사가 실려 있었다. 그리고 나처럼 누군가를 기다리던 한 젊은이도 같은 기사를 읽고 있었다. 어느새 우리는 대화를 나누기 시작했고, 나는 그에게 이글 컴퓨터와 나의 어긋난 인연을 들려주었다.

바로 얼마 전 나는 인텔(Intel) 회장인 앤디 그로브(Andy Grove)

에게 회사를 그만두고 이글 컴퓨터를 창업한 사람들과 함께 일할 예정이라고 통보했다. 이글 컴퓨터는 최근 주식을 상장한 미래가 유망한 IT 기업으로 CEO는 순식간에 억만장자가 되었다. 그는 이 일을 자축하기 위해 동업자들과 술을 마신 뒤 곧장 페라리를 사러 갔다. 그러고는 차를 받자마자 시운전을 하다가 충돌 사고로 사망했다. 회사도 끝이었다. 내 일자리 역시 출근도 하기 전에 사라져 버렸다.

이야기를 들은 젊은이는 내가 어떤 일을 하는지 묻기 시작했다. 그와 나의 차림새는 영 딴판이었다. 그는 청바지를 입고 스니커즈 운동화를 신은 히피 같은 이십 대였고, 나는 190센티미터가 넘는 건장한 체격에 양복과 넥타이를 갖춰 입은 사십 대 회사원 타입이었다. 우리의 유일한 공통점은 둘 다 수염을 길렀다는 사실뿐이었다.

그러나 우리는 서로가 컴퓨터에 대한 열정이 넘치는 사람이라는 사실을 한눈에 알아보았다. 그는 불이라도 삼킨 듯 강렬한 에너지를 내뿜는 젊은이였고, 내가 참신한 아이디어를 수용하는 데 더디다는 이유로 IBM을 그만두었다는 말에 환한 표정을 지었다.

그는 자신을 애플 컴퓨터(Apple Computer)의 대표 스티브 잡스(Steve Jobs)라고 소개했다. 나는 애플이라는 회사도 잘 몰랐지만, 이런 애송이가 컴퓨터 기업의 대표라는 사실은 더더욱 믿을 수 없었다. 그런데 놀랍게도 돌연 그가 내게 일자리를 제안했다. 나는 답했다. "당신이 내 월급을 줄 수 있을 것 같지는 않군요." 나는 애플이 회사 주식을 공개 상장해 10억 달러를 모았으며, 내 월급 정도는 얼마든지 줄 수 있다는 사실을 알지 못했던 것이다.

잡스는 사람들이 아무것도 모르는 상태에서 놀라는 모습을 좋아했다. 아마 상대방을 무방비 상태로 만든 다음 자신이 영향력을 발휘하는 장면을 보고 싶었던 것 같다. 애플에 출근한 첫날 오후, 우리는 서로를 더 많이 알기 위해 대화를 나눴다. 이야기가 끝난 뒤 그가 말을 덧붙였다. "내일 차를 타고 함께 방문할 곳이 있어요. 10시에 여기서 만나죠. 보여드리고 싶은 게 있습니다." 무엇을 예상해야 할지 도저히 가늠할 수 없었다. 속수무책이었다.

토요일 아침, 잡스의 벤츠를 타고 길을 나섰다. 스피커에서는 폴리스(The Police)와 비틀즈(The Beatles)의 음악이 터져 나오고 있었다. 잡스는 행선지도 말하지 않았다. 우리는 제록스 파크(Xerox PARC)의 주차장에 도착했다. 제록스 파크는 캘리포니아 팰로앨토(Palo Alto)에 있는 제록스의 연구 개발실이다.

그들은 아주 독특한 사용자 인터페이스를 가진 '스타(Star)'라는 새 프린터 시스템을 연구하고 있었다. 마우스라는 입력기를 사용하는 시스템이었다. 사용자가 스크린 위에 있는 아이콘을 움직일 수 있고 직접 명령을 내려 제어할 수도 있는 장치였다. 이 장치는 '스타' 시스템의 일부였다. 잡스는 이 사용자 인터페이스를 보며 미래 컴퓨터의 모습을 상상했던 것이다.

그 뒤 애플이 이 기술을 이용하여 첫 번째 맥(Mac)을 개발하는 데는 4년이 걸렸다. 반대로 제록스는 이 기술을 더는 발달시키지 않았다.

스티브 잡스와의 만남을 통해 나는 몇 가지 중요한 교훈을 얻었다. 첫째, 항상 열린 자세를 유지하라. 언제 무엇을 만나게 될 지는 아무도 알 수 없다. 사람, 아이디어, 기술, 정보 등 모든 것을 주시하라. 둘째, 주변 사건을 늘 파악하라. 가깝건 멀건 세상에서 벌어지는 일에 대한 최신 정보를 숙지해야 한다. 세계의 변화에 대처할 수 있도록 방안을 강구하라. 셋째, 자신을 알라. 나는 잡스와의 만남을 통해, 그리고 거대한 모험을 두려워하지 않는 기업 문화의 일부가 되는 경험을 통해 나를 이끄는 진정한 원칙이 무엇인지 발견했다. 내 안에 내재되어 있던 혁신적인 창업 정신은 잡스와의 만남으로 깨어났다. 혁신을 위해 IBM과 인텔을 떠났지만, 스티브 잡스와 만나 우리 시대 최고의 기업에서 일하기 전까지 나는 자신을 진정으로 이해하지 못했다.

● 소프트웨어 개발자 ㅣ 제이 엘리엇

65
행복 심장 박동(The Happiness Heartbeat)

　행복이란 졸업과 결혼, 출산, 육아 등 인생의 오르막길과 기쁨의 순간만을 의미한다고 생각하는 사람이 많다. 하지만 나는 이들과 다르게 생각한다. 나는 기쁨의 순간 못지않게 인생의 비극들, 즉 조명을 받지 못하는 일도 행복으로 받아들인다.

　인생의 터닝 포인트를 생각하기 전에 한 가지 이미지를 먼저 떠올려보자. 행복이 어떤 것인지 알고 싶어 하는 이들과 이 이미지를 나누고 싶다. 나는 이 이미지를 '행복 심장 박동(Happiness Heartbeat)'이라 부른다. 여러분의 심장 박동이 모니터에 나타난다고 상상해보라. 위로 올라갔다가 내려가기를 반복하는 선이 보인다. 마치 인생의 굴곡과 같지 않은가. 이 상승과 반복을 온전히 경험하

고 포용하지 않으면, 우리의 인생은 심장이 멈춘 사람의 심박동 그래프처럼 무미건조해질 것이다.

내 행복 심장 박동 그래프를 보면 터닝 포인트를 쉽게 알 수 있다. 버클리 대학 입학(고점), 인터넷 회사에서 해고를 당한 일(저점), 킬리만자로 산 등반(고점) 등. 이 사건들은 모두 내 인생을 규정한 중대한 국면들이다. 하지만 그중에서도 가장 의미 있는 심장 박동은 제일 큰 시련, 심연 같은 시련이었다.

어린 시절 나는 커서 어떤 사람이 되고 싶은지 알지 못했다. 만일 알았다고 하더라고 '행복 경영인(Chief Happiness Officer, CHO)'이 되리라고는 상상하지 못했을 것이다. 나는 조급하게 분명한 방향을 설정하거나 목표를 가져야 한다고 생각하지는 않았다. 그저 언젠가 내가 가야 할 길이 나를 찾아오리라는 막연한 믿음만 가지고 있을 뿐이었다.

결국 나는 버클리 대학에서 아시아 미국학(Asian-American Studies) 학위를 받은 뒤 실업자 신세가 되었다. 그래도 나는 별문제 없는 척했다. 의대 진학을 준비하다가 아시아 미국학으로 전공을 바꾼 내 선택이 학업 기회를 낭비한 게 아니라는 확신을 부모님께 드려야 했기 때문이다. 나는 내 열정을 따라 아시아 미국학을 선택했고, 이 열정이 후회 없는 인생으로 이끌어주리라는 태도를 굳건히 유지하고 싶었다.

그러나 열정만으로는 밀린 청구서 요금을 낼 수 없었다. 나는 공황 상태에 빠진 채 생각할 수 있는 모든 회사에 입사 지원서를 넣었다. 그리고 다행히 실리콘 밸리의 인터넷 열풍에 힘입어 직장을 구할 수 있었다.

그렇게 나는 KPMG 회계 법인의 인터넷 컨설턴트가 되었고 돈과 명예를 한손에 쥐었다. 하지만 왠지 내게는 자격이 없다는 느낌이 들었다. 내가 학교를 다니며 수강한 테크놀로지 관련 수업은 6학년 때 인터넷 탁구 게임에 대한 것뿐이었다. 당시에는 누구나 닷컴 열풍에 무임승차를 하려 했고, 나 역시 예외가 아니었다.

모두 아는 대로 거품은 곧 사라졌고, 나는 해고되었다. 인생의 낙오자가 된 느낌이었다. 별 열정도 없던 직장에서 해고되었다는 사실 때문은 아니었다. 돈과 명예 같은 별것 아닌 것을 전부인 양 착각했던 내 태도가 실망스러웠기 때문이었다. 실직은 인생에 있어서 큰 변화였지만, 그 이후에 닥칠 일에 비하면 그다지 중요한 게 아니었다.

사실 겉으로 표현을 하지 않았을 뿐 실직은 내게 일종의 기회이자 축복이었다. 나는 내게 주어진 시간들을 생각하고 느끼는 데 보냈다. 열정을 따라 후회 없는 인생을 살고자 했던 내 신념은 어디로 간 것일까? 어쩌다가 피상적이고 무의미한 가치들이 내가 소중히 여겼던 가치들을 지배하도록 내버려둔 것일까? 중요한 질문을 피하고 있다는 생각이 들었다. 실패를 두려워하지 않고 인생을 걸 만한 일이 무엇인가? 이미 빠져나온 세계로 다시 돌아가고 싶지 않은 것만은 분명했다. 하지만 내가 어디로 가고 싶은지는 정확히 알지 못했다.

그 뒤 얼마 지나지 않아 9·11 테러가 일어났다. 나는 실직과 동시에 익숙해져버린 게으름에서 벗어나야겠다고 생각했다. 어릴 적 아버지의 사무실에서 읽었던 헤밍웨이의 단편「킬리만자로의 눈」이 떠올랐다. 킬리만자로 산 등반이야말로 좋은 출발점이 될 것 같았다.

아프리카에 도착했을 때의 내 상태는 삶의 의미와 목표 의식을 상실한 공허함 그 자체였다. 그러나 아프리카를 떠날 무렵엔 전혀 다른 지점에 가 있었다. 극한의 신체적·정신적 고난, 내셔널지오그래픽을 통해 보았던 이미지들의 생생한 체험, 그리고 그곳에서 만난 사람들의 영적인 힘과 관대함을 통해 나는 세상에 대한 믿음을 되찾을 수 있었다.

나는 그동안 잊고 살았다. 인간은 세상 어느 곳에 있건 하나의 공통점을 갖고 있다는 사실을. 인간의 본성 속에는 스스로에게 진실할 자유, 매일매일 열정과 목표 의식을 갖고 살아가야 할 자유가 있다는 깨달음이야말로 아프리카 여행에서 내가 얻은 선물이었다.

집으로 돌아왔을 때, 나는 인생이라는 초원에서 다음 장을 살아낼 만반의 준비가 되어 있었다. 그런데 바로 그때 '그 사건'이 일어났다. 누구나 인생을 살면서 최소한 한 번은 겪는 슬픔. 마치 발밑에 깔린 인생의 융단을 누군가 확 치워버려서 180도 다른 인생이 펼쳐진 느낌이었다.

나는 인생에서 가장 큰 공포를 마주해야 했다. 상상조차 할 수 없었던 소중한 사람의 부재. 나는 아버지를 잃었다. 아버지는 프랭크 시나트라처럼 근사하게 노래를 불렀고, 매일 저녁 함께 식사를 하면서 당신이 얼마나 나를 사랑하는지 일깨워주었다. 그런 아버지가 62년의 인생을 뒤로 하고 대장암으로 세상을 떠나신 것이다.

요즘에는 어디로 눈을 돌려도 '동기 부여 전문 강사'들이 눈에 띈다. 이들은 광고나 책을 통해 사람들에게 말한다. "행복하세요!", "열정을 가지세요!", "목표를 찾으세요!" 살아가는 데 지침이 될 만한 중요한 말이다. 그러나 결국 목표 지점으로 향하는 건, 그리고 어떻게 갈지 결정하는 건 온전히 개인의 몫이다. 내게도 열정과 목표가 진정 무엇을 의미하는지 확신했던 시절이 있었다. 그러나 내가 그 의미를 진정으로 깨달은 것은 아버지가 암 진단을 받고 나서였다.

사랑하는 사람의 부재를 수용하는 아픔은 그 상황에서 뭔가를 할 때에만 조금이나마 치유할 수 있다. 미국의 의료 시스템을 이해하는 사람들은 누구나 스스로 의사가 되어야 한다는 사실을 안다. 암과 같은 난치병을 치료한다는 것은 본질적으로 종양 내과와 방사선과 방문, 혈액 검사와 항암 치료 예약 같은 일정이 끝없이 반복된다는 사실을 의미한다. 하지만 최종 결정권은 결국 환자에게 있다.

아버지가 암을 선고 받고 나서야 내가 왜 의학 공부를 했는지 이해하기 시작했다. 아버지의 병력을 꿰고 있던 나는 새로운 치료법을 알아보면서 담당의나 간호사와 밀접하게 소통했다. 의학 전문 용어를 알기 쉽게 설명해서 식구들이 치료와 관련된 논의를 할 때마다 최상의 결론을 얻을 수 있도록 도왔다.

우리 식구들은 아버지의 투병 과정에서 각자 맡은 역할을 충실히 수행했다. 절대로 잃고 싶지 않은 사람, 사랑하는 사람의 생명을 연장하는 프로젝트는 우리에게 가장 중요한 일이었다. 식구들은 가능한 아버지 곁에 머물기 위해 시간을 조율했고, 밤마다 번갈아가며 병원에서 쪽잠을 잤다. 아버지가 식구들에게 준 기쁨과 행복에 조금이라도 보답하고 싶은 마음뿐이었다.

고통스럽지만 아름다웠던 운명의 시간을 견디며 나는 인생의 목표를 깨달았다. 역설적이게도 죽음을 통해 생의 목표를 깨달은 셈이다. 결국 목표란 미리 결정할 수 있는 게 아니었다. 목표는 가장 소중한 가치를 즐거운 마음으로 대할 때 정해지는 것이었다. 나는 아버지와 함께했던 시간을 통해 이런 깨달음을 얻었다.

아버지는 암 진단을 받은 3년 뒤 집에서 주무시다가 편안히 돌아가셨다. 아버지가 떠나면서 남긴 슬픔을, 아버지가 남겨준 아름다운 기억들로 치유하는 데에는 오랜 시간이 필요했다. 속담은 속담일 뿐, 시간이 모든 상처를 치유해주지는 못한다. 시간이란 사랑하는 사람의 부재로 만들어진 불완전한 삶을 평생 받아들이는 과정일 뿐이다.

아버지와의 이별은 단순한 터닝 포인트가 아니었다. 그것은 나의 가치관과 시간을 영원히 바꾸어버린 가장 깊은 심장 박동이었다. 그리고 이 모든 일의 끝에서 나는 위안을 찾았다. 아버지는 내게 살 만한 가치가 있는 삶이란 무엇인지 깨닫도록 길을 보여주었다.

● 공익 운동가 ㅣ 젠 림

66
최초의 프리허그

내 이야기의 출발점은 깎아지른 절벽 끝에 홀로 선 내 모습이다. 나는 수백 미터 아래의 바위에 부딪혀 부서지는 물보라를 바라보고 있다. 나는 혼자였고, 절망했으며, 외로웠다. 세상에서 길을 잃고 버려진 느낌이었다. 혼자 중얼거렸다.

"어떤 계시가 있을 거야. 그럼, 다 괜찮아질 테지."

물론 계시는 없었다. 무리를 지어 날아오르는 새들도, 갈라진 구름을 뚫고 대지를 비추는 햇살도 없었다. 아무 일도 일어나지 않았다.

나는 잠깐 동안 내가 진정 어떤 종류의 계시를 원하는지 생각해보았다. 떠오른 이미지는 내 뒤에서 숲을 가로질러 오는 한 사람의 모습이었다. 그는 "나도 슬퍼요."라고 말했다. 그것은 일종의 계시였다.

몇 달 만에 처음으로 웃음이 나왔다. 누가 그렇게 우스꽝스러운 짓을 한단 말인가? 나는 홀로 섰던 자리를 떠나 세상으로 돌아갔다. 그날 나는 최선을 다해 밝고 알차게 살리라 다짐했다.

그러나 계시처럼 떠오른 그 사람의 이미지는 뇌리를 떠나지 않았다. 그 이미지는 나를 다시 살렸고, 이후로도 내 삶을 지탱해주었다. 이것이 바로 내가 프리허그 캠페인(Free Hugs Campaign)을 시작하게 된 최초의 터닝 포인트다.

어느 날, 가장 친한 친구 조가 나를 파티에 초대했다. 별로 가고 싶지 않았다. 꽤 오랫동안 은둔자처럼 외롭게 지냈던 터라 모르는 사람들과 어울린다는 생각만으로도 겁이 났다. 그러나 나는 절벽에서의 다짐을 지키기 위해 파티에 갔다. 다양한 직업을 가진 온갖 종류의 사람들이 와 있었다. 모두들 인생을 즐기기 위해 온 것 같았다. 그런 사람들과 대화를 시작한다는 것이 무척 어색하게 느껴졌다. 구석에 처박힌 은둔자는 나뿐이었다.

그런데 어디선가 갑자기 젊은 여성이 다가왔다. 그녀는 내 가슴에 얼굴을 대고 두 팔로 허리를 감은 뒤 꼭 안아주었다. 누가 나를 포옹해준 것은 몇 달 만에 처음 있는 일이었고 그 느낌은 정말로 놀라웠다. 물론 포옹이 내 인생을 바꾸거나 내 어려움을 해결해줄 리는 만무했다. 하지만 그녀의 포옹으로 내 고통의 무게는 훨씬 가벼워졌다. 그녀는 포옹을 풀고 내 눈을 쳐다보며 미소를 짓더니 사람들 사이로 홀연 사라졌다.

그 후로 다시는 그녀를 보지 못했다.

이제 나의 터닝 포인트는 두 개가 되었다. 상상 속의 사람, 그리고 최초의 프리허그. 이제 내게 남은 과제는 이 두 가지를 결합하는 것이었다. 용기를 내어 그 여인이 내게 해준 일을 나도 다른 사람들에게 해줘야 한다고 생각했다.

프리허그 표지판을 제작했다. 크고 굵은 글씨를 프린트한 표지판. 나의 포옹이 진지하다는 사실을 증명하기 위해서였다. 깨끗하게 씻고 말끔히 면도도 했다. 가능한 많은 사람 앞에 꽤 괜찮은 모습으로 나갈 채비를 했다. 잔뜩 겁을 먹었다는 사실만 빼고는 완벽했다.

나는 겁에 질려 있었다. 내가 할 일을 지켜볼 친구 몇 명과 함께 기차를 타고 시드니로 갔다. 그리고 시청 옆의 역사를 떠나 지하도를 따라 가장 멀리까지 걸어갔다. 아무도 나를 보거나 말리지 못할 곳, 포옹을 요청할 사람이 없는 곳으로 간 것이다. 퀸빅토리아 빌딩의 긴 통로를 지나 웨스트필드 식당가에 도착했다. 시드니의 피트스트리트몰 상점가에서 북적이는 사람들과 나를 갈라놓는 것은 에스컬레이터 한 대뿐이었다.

그 에스컬레이터를 타고 위로 올라가면서 두려움으로 눈앞이

깜깜해졌다. 계단으로 뛰어 내려가 화장실에서 헛구역질을 한 뒤 얼굴을 씻었다. 여기까지 왔는데 두렵다고 포기할 수는 없었다.

나는 다시 에스컬레이터를 타고 사람들이 몰려 있는 곳으로 올라갔다. 사람들에게 도움이 되는 일을 하려는 거니 별일은 없을 거라 스스로를 안심시켰다. 이것이 바로 프리허그를 시작하기 위한 세 번째 터닝 포인트였다.

15분 동안 혼잡한 쇼핑몰을 거닐었다. 얼굴에 지은 미소가 파르르 떨렸다. 나는 자문했다.

"세상에 문제가 있는 건가? 아니면 내게 문제가 있는 건가?"

그러는 사이 한 여성이 다가와 정말로 프리허그를 해주냐고 물었다. 나는 들고 있던 표지판을 쳐다보며 나를 그곳으로 이끈 모든 일들에 대해 생각했다. 그리고 대답했다.

"네, 네, 그렇습니다."

그녀는 안도감에 한숨을 내쉬며 말했다.

"전 하루 종일 어떤 계시를 찾아 헤맸어요. 이거야말로 완벽한 계시군요."

그녀의 목소리는 약간 떨리고 있었다. "제 딸이 살아 있었으면 스물두 살이었겠죠. 당신과 비슷한 나이겠네요. 1년 전 오늘, 딸은 교통사고로 세상을 떠났어요. 그런데 오늘 딸이 키우던 개마저 죽었어요. 딸에게 이어져 있던 마지막 끈이 끊어진 셈이죠. 그래서 시드니 시내를 걸으면서 계시를 찾아야겠다고 생각했습니다. 딸이 원할 것 같아서요. 난 당신이 왜 이런 일을 하는지 모릅니다. 하지만 저기 있는 사람들을 위해서 그 일을 계속 해주세요."

말을 마치고 그녀는 두 팔로 나를 안았다. 나는 그녀의 머리를 내 어깨에 기대고 마음껏 울 수 있게 해주었다.

"미안합니다."

울음을 그친 그녀가 내 옷에 묻은 눈물 자국을 닦으려고 했지만, 나는 괜찮다며 만류했다.

"힘든 사람들을 잠시 동안이나마 웃게 해주는 것만큼 중요한 일은 없습니다."

이 최초의 프리허그는 프리허그 캠페인의 마지막 터닝 포인트였다. 그 이후로 10년 동안 나는 사람들을 포옹하고, 함께 울고 웃으며 최고로 행복한 시간을 보냈다. 다른 무엇으로도 대신할 수 없는 값진 시간이었다.

● 프리허그 창시자 ㅣ 후안 만

67
스위트 스팟(The Sweet Spot)

2007년, 중국을 떠나 미국으로 돌아왔다. 고국을 등진 남편 옆에서 보낸 5년 남짓한 세월은 매혹적이지만 고단했던 타향살이였다. 나는 피폐해질 대로 피폐해져 있었다.

오해는 없으시길. 나는 중국에서 지냈던 경험에 감사한다. 평생 잊지 못할 시간이었다. 처음 중국에 도착했을 때 나는 결심했다. 내게 주어진 시간을 요긴하게 사용할 것이며, 아늑한 미국식 생활 방식을 떠나 현실에 적극 부딪히는 여성이 되겠다고.

실제로 나는 나름 지혜롭게 시간을 보냈다. 구체적인 목표는 중국어를 배우는 것, 그리고 중국 고아원에서 자원봉사할 수 있는 정식 허가를 받는 것이었다. 나는 목표를 이루기 위해 노력했다.

그러나 결국 두 번째 목표는 이루지 못했다. 고아원에서 자원봉사를 하겠다고 마음먹은 뒤 나는 긴긴 밤을 간청과 탄원으로 보냈다. 한없이 천진난만한 아이들을 방치하고 학대하는 일이 자행되는 상황에서 아무런 응답이 없는 신을 절박하게 불렀다.

무엇보다도 충격적이었던 건 중국 고아원의 아이들이 소리 없는 눈물을 흘린다는 사실이었다. 큰 소리로 울어야 도움을 받을 수 있다는 사실을 배운 적이 없기 때문이었다. 아이들의 얼굴에 소리 없이 흐르는 눈물을 보고 있자면 가슴이 미어지는 것 같았다. 나는 아이들이 사랑의 감정을 느낄 수 있게 더욱 분주히 움직였다.

낮 시간은 아이들을 돌보고, 더 많은 의료 지원을 받기 위한 기금 모금으로 정신없이 지나갔다. 그러나 밤은 고통스러웠다. 잠 못 드는 긴 시간 동안 나는 컴퓨터에 느낀 점들을 쏟아냈다. 컴퓨터에 써 내려간 일기는 내가 겪은 상심과 열패감의 유일한 목격자다. 도움을 필요로 하는 아이는 내가 감당할 수 없을 만큼 많았다.

날이 밝으면 나는 다시 기운을 차리고 자원봉사 팀을 이끌었다. 어려운 싸움이었지만 후원자들이 지속적으로 도와준 덕분에 우리는 많은 생명을 구하고, 지역의 보육 시스템을 지원하는 자원봉사 조직을 세웠다. 자원봉사자들의 품속에서 아이들은 조금씩 원기를 되찾았다. 멍했던 아이들의 눈은 초점을 찾았고, 입가에는 난생 처음 미소가 떠올랐다. 아이들의 웃음을 보면 복권에라도 당첨된 것처럼 기뻤다. 아이들의 웃음소리가 점점 더 흔해졌다.

그러나 고아들을 돌보는 일은 상상 이상으로 괴로운 싸움이었다. 하나를 받기 위해 하나를 포기해야 하는 줄다리기식 고투의 나날이었다. 우리는 당국의 도움과 허가를 받기 위해 이들이 요구하는 모든 사항을 지키려 애썼다. 그러지 않으면 당국은 우리가 아이들과 더 많은 시간을 보내도록 허용하지 않았다.

언제나 문제는 시간이었다. 자원봉사자들은 허락받은 시간의 대부분을 아이들이 자신을 귀한 존재로 인식하게 하는 데 할애했다. 침대에 누워 있는 아이들에게 자신이 통계 수치 이상의 존재라고 얘기해주었다. 그들 한 명 한 명을 귀하게 여기는 사람들이 있다는 사실을 알리기 위해 혼신의 힘을 다했다.

아무리 애써도 잊을 수 없는 아픈 기억 하나가 있다. 어느 날 아침, 나는 늘 하던 대로 침대에 몸을 굽히고 아이들 한 명 한 명과 눈을 맞추며 이야기를 나누었다. 그런데 한 여자아이의 상태가 이상했다. 아이는 침대에 누운 채 내 목소리에 아무런 반응도 보이지 않았다. 눈에 초점이 없었다. 밤 사이 세상을 떠난 것이다.

나는 돌연 찾아든 공포와 무력감으로 충격에 빠져 허공을 응시하며 우두커니 서 있었다. 정신을 차리고 보육 교사를 불러 아이 상태를 확인하기까지의 시간이 영원처럼 길게 느껴졌다. 당국에서 파견된 사람은 그 어린아이를 냉담한 태도로 대했다. 가슴이 미어졌다. 당국자의 냉담한 태도는 세상을 떠난 아이가 아무런 의미도 없다는 사실을 보여주었다. 아이는 또 하나의 사망 통계치에 불과했고, 침대는 다음 아이를 위해 비워야 할 물건일 뿐이었다.

그 후로도 수년 동안 그 기억을 떨쳐버리지 못했다. 잠 못 드는 밤이 늘었다. 그 이후로도 아이들을 비인간적으로 대하는 당국자의 태도를 여러 번 보았다. 나는 그들이 떠나기를 기다렸다가 아이들을 달랬다. 이야기를 들어줄 사람이 여기 있지 않느냐고 속삭였다. 집으로 돌아온 뒤에는 그날 겪은 사건들을 일기에 적었다. 일기는 일종의 자가 치료법이었을 뿐만 아니라, 내가 그곳에서 자행된 일들을 보고 듣고 주의를 기울였음을 보여주는 증거였다.

중국에서의 세월은 쏜살같이 흘러갔다. 나는 계속 아이들을 보살폈고, 몇 명을 더 잃었다. 고칠 수 없는 병마로 잃은 아이도 있었지만, 냉담한 관료주의 때문에 잃은 아이도 있었다. 나는 좌절과 우울에 빠졌다. 5년 동안 같은 일을 겪다 보니 분노가 치밀었다. 그 대표적인 사례는 신신(Xin Xin)이라는 아기였다.

한 살도 채 안 된 신신은 심장병을 앓고 있었다. 우리는 아이의 목숨을 구하고자 대도시에 있는 심장 전문의를 찾았다. 차를 타고 가는 동안 신신은 내 손가락을 꼭 잡고 버텨주었다. 나는 아이의 작은 눈을 마주보며 끝까지 너를 도울 것이고 고아원에서 생을 마치게 하는 일은 없을 거라고 약속했다. 아이를 본 의사는 아이의 체중이 늘 때까지 병원에서 돌본 다음 수술을 해야 한다고 강하게 주장했다. 안심이 되었다. 마침내 전문가가 아이의 편에 서주었기 때문이다. 자원봉사 단체는 즉시 표결에 들어가 필요한 비용을 구하는 데 합의했다. 그러나 희망은 전화 한 통으로 물거품이 되었다. 고아원 운영진이 승인을 해주지 않았던 것이다. 아이의 목숨이 경각에 달려 있었건만 운영진은 이를 전혀 신경 쓰지 않았다.

신신은 고아원으로 돌아갔고, 직원은 아이를 집으로 돌려보냈다. 아이 옆을 지켜야 한다고 말했지만 헛일이었다. 결국 신신은 심장 발작을 일으켰고 보육 교사의 팔에 안겨 세상을 떠났다. 그 소식을 들은 내 마음은 다른 어떤 죽음을 알게 되었던 때보다도 더 잔인하게 무너졌다.

울부짖고…… 기도하고…… 미친 사람처럼 포효했다……. 아이의 치료를 신속하게 결정하지 않은 당국에 분노했다. 아이를 우선시하지 않는 체제가 개탄스러웠다. 외국인들에게 과시할 행사를 치르고, 공관을 꾸미고, 고급 차에 고관들을 태우는 데는 돈을 아낌없이 쓰면서 아이들에게는 개인용 식기조차 주지 않고 굶주림과 추위 속에서 잠들게 하는 시스템이 끔찍했다.

나는 신신과의 이별을 극복하려고 노력했다. 그러나 어느 날 아침, 다 부질없다는 생각이 들었다. 그 슬프고 우울한 고아원에 또 가야 한다는 생각만으로도 불안하고 어지러워 구토가 나올 지경이었다. 아침마다 새로이 다짐하던 일조차 포기한 지 오래였다. 새로운 하루를 희망 차게 여는 것만이 나를 지탱해준 유일한 에너지였는데, 이제 끝이 온 것이다. 결국 자원봉사 일을 그만두었다.

몇 개월 후 나는 귀국했다. 모두 잊고 정리하기로 마음먹었다. 내 감정 상태는 너무 위태로웠다. 중국에서의 기억에서 떨어져 상처를 회복할 때까지 당분간 숨어야겠다고 생각했다. 떠나온 아이들에 대해서는 생각조차 말아야 했다. 나는 아이들의 사진을 치우고, 그에 대한 이야기도 하지 않으려 했으며, 내 죄의식을 가능한 한 마음속 깊이 숨겼다. 평범한 미국인으로 살기 위해 노력했다.

그러나 마음이 따라주지 않았다. 불면증은 지속되었고 건강은 악화되었다. 잠이 들면 고아원에서 본 장면들이 불쑥불쑥 꿈에 나타났다. 무서웠다. 만성 두통에 시달렸고 온몸이 쑤셨다. 식욕을 잃었고 원래 마른 몸은 더욱 여위었다. 상담을 하기 위해 찾아간 의사가 다른 의사를 소개해주었다. 그 의사는 다른 의사가 하지 못한 일을 해주었다. 귀를 기울여 내 이야기를 들어주었던 것이다.

상담 의사는 내가 중국에서 어떤 일을 겪었는지 물었고, 나는 추억과 억눌린 감정을 폭포처럼 쏟아냈다. 한 시간 넘게 이야기를 나누는 동안 의사는 아이들을 떠난 데 대한 내 죄의식과 그리움을 따뜻하게 어루만져주었다. 이야기를 마친 뒤 의사는 내가 외상 후 스트레스 장애를 겪는다는 진단을 내렸다. 의사는 잠을 잘 수 있게 약을 처방해주고 소중한 조언도 들려주었다. 기억을 억누르지 말고 포용하라는 것이었다. 나는 그의 조언에 따르기로 했다.

그리고 마침내 터닝 포인트가 찾아왔다! 다시 일을 시작한 것이다. 그동안 써놓은 일기를 책으로 발간하는 일. 많은 사람이 제안했던 일이었다. 일기를 읽을 때마다 새삼 그 시절의 순간들이 떠올랐다. 글을 정리할 때는 더 많은 밤을 고통으로 지새웠다. 그렇게 작업을 마치고 책을 출간할 준비가 되자 나는 누에고치를 뚫고 나온 나비처럼 새로운 희망으로 가득 찬 사람이 되었다.

나는 자신을 타일렀다. 단 한 명이라도 이 회고록을 읽고 중국 복지 체계의 문제점을 알게 되면 승리한 셈이라고. 중요한 것은 내가 아이들을 위해 이 회고록을 지었다는 사실이었다. 그건 내가 그곳에서 만난 아이들에게 했던 약속을 지키는 일이기도 했다.

그러나 에이전시나 출판사들은 내 책의 출간을 거절했다. 결국 나는 자비로 책을 세상에 선보였다. 책이 나온 뒤 나는 내 인생을 다시 한 번 찬찬히 살펴보았다. 어쨌거나 책은 대중에게 던져졌다. 그 순간 나는 깨달았다. 내가 생을 살면서 환희와 열정을 느꼈던 순간은 좋건 나쁘건 중국에 있을 때뿐이었다는 사실을 말이다.

아이들을 위해 싸우지 않는 나는 아무런 쓸모도 없는 인간이었다. 공허하고 슬펐다. 깨달음을 얻었다는 사실은 기뻤지만 마냥 기뻐할 수는 없었다. 이젠 중국으로 돌아갈 수 없었기 때문이다.

대신 나는 미국에 있는 단체에 들어가 중국에서 내가 목격한 일을 알리기 위해 노력했다. 그러자 믿을 수 없는 일이 일어났다. 내가 출간한 『Silent Tears: A Journey of Hope in a Chinese Orphanage(소리 없는 눈물: 중국 고아원의 희망 여행)』이 알려지기 시작한 것이다. 책이 아마존 베스트셀러 목록에 오르자 한 출판사가 책의 판권을 사서 재출간하고 싶다는 뜻을 알려왔다. 새로운 모습으로 탈바꿈한 책은 새로운 독자들을 향해 날개 돋친 듯 팔려나갔다. 곧이어 나는 독자들이 보낸 수백 통의 이메일을 받았다. 독자들은 내 이야기에 감명을 받았으며 변화를 일으키기 위해 뭔가 하고 싶다고 했다. 가슴 벅찬 기쁨이 나를 감쌌다. 그리고 부끄러움과 동시에 감사함을 느꼈다. 그동안 알고는 있었지만 인정하지 못했던 사실, 즉 중국에서 보낸 시간들은 내 인생의 선물이었고 나는 그 선물을 다른 사람들과 나눌 수 있게 된 것이다.

그 후 나는 교회와 여성 단체, 입양 단체에서 강연을 시작했다. 많은 독자가 내 책을 읽은 뒤 입양을 결정했다고 고백했다. 중국의 아이들을 후원하기 시작한 이들도 있었고, 나아가 교회와 지역 사회에서 고아와 관련된 단체를 꾸미는 사람도 있었다.

뭔가 다른 길이 더 선명하게 보이기 시작했다. 신이 내게 중국에서 그 모든 일을 목격하게 만든 섭리를 이해했다고나 할까. 신은 내가 세상에 말해주기를 원했던 것이다!

나는 열정을 되찾았다. 아이들을 생각한다는 본질은 변하지 않았다. 그저 손 대신 목소리를 이용하는 것으로 방식만 바꾸었을 뿐이다. 아이들을 직접 만나고 안아주던 시절이 그리웠지만, 나의 글을 통해 훨씬 더 많은 아이를 도울 수 있었다. 내 책을 읽은 전 세계 사람들이 중국 전역에 있는 고아원으로 도움의 손길을 보냈다. 미국인뿐만 아니라 독일, 영국, 스페인의 독자들도 내게 도울 수 있는 방법을 알려달라고 청했다!

그 즈음 나는 내 안에 또 하나의 열정이 숨어 있다는 사실을 깨달았다. 두 번째 터닝 포인트는 바로 글을 쓰는 일이었다. 회고록의 성공을 보며 나는 또 다른 종류의 책을 쓰고 싶었다. 생부와 생모에 대해 더 많은 것을 알고 싶어 하는 중국 입양아의 이야기였다. 주제는 아이들이 공공 기관에 위탁되면서 어떤 고통을 겪는가였다. 이 시도가 성공하자 나는 또 다른 소설을 썼다. 어린 나이에 유괴를 당해 신부로 팔려간 여자아이 둘의 사연을 다룬 소설이었다. 실제로 중국에서는 이런 비극이 여전히 진행 중이다.

글을 쓰다 보니 중국에서 흥미롭다고 생각했던 일들이 새록새록 떠올랐다. 나는 내게 영감을 주었던 나라와 어떤 의미로든 연결되어 있었던 셈이다. 그리고 그 일들을 조사를 할수록 나는 중국에 대해 더 많은 것을 배웠다.

어느 날 온라인 기사에서 쓰레기를 뒤지는 중국인의 사연을 읽었다. 그는 여러 해 동안 쓰레기 더미에 버려진 아기들을 데려다 길렀다. 나는 그 이야기에 사로잡혀 벗어날 수 없었다. 책상 앞에 앉아서 기사에서 읽은 내용과 비슷한 단편을 쓰기 시작했다. 그런데 쓰면 쓸수록 소설의 분량이 늘어났다. 마침내 출판사에 보낸 원고는 세 권짜리 장편으로 다시 태어났다.

『The Tales of the Scavenger's Daughters(중국인 청소부의 딸들)』은 내게 상상도 못할 정도로 큰 성공을 안겨준 책이다. 이 성공을 통해 나는 내가 작품을 통해 사람들을 일깨울 수 있다는 사실을 각성했다. 내가 쓰는 모든 이야기의 공통된 줄거리는 '숨겨진 진실, 숨겨진 지혜'다. 독자들에게 중국 여성과 아이들이 겪는 갖가지 고통에 관해 알리는 것이 내가 밝히고자 하는 숨은 진실이다.

나는 여전히 중국의 고아들을 후원하는 단체에서 자원봉사를 하고 있다. 독자들이 중국의 아이들을 도울 수 있는 방법을 문의하면 확실하고 효과적인 정보를 줄 수 있다. 나는 이런 활동이 우리가 세상을 사는 이유라고 믿는다. **사랑과 연민의 교류로 일으킨 작은 파문을 통해 거대한 변화의 파도를 가져오는 일, 이것이야말로 우리가 존재하는 이유다.**

요즘 나는 스스로를 '케이 브랫. 아동 인권 옹호 운동가, 작가'라고 칭한다. 내가 지난 10년 동안 배운 인생의 가장 큰 교훈은 모는 사람이 자신의 스위트 스팟을 찾아야 한다는 것이다. 여러분의 스위트 스팟은 세상에 필요한 것을 채우기 위해 자신의 재능과 열정을 활용할 수 있는 가장 만족스러운 자리다. 나는 지금 아이들의 인권을 지키려는 열정과 글쓰기 재능을 통해 사람들의 마음을 깨우는 일을 하고 있다.

* 스위트 스팟은 골프채, 라켓, 배트 등으로 공을 칠 때, 많은 힘을 들이지 않고 원하는 방향으로 멀리 빠르게 날아가게 하는 최적의 지점을 가리킨다. 원래 스포츠 분야에서만 쓰였으나, 어떤 분야에서든 최고로 좋은 시기나 부분, 한마디로 최적화된 상태를 나타내는 의미로 폭넓게 사용되기도 한다.

● 인권 운동가 · 작가 | 케이 브랫

68
인생의 역설

내 인생을 규정하는 중요한 역설. 나는 UN 주재 싱가포르 대사로 임명받았을 때 도약기를 맞았고, UN 대사가 되었을 때 추락했다. 동일한 사건이 다른 시기에 발생했기에 생긴 아이러니였다.

1984년 8월, 나는 서른다섯 살의 나이에 UN 주재 싱가포르 대사로 임명되었다. 엄청난 승진이었다. UN 대사는 가장 중요한 외교적 임무 중 하나를 수행하기 때문에 대부분 국가에서는 나이가 많거나 연륜이 쌓인 외교관을 파견한다. 전직 외무부 장관을 보낸 나라도 있으며, 심지어 전직 수상을 보내기도 한다.

나는 UN에서 가장 젊은 대사였다. 전임자가 외교계의 거물이었다는 사실 또한 큰 부담이었다. 그 거물은 토미 코(Tommy Koh) 대사였다. 13년 동안 UN 대사로 재직했던 토미 코는 길고 힘든 협상 끝에 1982년 유엔 해양법 협약(UN Convention on the Law of the Sea, UNCLOS)을 이끌어내면서 UN 내에서 전설이 된 인물이다. 굉장한 업적이었고 거물이라는 칭호를 받을 만했다. 그런데 그 굉장한 자리에 나 같은 풋내기가 후임으로 들어선 것이다.

젊은 나이에 UN 대사로 승진했다는 사실, 외교계 거물의 후임자가 되었다는 사실에 나는 날아갈 듯한 기분이었다. 하지만 인생은 거대한 도전에 직면해 성과를 일구어냈을 때 비로소 달콤함을 맛볼 수 있는 법이다. 훗날 나를 성공으로 이끈 것은 단순한 규칙 하나였다. 나는 결코 토미 코가 될 수 없다는 점. 나는 이 사실을 나 자신과 UN의 동료들에게 분명하게 말했다. 성공하려면 나만의 고유한 역할과 성격을 규정해야만 했다. 다른 사람이 되려고 해봐야 돌아오는 것은 아무것도 없다. 이것이야말로 유익한 인생의 교훈이었다.

1998년 8월, 나는 두 번째로 UN 대사가 되었다. 당시 내 나이는 벌써 마흔아홉이었다. 당시 나는 외무부 차관으로 일하고 있었다. 외무부에서 오를 수 있는 가장 높은 자리에 있었던 셈이다. 사실상 1억 싱가포르 달러(그 당시 기준으로 1,000억 원이 훌쩍 넘는 금액이다)에 달하는 1년 예산을 책임지는 외무부의 CEO 노릇을 하고 있었고, 그 업무의 중요성은 상상을 초월했다.

따라서 다시 UN 대사로 가게 되었다는 것은, 1년에 1억 달러 예산으로 운영되는 조직을 경영하다가 100만 달러 정도의 예산을 쓰는 작은 조직으로 옮겼음을 뜻했다. 업무 범위도 100배나 줄어든 셈이다. 요컨대 인생 최대의 추락을 겪은 것이다.

상황이 그렇다 보니 1998년 뉴욕에 도착했을 때 나는 우울하고 풀이 죽어 있었다. 14년 전 같은 일을 하기 위해 뉴욕에 왔을 때 느꼈던 의기양양함이나 환희는 온데간데없었다. UN에서 인생의 가장 큰 진실을 발견했다는 소득도 참담함을 극복하는 데 별 도움이 되지 않았다.

중요하고 명망 높은 차관이었을 때는 친구나 지지자들이 주변에 들끓었다. 내가 변변찮은 농담을 던져도 사람들은 깔깔거렸다. 그러나 그 자리에서 내려오자 주변에 사람들이 줄었다. 같은 농담을 해도 냉담한 반응뿐이었다. 인류는 수천 년 동안 추락한 자의 고통과 권력을 잃은 비탄을 읊어왔다. 하지만 그런 고통을 몸소 체험하기 전까진 죄다 공허한 이론일 뿐이다.

그리고 지금 나는 그 시련에 감사한다. 역경은 인간을 파멸시킬 수 있지만, 더 견고하게 만들기도 한다. 다행히 나의 경우 시련은 성장의 기회가 되었다. 다시 UN 대사로 부임한 지 2년 뒤인 2001년 1월, 싱가포르는 세계에서 가장 강력한 국제기구인 UN 안전보장이사회에 가입했다. 안전보장이사회 회의실에 입성하기 전 나는 프놈펜, 쿠알라룸푸르, 워싱턴 DC, 뉴욕에서 약 30년을 외교관으로 일했다. 그때 본 국제 권력의 비정한 작동 양상은 끔찍한 것이었다. 하지만 안전보장이사회에서 일하는 2년 동안 나는 지난 30년 동안 알게 된 것보다 더 많은 것을 터득했다.

안전보장이사회에서 일한다는 것은 외교계의 최고 리그에서 경기를 하는 것이다. 이해관계가 첨예하게 부딪히는 이곳에서 내린 모든 결정은 각 국가에 강제력을 발휘한다. 나는 안전보장이사회가 이론상으로는 열다섯 개의 회원국(다섯 개의 상임 이사국과 열 개의 비상임 이사국)으로 이루어져 있지만, 실질적인 회원국은 다섯 나라뿐이며 나머지 열 개 국가는 거수기(회의에서 손을 들어 의사를 결정할 때, 남이 시키는 대로 손 드는 사람을 낮잡아 이르는 말) 역할만 한다는 사실을 알았다. 여기서 터득한 영원한 진리는 국제 관계에 민주주의나 평등은 존재하지 않는다는 것이다. 국제 관계를 밀고 나가는 원칙은 오로지 힘뿐이다.

돌이켜볼수록 나는 1998년의 좌천이 다행스럽다. 추락의 상처를 통해 더욱 강한 인간이 되었기 때문이다. 안전보장이사회는 내게 최상의 교육장이었다. 어떤 책으로도 그곳에서 보낸 2년의 시간을 온전히 소개할 수는 없다.

이 모든 경험을 통해 내가 믿게 된 작은 지혜 한 가지는 인생은 보이는 것만큼 좋지도, 또 보이는 것만큼 나쁘지도 않다는 사실이다. 작지만 견고한 이 지혜는 지금까지도 내 힘의 기반이 되어주고 있다.

● 정치 사상가 | 키쇼어 마부바니

69
어머니의 선물

　어렸을 때 나는 병원이 외부 세계와 단절된 불가사의한 공간이라고 생각했다. 하얀 옷을 입은 사람들이 들어가는 '제한 구역'에서는 항상 기적이 일어나는 것만 같았다. 심각한 천식을 앓았던 나는 병원이라는 세계를 자주 찾았다. 그러면서 언젠가는 이 신비를 뚫고 들어가 하얀 옷을 입은 마법사가 되리라 다짐했다.

　의대생이 된 뒤에도 병원은 늘 내게 경이로운 존재였다. 그러나 어머니가 중병 환자가 된 그날부터 모든 것이 바뀌었다. 어머니는 1년 동안 근처 병원의 의사들에게 고통을 호소했지만, 병명을 알아내지 못했다. 결국 어머니는 긴 허송세월을 보낸 뒤 전이성 유방암 진단을 받았다. 그 무렵 암은 이미 폐와 뼈, 뇌까지 퍼진 상태였다.

나는 죄의식으로 미칠 것 같았다. 의사가 되는 훈련을 받고 있던 내가 왜 어머니의 증상이 암이라는 것을 알아채지 못했을까? 왜 나는 의사들에게 제대로 살펴보라고 설득하지 못했을까? 왜 나는 의학에 그토록 오진 가능성이 많다는 사실을 몰랐을까?

어머니가 암 진단을 받은 이후 나는 여러 달 동안 의료계에 있다는 게 얼마나 힘든 일인지, 그것이 얼마나 끔찍하고 추한 경험인지를 뼈저리게 느꼈다. 수술을 받은 뒤 어머니는 회복을 위한 충분한 여유가 필요했지만, 의료진은 매시간 방문해 불을 환하게 켰다. 시계 옆에서는 삑삑거리는 소음이 쉴 새 없이 들려왔다. 어머니는 곧 낮과 밤의 감각을 잃었다. 과로에 시달리는 병원 직원들은 환자에게 필요한 게 무엇인지 세세하게 살피지 못했다.

나는 환자인 어머니의 권익을 옹호하면서도 의료진을 너무 밀어붙이지 않도록 애썼다. 정작 환자인 어머니는 가족들이 의사들을 자극해 당신이 불이익을 받거나 병원에서 쫓겨날까 봐 두려워했다. 그렇지 않아도 어머니에겐 다른 근심이 많았다. 가족들에게 진단 결과를 어떻게 말할 것인지, 그리고 당시 아홉 살밖에 안 된 여동생은 어떻게 돌볼 것인지 어머니는 걱정에 둘러싸여 있었다.

의대에 다니면서 나는 의료 체계의 이면을 보았다. 모든 의료진이 선의를 갖고 일한다는 사실은 확실하다. 의사와 간호사, 약사, 행정 직원들 모두 환자의 병을 고치고 더 나은 삶을 선물하고 싶은 마음을 가지고 있었다. 그럼에도 불구하고 의사의 치료와 환자의 필요 사이에는 근원적이 괴리가 존재한다. 나는 지금까지 그 괴리를 해결하고 의료 체계를 제공자 중심에서 환자 중심 체계로 바꾸기 위해 노력을 기울여왔다.

어머니는 8년 동안 수차례의 수술과 화학 요법, 방사능 치료를 받다가 결국 돌아가셨다. 나는 매일 어머니를 생각한다. 어머니가 정말 그립다. 내 결혼식과 여동생의 대학 졸업식에 오셔서 축하와 격려를 해주었다면 얼마나 행복했을까 못내 아쉽다.

나는 여러분에게 말하고 싶다. 자신의 직업에 '왜?'라는 질문을 던지라고. 그리고 그 일에 전력으로 매진하라고. 여기에 인생의 조언을 보태자면 사랑하는 사람과 함께하는 시간을 소중하게 여기기 바란다. 나는 어머니의 곁에서 보낸 8년의 시간을, 이야기를 나누며 서로를 진심으로 이해할 수 있었던 그 시간을 귀한 선물이라고 생각한다. 어머니의 병은 내가 의학적 한계를 인식하게 도와주었고, 삶이라는 선물을 귀하게 여기도록 해주었으며, 어머니와 딸 사이의 대체 불가능한 결속을 발견하게 해주었다.

● 응급의학 전문의 | 리나 웬

70
울타리 밖에서 찾은 돌파구

때로 꿈은 예기치 않은 방식으로 이루어진다.

내 인생의 중요한 터닝 포인트는, 체스 그랜드마스터가 되려는 어려운 목표를 뒤쫓고 있을 때 찾아왔다. 나는 꿈을 이루기 위해 매진했다. 직장을 그만두고, 체스 코치를 구하고, 하루에 여덟 시간 이상 공부하며, 필요한 점수를 따기 위해 체스 토너먼트에 참가해서 세계 각지를 돌아다녔다. 경기에서 이길 때마다 '놈(norms)'이라는 점수가 붙고, 이것이 쌓이면 그랜드마스터가 된다. 내 평생 이렇게 한 가지 일에 집중했던 적은 없었다. 나는 매일 아침 눈뜰 때마다 체스 그랜드마스터가 되는 꿈을 되새겼다.

그러나 불행하게도 장애물이 생겼다. 헝가리에서 열린 중요한 체스 토너먼트에서 성적을 엉망으로 내는 바람에 중요한 여러 경기를 놓쳐버린 것이다. 나는 내가 그토록 바라던 그랜드마스터가 될 자격이 있는지 의구심을 품게 되었다.

특히 이스라엘 선수와의 대국이 기억난다. 나는 바보같이 두 수나 잘못 놓았고, 그러는 동안 상대는 반대편에 무방비 상태로 놓여 있던 '킹'을 잡아버렸다. 나쁜 경기의 전형이었다. 세계의 엘리트 선수로 인정받으려는 프로페셔널의 경기가 아니었다. 또 다른 경기에서도 나는 결정적인 순간에 손가락 사이로 승리를 놓쳐버렸고, 확실했던 승리는 굴욕적 패배로 바뀌었다. 내가 시합을 두려워하는 게 아닌가 싶을 정도였다. 단순하게 수를 두어야 하는 순간에 생각이 너무 많았던 것이다. 나는 낙담했다. 낙오자가 된 기분이었다. 패배의 상처를 치유하기 위해 집으로 돌아가야만 했다. 시간만 낭비하고 있는 것은 아닌지 의심이 들었다.

그때 인생을 바꾸어준 사건이 일어났다. 나는 다음 토너먼트 시합 전에 체스책을 치워버리고 영감을 줄 다른 도서를 읽기로 결심했다. 잭 캔필드(Jack Canfield)와 마크 빅터 한센(Mark Hansen)이 지은 『Dare to Win(잭 캔필드의 응원)』이라는 책이었다. 이루고자 하는 목표들을 적어놓고 계속해서 언급하면 성공한다는 내용이었다.

디팩 초프라(Deepak Chopra)의 『Seven Spiritual Laws of Success(성공을 부르는 일곱 가지 영적 법칙)』도 읽었다. 나는 이 책이 주장하는 초연함의 원리에서 특히 많은 영향을 받았다. 디팩 초프라는 특정 목표에 집착할수록 오히려 자멸의 길을 걸을 수 있다고 충고했다.

메이저리그 최초의 흑인 야구선수 재키 로빈슨(Jackie Robinson)의 자서전도 읽었다. 브루클린 다저스의 구단주 브랜치 리키(Branch Ricky)가 재키에게 조언하는 부분이 감동적이었다. 리키는 재키가 메이저리그에서 뛰는 최초의 흑인 선수가 되려면 엄청난 힘과 인내력, 그리고 불굴의 정신을 가져야 한다고 역설했다. 또 강철 같은 담력과 평정을 유지할 수 있는 능력도 필요하다고 말했다. 미국이 가장 사랑하는 스포츠를 흑인 선수가 더럽힌다고 생각하는 백인들이 불쾌한 욕설을 퍼부어댈 것이 뻔했기 때문이다.

자부심이 강했던 재키는 자신이 그런 무례함에 맞설 만큼 강하다고 대꾸했다. 그러자 리키는 타인들의 비열한 욕설에 대응하지 않는 것이 오히려 강한 자의 자세라고 반박했다. 재키가 멋진 경기를 펼칠 때 전 세계 사람들은 그가 얼마나 세련된 사람인지 알게 될 것이고, 재키를 혐오하는 이들의 부도덕한 행동이 어리석어 보일 것이라고 주장했다. 리키의 충고를 받아들인 재키는 금세 슈퍼스타가 되었다. 최고의 실력을 발휘해 그해의 신인상을 받았고, 팀의 월드시리즈 우승도 이끌었다.

이 책들을 읽으며 받은 기쁨을 나는 결코 잊지 못할 것이다. 이후 토너먼트 시합에 참가하면서 나는 활기찬 태도로 경기에 임했다. 경기를 치를 때마다 이렇게 생각했다. 재키 로빈슨이 자신을 싫어하는 사람들에게 모멸을 당하면서도 뛰어난 경기를 펼칠 수 있었다면, 나 역시 체스 토너먼트라는 작은 세계에서 경기를 못했다는 이유만으로 자신을 불쌍히 여길 필요는 없다고. 나는 초연한 자세로 경기에 임했다. 결과보다 과정에 집중하기 위해 주의를 기울였다. 원하는 때 원하는 곳에서 내가 선택한 모든 경기에 참가할 수 있다는 자유로움에 감사했다.

나는 그야말로 자유로워졌다. 그 뒤에 치러진 토너먼트 시합에서 나는 완벽하게 변모했다. 적극적이고 확신에 찬 경기로 다른 그랜드마스터들을 정복했다. 또 다른 시합에 참가하기 전에는 합기도라는 무술 관련 책을 읽었다. 그 책을 통해 승리의 핵심은 공격이 아니라 상대의 공격 욕망을 이용하는 것이라는 점을 배웠다. 그 순간 나는 성공의 비밀을 푼 느낌이었다. 새롭고 강력한 영감의 원천을 찾으려면 자신을 둘러싼 울타리 밖을 보아야 한다는 사실을 알았다.

내 창의력과 집중력, 체스에 대한 애정은 급격히 상승했다. 그리고 마침내 그랜드마스터가 되겠다는 목표를 이룰 수 있었다.

그 당시 나는 좁디좁은 내 세계 속에 갇혀 있었다. 성공하겠다는 열망에 사로잡혀 있었다. 실패와 좌절을 모두 겪은 후에야 내가 속한 울타리 바깥으로 눈을 돌릴 수 있었다. 그것도 그전에 시도했던 방법들이 제대로 결실을 맺지 못했다는 이유에서였다.

물론 체스 실력을 향상시키는 전통적인 방법까지 포기한 것은 아니었다. 다만 새로운 아이디어를 탐구하고, 새로운 방법을 시도하며, 다른 사람이 직면했던 도전에 관한 글을 읽으면서 더 풍요로운 인간이 될 수 있었다. 균형 잡힌 사람이 될 수 있었다.

나는 내가 만든 감옥을 탈출한 덕분에 자신을 발견했다. 그렇게 꿈을 이루었다.

● 체스 그랜드마스터 | 모리스 애슐리

71
인생의 터닝 포인트는 하나가 아니다

내가 제대로 기억하는 한 내 인생의 터닝 포인트는 하나가 아니다. 나는 수많은 막다른 골목에 부딪쳤고 그때마다 새로운 터닝 포인트를 만났다. 대학을 정해야 했던 고등학교 졸업반 때에는 진로를 정하지 못해 방황했다. 어머니는 법, 회계, 약학, 치과, 건축, 공학 분야에서 일하는 지인들에게 조언을 구한 뒤 내게 알려줬다. 결국 나는 고민 끝에 수학과 물리학을 좀 한다는 이유만으로 공학을 선택했다. 그러나 좋아하던 라틴어 과목을 포기하고 싫어하는 화학 공부를 해야 한다는 사실에는 낙담했다.

우여곡절 끝에 캔터베리 대학 공학과에 들어갔다. 캔터베리 대학에는 1학년생을 위한 멘토링 프로그램이 있었다. 덕분에 나는 매달 몇몇 친구들과 함께 어느 공대 교수의 집에서 저녁 식사를 할 수 있었는데, 교수는 식사 자리에서 자신에게 명성을 가져다준 강현 콘크리트(pre-stressed concrete)의 장점에 대한 이야기를 들려주었다. 그리고 이 일이 내 최초의 터닝 포인트가 되었다.

나는 콘크리트 무게에 깔린 채 인생을 보내고 싶지 않았다. 결국 문·이과 통합 과정으로 전공을 바꾸었고, 어렸을 적 가졌던 인문학에 대한 관심을 일부 회복할 수 있었다. 이후 나는 웰링턴(Wellington)의 빅토리아 대학에서 수학 석사 과정을 밟았지만, 무엇을 하면서 인생을 살아갈 것인가 하는 문제에 다시 직면했다. 이번에는 어머니도 조언을 해줄 수 없었기 때문에 직업 전문가에게 상담을 받기로 했다.

직업 전문가는 내가 보험계리사(새로운 보험 상품을 만들고 이익을 분석하는 사람) 쪽으로 재능이 있다고 조언해주었다. 그래서 나는 대형 보험 회사에 들어가 보험계리와 통계를 배우기 시작했다. 그리고 보험계리 통계학이라는 학문이 사람들의 사망 가능 시기를 효과적으로 밝혀내는 분야라는 사실을 알게 되었다. 이 연구를 통해 보험사는 사람들에게 받아야 할 적정 보험료를 산정하고 이익을 내는 것이었다. 여기서 나는 두 번째 터닝 포인트를 만났다.

죽음이라는 음산하고 우울한 함의를 지닌 보험계리 업무의 무게는 콘크리트보다 더 무겁게 다가왔다. 결국 나는 이 일을 그만두고 아동 복지 조사관이라는 공무원직을 얻었다.

사실 내게 이 자리는 미봉책이었다. 이 무렵 나는 오랫동안 취미로 그리던 만화를 직업으로 바꾸어볼까 하는 생각을 가지고 있었다. 하지만 저명한 신문 만화가 한 분이 이 일의 어려움을 경고하면서 나는 또 포기하고 말았다. 아마 그 경고에서 콘크리트의 무게를 연상했던 것 같다. 이것이 세 번째 터닝 포인트였다.

　나는 대학에 돌아가기로 결심했고, 절반쯤 마친 문학 석사 학위를 마무리하기 시작했다(이학 석사 학위는 마친 상태였다). 그런데 직장에 다니는 중이라 야간 수업을 들어야 해서 일정에 맞는 강의가 심리학, 철학밖에 없었다. 나는 전에 들은 심리학 기초 강의를 바탕으로 심리학 전공 과정을 밟기 시작했고, 다행히 오클랜드 대학에 새로 개설된 심리학과 조교가 될 수 있었다. 나는 그곳에서 심리학 석사 과정을 마쳤다.

　그 뒤 나는 캐나다 몬트리올에 있는 맥길 대학에 가서 심리학 박사 과정을 마쳤다. 그리고 오클랜드에서 2년을 보내고 다시 맥길 대학으로 가 10년 동안 강의를 한 후, 다시 오클랜드로 돌아와 심리학 교수로 정착했다.

　여러분은 심리학의 발견이 내가 처했던 막다른 골목의 끝이라고 생각할 수 있다. 그러나 심리학을 연구하면서 내가 알아낸 바에 의하면 심리학은 분명 나처럼 방황하는 사람의 이상인 동시에 그 자체로 막다른 골목이다. 심리학에는 예술적 측면과 과학적 측면

이 공존한다. 심리학의 여정을 따라가는 동안 나는 행동주의, 인지 혁명, 신경 심리학, 인지 신경 과학, 그리고 진화를 발견했다. 심리학이 지닌 다양성은 내게 큰 즐거움을 안겨주었을 뿐만 아니라 부족한 지식에 대한 높은 벽을 실감하게 해주었다.

만약 어렸을 때 일찍 이 사실을 알았더라면 나는 진작 심리학 공부를 선택했을 것이다. 하지만 나는 내 운명의 길목을 가로막았던 막다른 골목들에 감사한다. 그 덕에 심리학의 가치를 더욱 깊이 절감할 수 있기 때문이다.

● **심리학자 | 마이클 코벌리스**

72
가장 중요한 세 가지

『The 'I' of Leadership(전략적 i 리더십)』이라는 내 책에는 '리더의 인생에 대하여: 운명, 드라마, 그리고 숙고'라는 제목의 장이 있다. 나는 런던 경영 대학원에 있는 슬로언 석사 과정(Sloan Masters) 학생들에게 생물학을 강의할 때 이 프레임을 활용한다. 내 기이한 인생의 터닝 포인트를 기술하고 분석하기 위해 여기에서도 그 프레임을 사용하고자 한다.

내 삶이 기이하다고 정의한 이유는 어떤 면에서 매우 낡고 관습적으로 보이기 때문이다. 가령 내 인생에서 나를 고용했던 고용주는 단 두 명이었다. 부침이 심한 현대인의 삶에서 이 정도면 매우 안정적인 삶이다. 그러나 내 인간적·지적 인생 역정은 여러 가지 면에서 험난한 변화로 점철되어 왔다.

『전략적 I 리더십』의 프레임은 단순하지만, 터닝 포인트와 그것이 발생한 이유를 파악할 수 있는 몇 가지 핵심 원리들을 담고 있다. 이 프레임을 경영 대학원 학생들이 사용할 경우 출발점(그들은 모두 중년의 나이에 한창 경력을 쌓는 중이며, 대부분은 슬로언 석사 과정을 더 나은 삶을 위한 발판으로 보고 있다)은 삶의 여정을 그려보는 일, 즉 태어나서 현재까지 살아온 시간 속에서 주요 사건과 만족스러웠던 순간을 기록하는 것이다. 그러면 다음 단계에서 이를 이용해 미래를 생각하고 방향을 숙고할 수 있다. 자, 이제 내가 말한 '운명-드라마-숙고'의 프레임을 활용해 내 인생 여정의 주요 요소들을 살펴보자.

● **운명** 운명은 우리가 바꿀 수 없는 내부와 외부의 힘을 가리킨다. 외부 요소는 성별, 배경, 문화, 시대, 소질, 가족 상황 등 출생과 함께 수반되는 제약을 가리킨다. 내부 요소는 신체적·정신적 기질인 DNA처럼 유전적인 것들이다.

나는 꽤 독특한 배경을 타고 났다. 부모님은 진보적 보헤미안(Bohemian, 속세의 관습이나 규율 따위를 무시하고 방랑하면서 자유분방한 삶을 사는 시인이나 예술가) 지식인이었다. 아버지는 독학한 문인이었고 저널리스트로 생계를 유지하면서도 소설과 시를 진정한 소명으로 여기는 분이었다. 어머니는 타고난 심리학자였다. 낭만적이고 형이상학적이며 사람에 대한 관심이 대단한 분이었다. 어머니는 훗날 가톨릭교로 개종하셨는데, 이 사건은 내 어린 시절의 터닝 포인트가 되었다. 내가 열세 살 때 어머니의 개종 문제로 부모님이 이혼했기 때문이다. 개종 기간 동안의 한시적인 변화였지만, 어머니는 소설도 쓰셨다. 그때 어머니가 쓴 세 편의 소설은 인성과 관계에 대한 탁월한 통찰력을 보여준다.

나는 세 명의 형제 중 막내로서 영리하고 열정적이며 상상력이 넘치는 아이였다. 나는 내 에너지가 나아갈 방향을 정하고 숙달시키는 방식을 혼자서 고통스럽게 습득해야 했다. 부모님은 그 모습을 보면서도 방향성을 전혀 제시하지 않으셨다. 그저 필요한 것을 제공하고 지지하는 눈빛으로 바라봐주었다. 결국 앞으로 내가 어떻게 살아야 할지에 대한 문제는 오롯이 내 몫으로 남았다.

● **드라마** 드라마란 우리에게 일어나는 사건과 경험이다. 실제로 대부분의 삶은 드라마다! 친구가 생길 때, 취업할 때, 여행을 갈 때면 늘 예기치 않았던 일이 생긴다. 우리는 자신이 스스로를 어떤 상황으로 몰아넣는지 잘 모른다. 주의 깊은 선택을 했을 때조차 그러하다.

나는 세 번이나 결혼했다! 누가 알았겠는가. 그런데 영국의 소설가 올더스 헉슬리(Aldous Huxley)가 말했던 대로 경험이란 단지 우리에게 일어나는 사건이 아니다. 경험이란 일어나는 사건을 재료

삼아 우리가 하는 행동이다. 숙고, 즉 곰곰이 잘 생각하는 것이 바로 우리의 행동으로 연결되는 것이다. 나의 경우 숙고가 어떤 결과를 초래했는지 설명해보겠다.

● **숙고** 우리는 대부분의 중요한 결정을 스스로 내린다고 생각한다. 하지만 자신의 인생을 차근차근 그려보면 얼마나 많은 중요한 결정이 생각 없이 이루어졌는지 깨닫고 깜짝 놀랄 것이다. 우리는 충동적으로 빨간색 문이 아닌 녹색 문으로 걸어 들어간다. 그리고 그 선택이 인생 여정에서 중요한 갈림길이었다는 사실을 나중에 깨닫는다. 만일 여러분이 다른 문을 선택했다면 지금쯤 제법 다른 삶을 살았을 것이다. 반면에 우리가 고민하는 많은 결정은 실제로는 예측 가능한 것들이다. 우리를 잘 아는 사람들은 외부에서 우리를 보고 "그럴 줄 알았어."라고 얘기한다.

그러나 이런저런 경우를 다 따져보고 선택을 내리는 결정적 순간도 있다. 우리는 가전제품이나 집을 살 때 하는 불필요한 고민들을 가끔 인생의 갈림길에 던지기도 한다. 이 경우 우리는 직장을 그만두거나, 이혼을 하거나, 자신이 살던 가정의 문화를 떠나 새로운 관계와 일과 삶의 방식으로 걸어 들어간다.

내 인생의 터닝 포인트는 이런 요소들의 혼합물이다. 이제 일과 인간관계, 지적 여정이라는 세 가지 영역에서 내 터닝 포인트를 생각해보자. 그중에서도 나는 지적 여정이 가장 근본적인 터닝 포인트라고 판단하는데, 그 이유는 현재 내가 교수로 일하고 있기 때문일 것이다.

● **일** 최초의 터닝 포인트는 열여섯 살 때 학교를 그만두고 집을 떠나 지역 신문사의 수습기자가 된 것이다. 결정이라고 할 만한 것은 없었다. 그저 학교가 싫었고 어리다는 것도 마음에 들지 않았다. 아버지의 뒤를 따라 언론계에 들어감으로써 탈출을 꾀하는 것이 당연한 선택처럼 보였다.

처음에는 일이 꽤 잘 돌아갔다. 그러나 곧 기자 일이 내게 맞지 않는다는 사실을 깨달았다. 방향감도 목적의식도 잃었다는 느낌이 들었다. 결국 다 던져버리고 마음이 가는 일을 쫓았다.

당시 내 마음을 빼앗은 것은 인도 음악이었다. 그래서 열여덟 살 때 혼자서 남의 차를 얻어 타고 인도로 떠났다. 그곳에서 나는 음악을 발견하고 자아도 찾았다. 그렇게 성장했다. 이국적인 문화 속에서 인생의 길을 찾는 거대한 드라마의 물결에 자신을 맡긴 것이다. 이는 일종의 숙고 행위였다.

거의 1년 동안 시리아와 이라크, 이란과 아프가니스탄의 광활한 지역들을 횡단했다. 도전적이고 예기치 못했던 만남의 연속이었다. 나를 매료시켰던 인도로 가기까지 이런 만남은 계속되었다.

이 여정을 통해 나는 사람들을 두려워하지 말라는 교훈을 얻었다. 동시에 타인을 함부로 믿어서도 안 된다는 교훈과 기대하지 않았던 곳에서 선을 발견해야 한다는 교훈도 얻었다. 그 뒤 나는 영국으로 돌아왔고, 심리학과 철학에 대한 애정을 발견했으며, 남들보다 몇 년 늦게 공부를 시작했다.

● **인간관계** 나는 꽤 일찍 결혼했다. 인도에서 돌아온 직후 나는 매우 아름다운 여성과 사랑에 빠졌다. 이미 아이가 있는 여인이었다(그 아이는 지금 내가 입양해서 키우고 있다). 그러나 결혼이라는 꿈은 내가 예측하지 못했던 드라마로 인해 덧없이 짧게 끝나고 말았다. 천상의 아름다움을 지닌 이 여인이 돌연 두 아이를 데리고 이해할 수 없는 방식으로 나를 떠난 것이다. 나는 상실감으로 무너졌다. 내가 무슨 짓을 한 거지? 결국 내가 한 일은 아무것도 없었다. 나중에 알았지만 사실 그녀는 심각한 정신 분열의 초기 단계를 겪고 있었다. 이 일로 내 심장은 뻥 뚫린 듯 공허해졌지만, 결국 나는 아이들이 어디 있건 좋은 아빠가 되어야겠다는 결심을 굳혔다.

두 번째 결혼은 첫 번째 결혼보다 훨씬 오래 지속되었다. 이혼 또한 두 사람이 숙고한 결과에 가까웠다. 길고 풍요로웠던 결혼 생활 후 우리는 각자 다른 인생을 살기로 선택했다. 합리적이고 우호적인 결정이었다. 그러나 성인이 된 아이들은 내 예상보다 더 힘들어했다.

인간관계에서의 또 다른 드라마는 갑자기 닥친 형의 죽음이었다. 내가 서른쯤 되었을 때의 일이었다. 형의 죽음은 깊은 상처를 남긴 충격적 사건이었다. 형은 비범하며 놀라운 사람이었고, 나는 형을 존경하고 사랑했다. 형의 죽음을 통해 나는 사는 동안 형과 나의 이름으로 좋은 것을 이루어야 한다는 책임감을 느꼈다. 그것이 형을 위해 횃불을 밝히는 길이라고 생각했다. 내 인생의 여정에서 형은 늘 고요한 동반자가 될 존재였다.

● **지성** 여러분은 앞의 이야기를 통해 "모험 없이는 얻는 것도 없다."라는 말의 의미를 생각하게 되었을 것이다. 목적과 모험이 없는 삶은 짧고 덧없어 보인다. 삶을 정면으로 응시하고 사유하려는 나의 용기는 어머니에게 물려받은 자질이었다. 공부를 하는 내내 나를 움직이는 추진력은 늘 기존의 사상에 도전하고 이를 통해 가장 심오한 진리를 얻으려는 욕망이었다.

나는 기존에 소개된 전통적 지식보다 참신하고 새로운 프레임을 통해 사람들의 직장 생활을 분석하고 싶었다. 그리고 1995년 나는 큰 지적 자각에 도달했다. 우연히 로버트 라이트(Robert Wright)의 저서 『The Moral Animal(도덕적 동물)』를 읽었는데, '진화 심리학'이라는 다윈주의의 새로운 아이디어를 다윈의 일대기를 통해 솜씨 좋게 분석한 내용이었다. 정말 매혹적인 책이었다. 나는 이 책을 읽자마자 내 인생이 완전히 바뀌리라는 것을 깨달았다.

『도덕적 동물』에는 내가 그동안 발견하지 못한 과학적 진실이 있었다. 나는 이 진실을 두 손으로 움켜잡고 여기서 발전시킨 아이디어를 비즈니스와 경영 분야에 도입하겠다고 다짐했다. 경영 분야에는 아직 진화 심리학을 적용시킨 비즈니스 모델이 없었다. 이 아이디어는 내 인생의 가장 위대한 전문적·개인적·지적 성과로 변모했다. 진화 심리학은 내 연구와 저작의 의제를 설정해주었을 뿐만 아니라 사회, 정치, 윤리와 실용 철학 등 세상을 바라보는 내 시야를 모든 측면에서 변화시켰다.

이 변화를 통해 내 삶은 다채로워졌다. 나는 다양한 관계를 훨씬 더 깊은 수준에서 이해할 수 있게 되었다. 문학과 대중 매체도 예외는 아니었다. 진화 심리학은 모든 아이디어와 스토리가 언제 유효성을 갖는지 말해준 지적 필터였을 뿐 아니라, 주변의 모든 것을 더 자세히 들여다볼 수 있게 하는 현미경이었다.

이제 내게 삶과 죽음은 완전히 다른 것이 되었다. 나는 이 사유를 통해 진정한 관계를 맺을 수 있는 힘과 확신을 얻었다. 오늘날 너무도 많은 사람이 약하거나 거짓된 신념을 채택하고 그것과 함께 살아간다. 정말 애석한 일이다. 진실은 가혹하지만, 진실의 선명한 빛 덕분에 우리의 발걸음은 더 자유롭고 선명해진다.

● 조직 행동학자 | 나이젤 니콜슨

73
결국 모든 발견은 개인적인 것이다

터닝 포인트란 일종의 신화 같은 것이다. 뉴턴의 머리 위에 떨어진 사과, 욕탕에서 목욕하는 아르키메데스, 갈라파고스 군도에서의 다윈과 핀치새의 만남. 이야기는 어떤 계시가 갑자기 경고도 없이 도래한다는 식으로 흘러간다. 그러나 이런 통찰들은 정말 우연한 사건에 기반한 것일까? 아니면 공통된 특징이 있는 것일까? 만일 그렇다면 특징들은 천재에게만 다가오는 신의 섭리일까?

뉴턴과 아르키메데스와 다윈의 시대 이후 우리는 영감을 초래하는 조건에 대해 많은 것을 발견했다. 가령 모든 전설은 길을 찾아 떠나는 영웅의 이야기로 시작된다. 주인공을 이끄는 것은 확신에 찬 낙관주의이며, 포상이란 영웅이 잡을 수 있는 가까운 곳에 있다. 우리는 승리를 향한 길에서 영웅의 용기와 불굴의 의지, 끈기가 시험대에 오르리라는 것을 안다. 패배와 절망과 여정의 목적은 의심의 대상이 된다. 여정을 떠난 순례자라면 예외가 없다.

그렇다면 터닝 포인트란 지치지 않는 불굴의 끈기에 대한 보상일까? 그럴지도 모른다.

잠깐 상상해 보라. 당신은 차를 몰고 먼 곳으로 가고 있다. 라디오를 틀었는데 들리는 소리라고는 잡음뿐이다. 주파수를 이리저리 맞추다 멜로디가 희미하게 들리는 지점을 찾는다. 노래라고 할 정도는 아니고 그저 음악이라는 걸 알 정도다. 이제 당신은 선명한 신호를 잡기 위해 더 미세하게 주파수를 조정하기 시작한다. 왼쪽, 오른쪽으로 조금씩 다이얼을 돌린다. 그리고는 다시 왼쪽으로.

그러는 사이 당신은 운전하는 차가 신호의 근원을 향해 가고 있는지 아니면 그곳에서 멀어지고 있는지 전혀 알지 못한다. 그러다가 짠! 갑자기 음악이 선명하고 크게 들린다. 잡음은 사라진다.

내 터닝 포인트는 아주 오래 전에 시작되었다. 망망대해에서 뱃머리를 돌리는 큰 선박처럼 나의 계시는 35억 년 전, 단세포 유기체가 다세포가 되었던 시절에 시작된 것이다. 변화는 온혈 포유류의 출현, 두발로 걷는 영장류의 출현, 그리고 더 이후의 수학과 언어의 발명을 거쳐 계속되었다. 그리고 일본에 있는 작은 댄스홀에서 내 아버지가 어머니에게 자신을 소개할 무렵, 그 변화는 새로운 방향을 향했다.

내 아버지 클리포드 애그뉴 코스타(Clifford Agnew Costa)는 미국 공군에 지원하면서 나이를 속였다. 열일곱 살이었던 아버지는 창백하게 마른 체구와 여드름 가득한 얼굴에 엘비스 프레슬리 스타일로 머리를 빗어 넘긴 앳된 소년이었다. 아버지는 즉시 일본 도쿄 외곽에 있는 공군 기지에 배속되었다.

아늑한 어느 여름밤, 몇몇 공군 대원이 클리프를 클럽으로 데려갔다. 차가운 맥주가 있었고, 티켓을 끊어 그 지역 여인들과 춤을 출 수 있는 곳이었다. 그날은 어머니가 그곳에서 일하는 첫날이었다. 어머니는 전쟁을 거치며 너무 굶주린 나머지 어떤 일이든 할 수 있다고 생각했다. 어머니는 댄스홀에 미국인이 있다는 말을 듣고 하루 종일 서투른 영어를 연습했다. 일할 채비는 끝났다.

그러나 막상 와자지껄하고 담배 연기 자욱한 방에 도착했을 때 수줍음이 어머니를 덮쳤다. 공포에 질린 모습으로 구석에 앉아 있는 어머니를 발견한 것은 아버지였다. 아버지는 어머니에게 자신을 소개했다. 아버지도 어머니만큼이나 떨고 있었다. 어머니는 곧 키가 훤칠하고 예의 바른 이 미군 청년에게 끌렸다.

그날 밤 이후 댄스홀이 문을 닫을 무렵 뒷문에서 기다리다 어머니와 친구들을 안전하게 집에 데려다 주는 일이 아버지의 일상이 되었다. 아버지는 몇 달 동안 이 일을 했지만 자신의 차를 탄 누구와도 말을 제대로 나누지 못했다. 다행히 시간이 흐르면서 어머니의 영어 실력이 늘었고 아버지와 대화를 나눌 정도가 되었다.

어느 날, 클리포드는 무작정 외할머니의 탁자 네 개짜리 식당으로 뚜벅뚜벅 걸어 들어가 기쿠치 요시코와의 결혼을 허락해달라고 말했다. 다섯 명의 삼촌은 바로 거절했다. 미국인과 결혼한다고? 어림없는 얘기였다.

하지만 결국 두 분은 결혼했다. 기지 내 교회에서 식을 올린 뒤 아버지는 곧 미국 중앙 정보국(CIA) 일본 지부로 자리를 옮겼다. 일본인 어머니의 가족과 함께 있기 위해서였다. 이렇게 해서 나와 오빠(우리는 둘 다 일본인을 별로 닮지 않았다)는 급속히 변화를 겪는 선불교 중심의 일본 문화에서 성장하게 되었다.

세계에서 가장 크고 분주한 나라인 일본은 헌신과 모순이 공존하는 사회다. 아버지와 어머니의 DNA가 섞여 내가 탄생한 것처럼 일본 역시 헌신과 모순이 섞여 있는 상태였다. 일본 최대의 자산은 자신을 피해자로 가두지 않는 태도다. 일본인들은 태어날 때부터 책임감을 배운다. 이 책임감은 타인에게 의지하지 않을 정도로 매우 강하다.

일본인은 누구나 사회 전체에 대해 책임감을 가진다. 일본 문화는 의무가 주도하는 군집성 곤충들의 사회와 닮았다. 게다가 불교는 총리의 직무와 바닥을 청소하는 일 사이에 아무런 차이도 없음을 상기시키는 데 일조한다. 수상의 일이건 바다 청소건 모두 집단의 안녕을 위해 베푸는 일이라는 점에서 차이가 없다는 식이다.

어른이 된 내가 자립을 두고 초조해할 때였다. 아버지는 이때다 싶어 찰스 다윈의 비글호 여행에 관한 이야기를 해주셨다. 자연선택 이론을 이용해 생존에 필요한 본능을 깨닫게 해주었다. 나는 어머니와 아버지(그리고 그들의 어머니와 아버지)로부터 특별한 '프로그램'을 물려받았으며, 이 프로그램이 내 생존을 보장해준다는 것이다. 인간이 번영하기 위해 유전적으로 '선택된 종'이라는 개념은 제법 위안이 되었다.

나는 대학에 입학한 뒤 곧장 다윈의 저작들과 에드워드 윌슨(Edward O. Wilson)의 혁명적 저작 『Sociobiology: The New Synthesis(사회생물학: 새로운 통합)』을 탐독했다. 이밖에도 칸트와 쇼펜하우어의 책들은 인간과 진화의 투쟁을 선명한 언어로 제시해주었다. 이때 나는 내가 관찰한 것들을 기술할 '언어'라는 무기를 얻었다. 나는 인류의 과거와 현재, 미래를 보았고 전쟁과 자선 행위와 사회 문제를 생물학적 필요의 관점에서 볼 수 있게 되었다.

대학을 졸업한 뒤 나는 집으로 돌아갔다. 이 무렵 우리 가족은 캘리포니아 북부의 교외에 살고 있었다. 실리콘 밸리가 조성되던 지역이었다. 그곳에서는 최초의 반도체, 컴퓨터, 휴대용 전화기, 인터넷이 이미 시작되고 있었다. 새로운 물건들이 속속 발명되어 지속적으로 도입되었고, 반경 80킬로미터 안에 있는 박사 학위가 대부분의 나라보다 많았다.

나는 한 CAD/CAM 관련 회사에 취업했다. 훗날 GM에 인수

된 기업이었다. 노동력 부족이 기회였는지 나는 고속으로 승진했고, GM을 떠나 여러 개의 테크놀로지 벤처 창업에 참여했다. 해마다 컴퓨터 처리 능력이 배가되고 정보 창출과 유통, 저장 속도가 기하급수적으로 빨라지면서, 나는 이 가속화가 유지 불가능할 것이라고 판단했다. 어느 시점에선가 인간은 생물학적 한계에 도달할 것이다. 그러면 어떻게 될까?

널리 알려진 대로 복잡한 환경에서는 실패 가능성이 증가한다. 올바른 선택보다 잘못된 선택이 많아지기 때문이다. 생명체는 생존하기 위해 올바른 선택을 할 수 있어야 한다. 만약 인간이 다루는 정보가 지나치게 복잡해져 관리와 통제가 어려워지면 보험 선택이나 투표, 투자 등에서 잘못된 선택을 할 가능성이 높아진다. 결국 사회는 실패율이 높은 시대로 진입하게 되는 것이다. 나도 예외는 아니었다. 그리고 그런 상황에 면역력을 지니고 있지 못했다.

2008년 세계는 유례없는 불황을 맞았다. 계획부터 잘못된 미국의 서브프라임 모기지 실패에서 초래된 것이었다. 이때 나는 인생 최초로 실패를 경험했다. 퇴직금은 닷컴 붕괴로 절반이 날아갔고, 부동산 시장 붕괴로 집을 잃을 위기에 봉착했다. 수십만 달러짜리 집이 있는데도 돈을 빌려주는 은행이 없었다. 개인 투자가들도 부동산 폭락으로 큰 타격을 입고 부동산에서 손을 거둔 상황이었다. 집을 팔려고 내놓았지만 사려는 사람이 없었다. 결국 2년이 지났을 때, 은행이 담보권을 실행하여 집을 빼앗길 위기를 맞았다.

당시 나는 쉰여섯 살이였다. 은퇴한 데다 혼자였고 궁핍했다. 지금도 어쩌다 그렇게 돈을 몽땅 잃었는지 정확히 모르겠다. 나는 책에서 배운 대로 뭐든 했다고 생각했다. 금융 자산을 한 곳에 투자하지 않도록 주의했고, 집을 샀으며, 신용도도 높게 유지했다. 그러나 내 가치는 떨어지기만 했다. 나는 진정 일본식 전통의 산물이었다. 내가 겪는 어려움이나 절망을 남에게 알리지 않은 것이다.

그 깜깜했던 절망의 시기 동안 나는 빅서(Big Sur)의 인적 없는 해변을 한참 거닐었다. 별빛 아래에서 잠을 청했고 밤이면 동물들의 소리가 있는 쪽으로 다가갔다. 자연을 벗 삼아 지낼수록 내가 급속한 변화로 '실패 위험이 높아진' 사회에서 살 채비가 되어 있지 않았다는 사실이 명백해졌다. 삶은 지나치게 복잡하고 압도적이며 이해하기 어려운 곳이 되어버렸다. 나는 실패를 피하기 위해 돌다리마다 두드려보며 살았지만, 웬일인지 점점 더 소용돌이치는 모래 언덕으로 미끄러져 내려가고 있었다. 모든 행보를 멈추고 쉬어야 할 시간이었다.

나는 주변을 정리하기 시작했다. 내가 떠난 뒤 내 가족들이 처리할 짐이 최대한 없도록 만들기 위해서였다. 우선 가까운 사람들에게 연락해서 그들이 내게 얼마나 큰 의미인지 알렸다. 그리고 자신에게 일주일 동안 휴가를 주었다. 황혼 녘이면 지붕 끝에 앉은 올빼미를 감상하고, 이른 아침에는 뒷마당에 모여드는 갈색 토끼들을 구경하는 호사를 누렸다. 나는 고요히 앉아 이 모든 것들을 받아들였다. 오후에는 한가로이 앉아 개미군락지를 쳐다보았다. 환희가 엄습했다. 개미들은 분주하게 움직이며 자신의 유전적 운명이 명하는 일을 수행하고 있었다. 더 이상 절망은 없었다. 안도감과 기쁨이 깃들었다. 내게 닥친 곤란들은 곧 사라지리라.

그러던 어느 날, 새벽 세 시에 일어났다. 책상 앞에 앉아 틈틈이 적어 둔 100여 개의 노트를 훑어보았다. 대학 시절의 경험과 실리콘 밸리에서 일했던 경험들이 적혀 있었다. 어떻게 이 많은 내용을 적어 두었는지 신기할 따름이었다. 노트를 읽기 시작하자 특정 패턴과 주제들이 나타나기 시작했다. 실패에는 전조가 있다는 사실이 보이기 시작했다. 그 전조는 나뿐만 아니라 고대 문명과 현대의 제도에도 적용되는 것이었다. 만약 실패의 청사진을 명확히 제시할 수 있다면 붕괴를 피할 수 있겠다는 생각이 들었다.

이 통찰을 바탕으로 『The Watchman's Rattle: Thinking Our Way Out of Extinction(지금, 경계선에서: 오래된 믿음에 대한 낯선 통찰)』을 쓰기 시작했다. 3개월간 두문불출한 채 아무도 만나지 않았다. 먹는 일과 샤워조차 등한시했다. 우편물도 전화도 받지 않았다. 기르는 개가 없었더라면(녀석은 식사나 산책 시간이 되면 내 무릎에 머리를 기댔다) 아마 미쳐버렸을지도 모른다. 나는 노트를 탐독하고 손으로 쓴 메모를 벽에 붙이며, 겉으로 보기에 무관한 것들을 연결해주는 대략적 도식을 만드는 데 많은 시간을 할애했다. 마침내 작업이 끝

났을 때 나는 (인류 역사상 최초로 실패의 전조가 되는 첫 번째 증상들을 규명한 내용의) 원고를 뉴욕의 에이전트로 보냈다.

나머지는 알려진 대로다. 책은 평단의 찬사를 받았다. 나는 여러 미디어에 출연했다. 은행이 나를 쫓아내기 전에 아름다운 부부가 내 집을 샀다. 나는 시골의 작고 안온한 집으로 이사했고, 여전히 글을 쓰고 있으며, 300만 명의 청취자가 듣는 라디오 주간 뉴스 프로그램을 진행하고 있다. 이들 또한 나처럼 가능한 빨리 문제를 알아보고 해결하기 원하는 사람들이다.

『지금, 경계선에서: 오래된 믿음에 대한 낯선 통찰』은 과학과 역사에 관한 책인 동시에, 느린 진화 속도가 어떻게 실패와 붕괴를 불러오는지 다루는 책이다. 이 책은 철저히 내 개인적 탐구의 산물이다. 결국 모든 발견은 개인적인 것이다. 새로운 발견의 추진력은 터닝 포인트가 도래하기 한참 전부터 시작된 개인적인 탐색에서 비롯되기 때문이다.

우리는 자신이 마법의 순간, 다시 말해 경험과 지식과 상상력이 충돌하는 기적의 순간에 대비가 되어 있다는 사실을 자각하지 못한다. 그 순간이 오려면 사과가 머리 위에 떨어지거나 엄청난 손실을 겪어야 한다. 그럼에도 불구하고 모든 인생에는 존재의 진실을 말해주는 미세한 조각이 나타나는 순간들이 있다. 이런 조각을 서로 엮을 수 있을 때 우리는 더 큰 선에 다가갈 수 있다.

● 사회 생물학자 · 작가 ｜ 레베카 코스타

74
역경

1995년 가을, 아내 로렐(Laurel)이 임신 25주 만에 진통을 시작했다. 우리는 쌍둥이 출산의 위험성을 알고 있었기 때문에 상황을 심각하게 받아들이고 즉시 의사를 찾았다.

우리 부부는 젊었고 둘 다 전문가였다. 각자 자신의 성취와 능력에 대한 자신감으로 가득 차 있었다. 그해 6월 나는 이미 명성이 자자한 대학의 박사 학위를 받았고, 아내도 같은 학교에서 성공적으로 논문을 끝마쳤기 때문에 박사 학위는 따놓은 당상이었다. 게다가 우리에게는 예쁘고 똑똑한 세 살짜리 딸아이 릴리안(Lillian)도 있었다. 우리는 근사한 직장에서 근무하며 성공적인 인생을 살고 있다고 느꼈다. 삶은 우리가 이끄는 대로 펼쳐지는 듯했다.

그러나 아내가 진통을 겪던 날 삶은 통제 불가능한 지경에 처했다. 의사들은 로렐을 검진했다. 아내의 자궁은 이미 2센티미터가량 열려 있었다. "아기들이 이제 나옵니다." 몇 시간 뒤 로렐은 쌍둥이 사내를 낳았다. 15주나 일찍 태어난 셈이었다. 처음에는 크리스토퍼(Christopher)가, 다음에는 워렌(Warren)이 세상을 만났다. 의사들은 태어난 아기들을 즉시 생명 유지 장치로 옮겼다. 몸무게가 700그램밖에 안 나가는 작은 아이들이었다.

로렐은 병실로, 쌍둥이는 신생아 중환자실로 옮겨졌다. 우리는 친척들에게 전화를 걸어 반가운 소식을 전했다. 친구들이 릴리안과 함께 병원을 찾았고, 아이에게 이 모든 일을 설명하느라 진땀을 빼야 했다.

몇 시간 뒤 로렐의 병실에 고단해 보이는 의대생이 문을 벌컥 열고 들어왔다. "좀 가보셔야겠습니다." 그녀가 말했다. 그러고는 말없이 우리를 신생아 중환자실로 안내했다. 의사와 간호사들이 크리스토퍼 주변에 잔뜩 모여 있었다. "크리스토퍼의 폐동맥이 파열되었습니다. 가망이 없습니다." 그들은 우리끼리 있을 수 있도록 배려해주었다. 크리스토퍼는 로렐의 품에 안겨 세상을 떠났다.

많은 일이 너무 급작스레 일어났다. 돌연 모든 것이 변해버렸다. 로렐과 나는 기운을 되찾으려고 애를 썼다. 건강을 회복한 로렐은 신생아 중환자실에서 워렌과 많은 시간을 보냈다. 나는 릴리안을 돌보았다. 릴리안은 왜 엄마가 오랜 시간 돌아오지 않는지 의

아해했다.

　며칠이 몇 주로 바뀌었다. 상황이 나아지고 있다고, 워렌이 튼튼해지고 있다고 말할 수 있기를 바랐지만 위기는 날마다 찾아왔다. 아이는 태어난 지 두 주 만에 두 차례나 수술을 받았다. 보험회사는 서류 처리를 잘못해서 수십 만 달러를 청구했다. 의사들과 신생아 전문의들은 워렌의 치료법에 대해 혼란스러울 만큼 의견이 달랐다. 이들 사이에 아이의 상태에 대한 책임 공방이 오갔다. 병원비 문제, 즉 누가 워렌의 치료비를 받는가가 의사들에게 영향을 미치는 것 같았다. 어느 날 오후 지친 레지던트와 이야기를 나누던 일이 기억난다. 그는 내 질문에 대답하려고 애를 썼지만, 중환자실에 있는 신생아 중 어떤 아이가 우리 아이인지 기억조차 못했다.

　이 시기 동안 나는 참 많은 것을 배웠다. 그중 한 가지 교훈은 늦은 저녁 뒷좌석에 릴리안을 태우고 병원에서 집으로 가는 길에 깨달았다. 뒷좌석에 앉은 릴리안 생각하다가 정지 신호를 무시해버린 것이다. 심지어 속도조차 늦추지 않았다. 다행히 교차로에 다른 차는 없었지만, 나는 상황이 어려울수록 침착성을 되찾고 다른 일을 망쳐 상황을 악화시킬 필요는 없다는 교훈을 얻었다. 만약 우리가 교통사고를 당했더라면 슬픔은 더욱 깊어졌을 것이다.

　우리에게 닥친 불행은 친구와 가족의 중요성을 여실히 보여주었다. 많은 친구들이 기운을 차리도록 도와주었다. 특히 딸아이는 이들의 도움을 많이 받았다. 직장 상사와 동료들은 놀라울 만큼 우리를 배려해주었다. 로렐과 나는 늘 우리가 자립적이라고 자부했지만, 이런 상황에서는 누구도 자립을 장담할 수 없는 일이었다.

또한 나는 의사와 같은 전문가도 나약한 인간이라는 사실을 알게 되었다. 절망에 빠진 채 그들에게 뭔가를 물으면 의료진은 우리에게 확실한 답을 주려고 노력했다. 자신이 모르는 내용까지 말해주기도 했다. 결국 틀린 말이었지만 그 동기는 타인의 고통을 덜어주려는 욕심이었다. 다른 무엇이 있었겠는가?

여섯 주 동안 우리는 하나씩 위기를 마주했다. 한 가지 일이 잘된다 싶으면 또 다른 일이 어그러졌다. 워렌은 여섯 번의 수술을 받았고 마지막 수술에서는 장기 괴사로 대부분의 장을 떼어냈다. 로렐과 나는 살릴 수 있는 조직이 많이 남아 있기를 바랐지만, 아이의 상태는 절개 부위를 봉합할 수 없을 만큼 악화되었다. 의사들은 결국 희망이 없다고 말했다. 더 이상 할 수 있는 게 없었다. 여섯 주 동안 우리는 워렌의 치료에 대해 여러 건의 결정을 내렸다. 이제 생명 유지 장치를 뗄 시기를 결정하는 일만 남았다. 그날 밤 워렌은 크리스토퍼처럼 우리의 품 안에서 세상을 떠났다.

나는 절망했다. 의사들은 25주 때 태어난 쌍둥이의 생존율이 약 60퍼센트라고 말했다. 나는 모든 가능성을 계산했다. 둘 다 살아날 확률은 36퍼센트, 최소한 한 아이가 살 확률은 84퍼센트였다. 그러나 어찌된 일인지 우리는 16퍼센트의 확률에 걸리고 말았다.

아무도 살리지 못한 것이다. 여섯 주 동안의 지옥 같은 전쟁이 참패로 끝났다는 생각이 들었다. 나는 운명과 신을 저주했다.

우리는 상담을 받았다. 상담 의사에게 이렇게 말했던 기억이 난다. "이 일을 당하기 전 내 인생은 근사한 한 장의 그림 같았습니다. 그 그림 같던 인생에 빨간 물감이 쏟아진 느낌입니다." 전에도 역경을 만난 적이 있지만, 이런 종류의 고난은 처음이었다. 나는 모든 경험을 통해 선(善)을 되찾을 수 있다는 낙관주의를 고수하던 인간이었다. 이제 그런 낙관주의는 지나치게 순진해 보였다. 내 불행은 무엇으로도 보상받을 수 없는 비극이었다. 희망은 없었다. 그저 매일매일 이런 일이 닥치지 않았으면 얼마나 좋았을까 원망했다. 할 수만 있다면 과거로 돌아가서 모두 바꾸고 싶었다.

물론 불가능한 일이었다. 그러나 시간은 흘렀다. 정말 오랜 시간이 흐른 뒤 나는 점점 상황을 달리 보기 시작했다. 로렐은 다시 임신했고, 1997년 8월 건강한 아이를 낳았다. 딸 이블린(Evelyn)이었다. 2년 후에는 다니엘(Daniel)이 태어났다. 이번에도 건강한 아이였다. 우리 가족은 다섯 명이 되었고 모두 행복했다. 우리는 아이들을 사랑했다. 아이들에 대한 사랑은 커져만 갔다. 크리스토퍼와 워렌이 살아 있었어도 분명 그랬을 것이다.

다니엘과 이블린은 이제 엄마보다 키가 크다. 릴리안도 마찬가지다. 때때로 나는 크리스토퍼와 워렌이 살아 있었다면 키가 어느 정도일까 가늠해본다. 마음 아프지만 그 애들이 살아 있었다면 우리의 삶이 어땠을지도 냉정히 생각한다. 아마 너무 일찍 태어난 탓에 두 아이들은 심각한 합병증을 겪었을 것이다. 의사들은 아이들의 눈이 멀거나 심각한 발달 장애를 겪을 거라고 예고했다. 물론 그렇다 해도 크리스토퍼와 워렌이 우리와 함께 있으면 좋겠다는 생각에는 변함이 없다. 그러나 나는 또한 알고 있다. 만일 우리가 합병증에 시달리는 두 아이를 돌보느라 정신이 없었다면 다시는 임신을 하지 않았을 것이고, 이블린과 다니엘은 세상에 없었을 것이다. 이블린과 다니엘이 없는 세상은 상상조차 할 수 없다.

이제 나는 돌아가서 상황을 바꾸어놓기를 바라지 않는다. 일어났던 일들이 '최선이었다'라는 식의 위로도 하지 않는다. 그때 내가 배운 가장 큰 교훈은 아무리 능력이 출중해도 삶은 내 맘대로 통제할 수 없다는 진실이었다. 그래도 괜찮다. 우리는 과거의 역경을 통해 자신이 지키고픈 삶을 확인할 수 있고, 더 나은 삶을 위한 용기도 얻을 수 있다.

때때로 역경은 우리에게 다른 길을 가라고 말한다. 그러나 우리는 그 길 또한 사랑할 수 있다. 생을 있는 그대로 받아들여야 한다. 단, 역경이 아무리 크다 해도 거기에 압도당하지 마라. 역경이 전하는 조언에 귀를 기울이고 더 나은 미래를 떠올려라.

● 경영학자 | 로버트 오스틴

75
점을 잇다

내 인생에는 모두 네 번의 터닝 포인트가 있었고, 이들은 모두 하나로 이어져 있다.

● **브레인스톰 교수** 열한 살 때 나는 윌리엄 히스 로빈슨(William Heath Robinson)의 멋진 삽화가 들어 있는 『Professor Brainstorm(브레인스톰 교수)』라는 아동 도서 시리즈를 좋아했다. 이 시리즈를 보면서 나중에 교수나 발명가가 되겠다고 결심했다. 학교를 다니는 동안 가장 좋아했던 과목은 미술, 금속 공예, 수학, 물리학, 화학이었고 엔지니어가 될 것이라고 막연히 생각했다. 그러나 런던 디자인 박물관을 설립한 아버지 테렌스 콘란(Terence Conran)

는 산업 디자이너가 되면 더 흥미로운 인생을 살 수 있을 거라고 나를 설득했다.

● **섹스피스톨즈** 그 후 나는 런던의 센트럴 미술 디자인 학교에서 산업 디자인 공학을 전공했다. 나에게는 맞춤인 분야였다. 많은 친구를 사귀었고 학생회의 회계 담당으로 선출되기도 했다. 미술 학교에는 수학을 잘하는 사람이 많지 않았던 까닭이었다.

1970년대 중반의 어느 날 오후, 학생회 사무실에 앉아 있는데 멋있어 보이는 두 명의 남자가 들어왔다. 그들은 새로운 밴드에 소속된 사람들이었고, 내게 연주할 기회가 없는지 물었다. 마침 돌아오는 목요일에 있을, 우리 대학 밴드 '브렌트 포드 앤 나일론스(Brent Ford and the Nylons)'의 공연에 객원이 필요한 상황이었다. 그래서 나는 그들에게 연주를 맡겼다. 그들은 첼시의 킹스로드에 있는 '섹스(sex)'라는 상점에서 산 비비안 웨스트우드(Vivienne Westwood)의 옷을 입고 있었다. 지나고 나서 생각해보니 이들은 반체제 풍자 만화에 나오는 무언극 배우처럼 보였던 것 같다. 이 밴드의 이름은 '섹스피스톨즈(The Sex Pistols)'였다.

대부분 다른 밴드의 곡이었던 섹스피스톨즈의 연주는 엇갈린 반응을 얻었다. 나는 스웽키 모즈(Swanky Modes)라는 패션숍을 운영하던 여자 친구 캔디(Candy)와 함께 런던 웨스트엔드에 있는 뒤풀이 장소에 갔다. 우리는 섹스피스톨즈의 베이스 연주자인 글렌 매트록(Glen Matlock)과 그의 아내 실리아(Celia)와 친해졌다. 이후에도 그들의 공연을 몇 번 더 보러 갔고, 거기서 크래시(The Clash)라는 록 밴드의 싱어송라이터 조 스트러머(Joe Strummer)를 만났다. 나중에 그와 나는 한집을 쓰는 사이가 되었다. 결국 나는 크래시의 첫 공연 이전부터 이들의 로드매니저로 일하게 되었다. 그들과 함께 일하는 동안 나는 그들의 티셔츠, 음반 표지, 포스터 디자인도 도맡아 제작했다.

펑크 밴드와 함께 활동하던 젊은 시절에 나는 펑크를 미술, 스타일, 디자인 운동으로 보았다. 다소 파괴적인 방식으로 날것의 독창성을 드러내는 것. 황량한 1970년대 중반의 런던에 꼭 필요한 요소였다. 나는 펑크 밴드의 이런 파괴적인 태도를 대부분 그대로 견지했고, 이때의 경험은 디자인을 대하는 '혁신적 사고'에 영향을 끼쳤다. 공부의 시작은 산업 디자인 공학이었지만 끝은 로큰롤이었던 셈이다.

● **비아 유모차 프로젝트** 1980년대 초 나는 전문 디자이너로서 '마더케어(Mothercare)'의 제품 디자인을 책임지고 있었다. 우리는 '소프트테크(Soft Tech)'라는 디자인 언어를 도입했다. 소프트테크는 단순하고 부드러운 느낌의 미니멀리즘적인 언어로서 브라운 전기(Braun Electrical)의 디터 람스(Dieter Rams) 디자인에 어느 정도 바탕을 두고 있었다.

유모차는 마더케어의 가장 중요한 제품 중 하나였다. 유모차를 만드는 핵심 제조업체 가운데 레스트모(Restmor)라는 업체가 있었는데, 그들은 그 당시 거액의 돈을 들여 크롬 공장을 세웠다. 나는 그동안 유모차에 쓰던 골조를 철제가 아닌 양극 처리(금속 부품에 전류를 통하게 해서 부품의 표면에 장식용 또는 보호용의 부동태 피막을 만드는 일)한 알루미늄과 플라스틱 소재로 바꾸고 싶다고 말했다. 레스트모 사는 겁을 먹었다. 플라스틱 재질은 안전성과 신뢰성이 중요한 유모차에는 맞지 않다고 생각했기 때문이었다.

그 후 나는 회의 자리에서 플라스틱 소재로 만든 스키 부츠를 보여주었다. 나는 우리도 이런 접근법을 받아들여야 한다고 생각했다. 유모차도 스포츠 장비와 비슷하게 만들고 싶었다. 다행히 레스트모 사는 내 의견을 받아들였고, 우리는 '비아(Via) 유모차' 프로젝트에 박차를 가했다. 그리고 이 유모차는 결국 마더케어의 대표 상품이 되었다. 디자인에 대한 호응도가 높아 판매량과 수익성에서 큰 실적을 냈다. 애초의 우려와는 반대로 신뢰도도 상승했다.

비아 유모차는 플라스틱 소재를 이용한 관련 유아용품 디자인의 초석이 되었고, 유아용품 업계가 제품을 만드는 방식을 근본적으로 바꾸어놓았다. 이 경험을 통해 나는 내 스튜디오를 열고 디자이너를 직접 고용해야겠다는 확신을 굳혔다.

● **왕립학회** 나는 결국 '콘란 그룹(Conran Group)'이라는 이름으

로 창업을 했다. 어느 날 스튜디오에서 작업을 하고 있는데 아버지에게 전화가 걸려왔다. 아버지는 일정이 꼬이는 바람에 참석이 어렵게 되었다며, 당신 대신 내가 왕립학회(The Royal Institution)에서 열리는 공개토론회에 가달라고 부탁했다. 자신이 없다고 답하자 아버지는 따로 준비할 건 없다며 나를 안심시켰다. 결국 나는 가겠다고 얘기했다.

전기를 발견한 패러데이(Faraday)가 자신의 성과를 처음 발표했던 인상적인 그 건물에서 나는 그린필드(Greenfield) 남작 부인이라는 사람과 마주쳤다. 그녀는 나를 보자마자 물었다. "발표 주제가 뭐죠?" 나는 떨리는 목소리로 "저는 패널일뿐입니다." 하고 답했다. 그러나 남작 부인은 내가 관련 주제로 20분 정도 연설을 하게 되어 있다고 힘주어 말했다. 아, 이런……

막막함과 초조함이 엄습한 가운데, 갑자기 몇 해 전 마가렛 대처 수상이 런던의 디자인 박물관 개관식에서 연설하던 모습이 떠올랐다. 나는 그 당시 대처 수상이 먼저 연설한 사람의 말을 듣고 자기 연설을 구상하는 모습을 보며 참 영리한 사람이라는 생각을 했다. 나도 마지막 순서라면 연설을 하겠다고 말했다.

나는 온 신경을 집중해서 다른 사람들의 연설을 들었다. 노트에 연설 내용을 휘갈겨 적었다. 내 순서가 오자 나는 벌떡 일어나 먼저 연설한 사람들의 훌륭한 연설에 대해 20분 동안 열정적으로 논평했고, 그들의 연설이 내 일이나 아이디어와 어떤 연관이 있는

지도 말했다. 열화와 같은 박수갈채가 쏟아졌다. 남작 부인은 짐짓 나무라는 투로 말했다. "준비한 게 없다면서요?"

이 연설 덕분에 나는 과학계에 디자인을 소개하는 다른 연설을 요청받을 수 있었다. 평소 과학과 테크놀로지에 관심이 많았던 나는 이 사건을 계기로 과학자들과 긴밀하게 소통하고, 그들의 과학적 창의력을 디자인 문화로 바꾸는 일도 하게 되었다. 새로운 경력의 시작이었다.

이 모든 경험이 쌓여 지금 나는 런던 예술 대학의 객원 교수가 되었다. 셰필드 공대에서 디자인도 가르치고 있다. 혁신에 기여한 공로로 명예박사 학위를 여러 개 받았고, 내 이름으로 된 수십 개의 특허도 얻었다. 나는 앞으로도 이런 행복이 계속되기를 바란다.

나의 충만한 삶은 결국 앞에서 소개했던 네 가지 터닝 포인트가 이어진 결과다. 지금 나는 열한 살 때 꿈꾸던 인생을 살고 있다.

● 제품 디자이너 | 세바스찬 콘란

76
한 사람을 성장시키려면 온 마을이 필요하다

나는 캐나다 앨버타 주의 작은 마을에서 자랐다. 그곳은 다양한 직업을 지닌 따뜻한 사람들이 모여 사는 아름답고 사랑스러운 공동체였다. 모두들 근면하고 소박하고 겸손했다.

이런 곳에서 자란다는 것은 많은 장점이 있다. 우선 나는 사람들이 힘을 합쳐서 무엇이든 해내는 모습을 보았다. 작은 마을에서는 이웃들이 서로를 잘 알기 때문에 꼼꼼히 챙겨준다. 어떤 상황에 처하든 그들은 옆에 사는 이웃에 대한 따스한 마음을 잃지 않는다. 남자아이들이 비행을 저지르면 마을 사람들은 이를 비판하기보다 손길을 뻗어 고쳐주려고 노력한다. 이런 삶의 방식을 보면서 나는 일찍부터 사회 발전에 기여하는 구성원이 되겠다고 생각했다.

또 다른 장점으로는 작은 마을에서는 잠재력을 발휘할 여지가 적다는 것이었다. 전에는 이 장점이 단점처럼 보였다. 넓은 세상으로부터 고립된 작은 동네에서는 생각이나 야망이 멀리 뻗어나가지 못한다. 변화를 촉발시킬 자원이나 인간관계 또한 많지 않다. 시간이 흐르면서 나는 내가 자란 작은 마을을 벗어나고자 하는 열망이 커졌고, 결국 넓은 세상으로 나아갔다. 작은 마을이 더 큰 꿈을 이루고자 하는 내 야망을 자극했던 것이다.

몇 년 뒤 나는 나는 샌프란시스코의 한 신생 기업에서 일하게 되었다. 때는 2005년이었고 '웹 2.0'이라는 말이 각광을 받고 있었다. 그 당시 나는 아무것도 모르는 신참이었다. 내가 가진 자산이라고는 더 큰 공동체에 기여하겠다는 의식뿐이었다. 그리고 그런 의식은 샌프란시스코의 창업 세계에서 매우 중요한 것이었다.

하지만 나는 그 자산을 제대로 발휘할 수 없었다. 나는 너무도 순진한 신참이었기 때문이다. 샌프란시스코에서는 주어진 환경에 적응하는 것도 중요하지만, 자신의 목소리를 키우고 한계를 돌파하는 것도 매우 중요했다. 창의력을 중요시여기는 샌프란시스코에서는 튀는 사람들이 '적응에 성공한' 사람들이었다. 다행히 나는 그 성공의 지름길을 꽤 빨리 발견했다.

내 인생의 터닝 포인트는 특정한 계기나 경험이 아니다. 내가 거둔 성공은 여러 차례의 행운과 만남이 겹쳐서 만들어진 것이다.

운 좋게도 나는 제때 알맞은 장소에서 좋은 사람들을 만났다. 그들은 소셜 웹을 만들고 새로운 경제를 창출하는 거인이 될 사람들이었다.

사실 내가 샌프란시스코에 갈 수 있었던 것도 IT 업계에서 영향력 있는 인물로 인정받는 셸 이스라엘(Shel Israel) 덕분이었다. 『Naked Conversations(블로그 세상을 바꾸다)』 등의 저작을 통해 소셜 웹의 미래를 규정한 이스라엘은 내게 실리콘 밸리의 일자리를 소개시켜준 멘토였다. 나는 그의 블로그에 종종 의견을 제시하면서 그와 친분을 쌓았다. 그런 까닭에 그는 자신의 고객인 기업에서 직원을 모집할 때 흔쾌히 나를 추천해주었다. 이 일은 내 모든 것을 바꾸어놓았다.

나는 여러 창업주와 리더를 만났다. 그들이 저명한 테크놀로지 잡지 《Wired(와이어드)》의 표지에 등장하기 한참 전이었다. 대표적 인물로는 '오라일리미디어(O'Reilly Media)'의 창업자인 팀 오라일리(Tim O'Reilly), '테크크런치(Tech Crunch)'의 창업자인 마이클 애링튼(Michael Arrington), '트위터(Twitter)'와 '스퀘어(Square)'를 만든 잭 도시(Jack Dorsey), '위키피디아(Wikipedia)'와 '위키아(Wikia)'의 지미 웨일스(Jimmy Wales), 작가이며 TED 강연가인 닐로퍼 머천트(Nilofer Merchant) 등이 있다. 우리는 브런치를 먹으면서 어울렸고 웹 2.0이 어떻게 세상을 바꾸어놓을지 의견을 나누었다. 나는 초창기 바 캠프(Bar Camps, 세계 각지에서 비정기적으로 개최되는 콘퍼런스. 자발적인 참여를 기반으로 하며 특정한 형식은 없다. 주로 초창기 웹 애플리케이션, 오픈 소스 기술, 소셜 프로토콜, 오픈 데이터 형식 등을 주제로 논의한다 - 옮긴이)에 관여하고 있었고, 지금은 세계적으로 영향력을 미치고 있는 코워킹 (Coworking, 지구촌의 일터를 나누는 네트워크. 빈 공간을 함께 공유하고자 하는 사람들이 모여 있다 - 옮긴이)에서 크리스 메시나(Chris Messina), 브래드 뉴버그(Brad Neuberg) 등과 함께 일했다.

결과적으로 이들은 모두 나의 성공에 영향을 미친 사람들이다. 이들과의 대화를 통해 나는 독창적인 아이디어를 생산하고 새로운 인간관계의 문을 열었다. 이들이 건네는 조언과 충고는 내가 올바른 길을 걷도록 해주었으며 특히 이들이 거둔 성과는 큰 영감을 주었다.

성공의 비밀은 제때 제 장소에 있다는 게 나의 지론이다. 이는 맞는 말이다. 그러나 나를 키운 작은 마을이라는 뿌리가 없었다면 성공할 수 있는 기회를 잡지 못했을 것이다. 2005년 당시 샌프란시스코의 공동체 정신은 내 고향 마을의 공동체 정신과 많은 부분이 비슷했다. 차이가 있다면 작은 마을에서는 공동체 정신이 집단의 안녕을 보장한 반면, 샌프란시스코의 공동체 정신은 세상을 바꿀 수 있다는 점이다. 샌프란시스코에서 이미 공동체를 이루고 있던 뛰어난 사람들이 나를 진심으로 받아들여주었던 까닭은 내가 그들의 공동체 정신을 이해하고 있었기 때문이다. 나는 샌프란시스코의 지성들이 원하던 공동체 정신을 작은 고향 마을에서 배웠다. 작은 마을이 내게 모험을 떠나 세상을 발견하라는 열망을 심어주지 않았더라면, 나는 샌프란시스코에 안착하지 못했을 것이다.

내 인생의 터닝 포인트는 특별한 한순간도, 화려한 경력을 쌓게 해준 도시에서의 삶도 아니다. 소소한 교훈들, 행복한 우연들, 그리고 좋은 사람들 곁에 있을 수 있었던 행운이 모여 이루어진 결실이다. 언제까지고 그 행운에 감사할 뿐이다.

* 소제목 '한 사람을 성장시키려면 온 마을이 필요하다'는 노벨 문학상을 수상한 소설가 토니 모리슨(Toni Morrison)의 소설에서 인용한 제목이다. 이 말은 아프리카의 속담으로, 사람의 성장에는 많은 이의 영향과 가르침이 필요하다는 뜻이다.

● 창업 컨설턴트 ㅣ 타라 헌트

77
5만 피트 상공에서 얻은 깨달음

나는 대학을 벗어나 '세상'으로 나아가고 싶은 조바심이 있었다. 조기 졸업하면 기업에서 고속으로 승진할 수 있을 거라 생각해 수업을 몰아 들었다. 광고 기획사가 몰린 뉴욕 매디슨(Madison) 거리에서 경력을 쌓는 게 내 유일한 소명이라고 확신했다.

그러던 중 세계 최대 광고 기획사 중 한 곳의 연수 프로그램에 참가하는 행운을 거머쥐었다. 그 프로그램에 뽑힌 40명 중 잘나가는 경영 대학원의 학위가 없는 사람은 나를 포함해 딱 2명뿐이었다. 하지만 전혀 걸림돌이 되지 않았다. 나는 어떤 역경에도 굴하지 않고 성공하리라는 의욕으로 충만해 있었다.

연수 프로그램을 마친 뒤 나는 그 광고사의 우량 고객 중 하나인 프록터앤갬블 전담 부서에 배치되었다. 그리고 8개월 뒤 다른 광고 회사로 이직한 나는 주당 60~70시간이라는 고된 업무와 특유의 과단성 덕분에 고속 승진의 주인공이 되었다. 가장 어린 나이에 뉴욕에서 잘나가는 광고 회사의 전무가 된 것이다. 그때 내 나이 스물아홉 살이었다. 회장은 내게 고객을 대할 때 열 살 정도 나이를 올려서 얘기하라고 조언했다. "당신 같은 애송이의 카운슬링에 귀를 기울일 사람은 없을 테니까."라면서 말이다.

서른 살에 나는 유럽 지부 책임자로 승진했다. 20개국 38개 지부를 총괄하는 자리였다. 스스로 대단하다는 생각이 들었다. 나는 파리에 살면서 포르셰의 컨버터블 자동차를 몰았고, 콩코드 비행기를 타고 미국과 유럽을 오갔다. 호화로운 삶은 끈질기게 성공을 쫓았던 내 삶의 보상이었다!

나는 7년 동안 수많은 고객을 유치하면서 회사를 유럽 최고의 강자로 키웠다. 글로벌 마케팅 대기업의 부사장으로 일하는 동안 내 일이 정말 즐거운지 자문할 시간조차 없었다. 항상 새로운 도전과 목표가 등장했다. 내 직속 상사가 신임 회장이 되면서 나 역시 또 승진했다. 뉴욕으로 돌아와 전 세계의 고객을 책임지고 각지에서 사업을 키우는 업무를 맡았다. 89개국의 197개의 지부를 다니느라 대부분의 시간을 비행기에서 보냈다.

그러던 어느 날, 사건 하나가 내 모든 삶을 통째로 바꾸어놓았다. 아버지가 혼수상태에 빠져 병원으로 실려 갔다는 연락을 받은

것이다. 희귀 퇴행성 신경질환이라는 진단이 내려졌다. 아버지에게는 며칠의 시간밖에 남지 않았다. 당장 병원으로 날아가 아버지를 만났지만 아버지는 의식을 찾지 못했다. 나는 깊은 슬픔에 잠겨 아버지를 바라보았다. 그러면서 몇 시간 뒤 중요한 회의가 있고, 비행기를 타야 한다는 상념을 계속해서 몰아냈다.

결국 며칠 뒤 장례를 치르고 다시 전 세계를 돌아다니는 일상으로 돌아갔다. 닷새 동안은 베이징과 서인도 제도의 쿠라사오, 런던을 돌며 회의를 주재했다. 호텔에 묵을 시간도 없어서 비행기 일등석에서 쪽잠을 잤다. '어떤 대가를 치르건 이기고 성공하자!'를 인생의 목적으로 삼았던 시절이었다.

그러던 중 변화가 찾아왔다. 길고 긴 비행 중 나는 돌연 '**나만의 삶이 없었을 뿐만 아니라 일을 좋아하지도 않았다는 것**'을 깨달았다. 나는 그저 이 나라 저 나라를 돌아다니며 화재를 진압하는 칭찬받는 소방관에 불과했던 것이다. 내가 하는 일에는 창의적인 도전도 없었다. 직속상관인 회장의 삶을 보아도 별반 다를 게 없었다. 차이가 있다면 책임과 업무의 중압감이 조금 더 높다는 것뿐이었다. 평생 이 어려운 일을 반복해야 하는가 하는 생각이 들었다. 예순다섯에 불과했던 아버지의 돌연사를 떠올리며 나는 자문했다.

"나는 진정 이런 인생을 원하는가?"

그 순간 나는 창의성이나 정서적 충족감이 없는 성공의 쳇바퀴를 빠져나와야 한다는 사실을 깨달았다. 지난 20년 동안 내가 즐거워했던 일을 생각해보았다. 내가 만족을 느꼈던 일은 광고 회사 업무가 아니었다. 바로 뉴욕과 파리 교외에 있는 집을 아름답게 꾸미는 일이었다. 어떻게 집을 꾸밀지, 성공할 수 있을지조차 장담하지 못한 채 나는 인테리어 디자이너로서 새 출발하기로 결심했다.

내 다짐을 들은 사람들은 아무도 내 말을 믿지 않았다. 그저 아버지가 갑자기 돌아가셔서 생긴 충격 때문이거나 중년의 위기를 맞아서라고 생각했다. 심지어 내가 농담을 한다고 여긴 사람들도 있었다! 그러나 광고 일을 처음 시작할 때도 준비가 완벽했던 것은 아니었다. 나는 창의성을 향한 내 열정을 따르기 시작했다. 인테리어 디자인계의 슈퍼스타가 되겠다는 중압감 따위는 없었다.

벌써 20여 년 전이다. 나는 아버지와 이별을 떠올리며 내렸던 그 결정을 단 한 번도 후회한 적이 없다. 나는 매일 새로운 창조적 도전을 마주한다. 이 도전들은 내게 깊은 충족감을 선물해준다. 비즈니스의 세계에서는 맛보지 못했던 기쁨이다. 나는 여전히 믿을 수 없을 정도로 긴 시간을 일에 할애하고 있지만, 애정이 깃든 일은 더 이상 '업무'가 아니었다.

긴 주말이 끝날 때면 내가 주말 내내 책상 앞에 앉아 있었다는 사실을 발견하곤 한다. 그러면 나는 킬킬거리며 혼자 생각한다. '뭐, 달리 할 일도 없었는걸!' 그럴 때면 돌아가신 아버지의 얼굴에 핀 미소가 보인다.

● 인테리어 디자이너 | 티머시 코리건

78
목표를 향한 여정

열네 살이 되도록 나는 특별한 열망이나 동기가 없는 평범한 학생이었다. 내가 자란 곳은 지적인 풍토와는 거리가 먼 음울한 공장 지대여서, 학교 공부는 언제나 뒷전이었다. 학문은 내게 별로 흥미로운 일이 아니었다.

그러나 고등학교 1학년 때 겪은 두 가지 경험으로 학문에 대한 내 태도는 완전히 바뀌었다. 고등학생이 막 되었을 무렵, 존 호스(John Hawes)라는 무뚝뚝하고 나이 많은 국어 선생님께 조잡한 미완성 과제를 두고 호되게 꾸지람을 들었다. 그때 나는 말도 안 되는 변명을 늘어놓았다. 지금 생각하면 정말 터무니없는 천박한 핑계였지만, 나는 그 핑계를 정당하다고 생각했다. 그 핑계는 과제가 내 기말 성적에 '중요하지' 않기 때문에 별것 아니라고 생각했다는 것이다. 호스 선생님은 나를 따로 부르더니 단호하고 엄한 눈길로 이렇게 말씀하셨다.

"데이먼 군, 이 세상에서 자네가 하는 모든 일은 중요하다네. 그걸 깨달아야 해."

들은 지 오랜 시간이 지나도 귀에 맴도는 충고가 있다. '중요하지 않은 일은 없다'는 선생님의 말씀은 내 뇌리에 깊이 박혔고 인생에 대한 사고방식을 완전히 바꾸어놓았다. 그 충고는 그 뒤로도 수십 년 동안 내가 인생을 꾸려가는 지침이 되었다.

나를 바꾼 두 번째 경험은 고등학교 때 신문을 만들면서 일어났다. 신문 제작에 참여한 이유는 내 형편없는 스포츠 실력을 보충해보려는 시도에서였다. 나는 고작 고등학교 1학년 학생으로 어리고 미숙해서 스포츠 경기에 참여할 수 없었다. 하지만 경기 관람을 무척 좋아했으며, 나이가 많은 선수들과 즐겨 어울리는 능력을 가지고 있었다.

초짜 학생 기자로서 내가 맡은 첫 소임은 학생들에게 인기가 없는 경기를 취재하는 것이었다. 그 경기는 유럽 이민자들의 아마추어 팀과 우리 학교 팀의 축구 시합이었다. 축구는 그 당시 미국에서 아무도 관심을 가지지 않는 비인기 종목이었다. 그러나 경기는 흥미로웠다. 유럽 이민자들의 놀라운 축구 기술이 그라운드 위에 펼쳐졌던 것이다.

나는 경기가 끝난 뒤 그곳에 남아 이민자 선수들과 이야기를 나누었다. 그들은 미국 이민에 대해 할 얘기가 많았다. 자신들이 유럽에 두고 온 고단한 삶에 대해서, 자신과 가족에게 자유가 어떤 의미인지에 대해서, 그리고 새로운 땅에서의 희망에 대해서 열정적으로 얘기해주었다. 이 모든 이야기를 이해하기 위해서는 내가 지금껏 알고 있던 세계를 넘어서는 문화적 소통과 이해 능력이 필요했다. 결국 나는 이민자들의 삶에 대한 기사를 써서 학교 신문에 냈고, 친구들은 모두 내 기사를 재미있게 읽었다.

이런 경험 덕분에 나는 글쓰기가 얼마나 즐거운 일인지 깨달았다. 그리고 문화적 소통과 이해를 돕기 위해 필요한 지식을 배우기로 결심했다. 결국 교육 문화 연구자이자 저자로서의 이력은 학교 신문 기자 시절에 발견했던 즐거움을 바탕으로 한 것이다. 그리고 학문적 성취에 대한 동기 또한 이 시기에 발견한 두 가지 진실을 토대로 발전했다. 즉, 우리가 이 세상에서 하는 일은 모두 중요하며 목표를 가지고 한 일은 다른 사람에게도 충분한 의미를 가진다는 사실 말이다.

● 교육학자 | 윌리엄 데이먼

세계적 석학 78인의 프로필

Profiles of 78 leading global thinkers and innovators

알 리스(Al Ries)
전 세계적으로 140만 부 이상 판매된 『Positioning(포지셔닝)』의 공저자. 지금까지 모두 11권의 광고 관련 책을 출간했으며, 국내에는 『The 22 Immutable Laws of Marketing(마케팅 불변의 법칙)』, 『War in the Boardroom(경영자 VS 마케터)』 등이 번역되어 있다. 1994년 딸과 함께 리스 앤 리스(Ries & Ries)라는 마케팅 전략 회사를 창립했으며, 현재 저명한 글로벌 기업들의 컨설팅을 담당하고 있다.

© Bachrach studio

앨런 더쇼비츠(Alan Dershowitz)
'미국 법조계 최후의 보루'라고 불리는 앨런 더쇼비츠는 스물여덟 살의 젊은 나이에 하버드 로스쿨 교수가 되었다. 그는 "합리적 의심이 조금이라도 남아 있다면 피고인에게 무죄를 선고하는 게 법의 정신"이라고 말하며, 살인죄로 기소되었던 미식축구선수 OJ 심슨의 변호를 맡아 372일 동안의 재판 끝에 무죄 선고를 이끌어낸 바 있다. 저서로는 『The Best Defense(앨런 M. 더쇼비츠의 최고의 변론)』 등이 있으며, 인권 향상의 공로를 인정받아 구겐하임 펠로십을 수상했다.

© Kevin Meredith

알렉스 크로토스키(Aleks Krotoski)
과학 기술과 상호 작용을 연구하는 학자이자 저널리스트. 2007년부터 《가디언》의 '테크 위클리(Tech Weekly)' 팟캐스트 방송 진행자로 활동하고 있으며, 2010년에 미상과 영국아카데미상을 받은 BBC 다큐멘터리 시리즈 「가상 혁명(The Virtual Revolution)」 제작에 참여했다. 알렉스 크로토스키의 박사 논문에는 인터넷 사회에서 어떤 방식으로 정보가 확산되는지 상세히 기술되어 있다.

© SENS Research Foundation

오브리 드 그레이(Aubrey de Grey)
신체 비밀을 연구하는 노화학자(biomedical gerontologist). 미국 노화학회 선임연구원이자 SENS연구재단 최고과학임원으로 활동하고 있다. SENS연구재단은 캘리포니아에 위치한 비영리 단체로 노화 과정을 연구하는 곳이다. '포유류의 노화와 관련된 세포 부작용과 그 손상을 수리하고 방지하는 개입 설계'를 연구하며 치료법을 개발하는 데 집중하고 있다.

© Katherine Krause

버니 크라우스(Bernie Krause)
생태 소리를 수집하는 음향 전문가. 미국 국립공원관리공단 자문을 맡고 있으며, 퍼듀 대학원 겸임교수로 재직 중이다. '무그 신시사이저'라는 전자 악기를 팝 음악과 영화에 도입하고 135편의 영화 음악 작업에 참여했다. 1968년 이후에는 기존의 음악 세계와 이별하고 자연의 소리를 기록하며 전 세계를 여행했다. 특히 각각의 생명체가 서식처 안에서 자신만의 주파수 또는 대역폭을 확립한다는 사실을 밝히고 '생물음(biophony)'이라는 개념을 확립했다.

브루스 립턴(Bruce Lipton)
과학과 영성의 상관관계를 연구하는 신(新)생물학의 선구자. 그의 선구적인 사고방식은 후성 유전학(epigenetics)이라는 혁명적인 연구 분야의 디딤돌이 되었다. 후성유전학은 DNA 염기 서열에 의해 인간의 운명이 좌우된다는 기존 유전학에서 벗어나, 다른 외부적인 요인으로도 충분히 유전자 발현을 이끌어낼 수 있다는 이론이다. 일본 고이 평화상을 수상했으며, 저서로는 『The Biology of Belief(당신의 주인은 DNA가 아니다)』 등이 있다.

© Jenni Young

브라이언트 맥길(Bryant McGill)
긍정 심리학 사유의 리더. 자기 계발과 자유, 인권 분야의 베스트셀러 작가이며 문화 비평가다. 그가 쓴 글은 170권이 넘는 저작을 통해 세상에 소개되었으며, 15개 언어로 번역되어 세계 곳곳에서 사랑받고 있다. 그가 창립한 '세계 평화 친선 조약(Goodwill Treaty for World Peace) 프로젝트'에는 배우와 사상가, 정치인 등 수많은 사람이 함께하고 있으며, 노벨 평화상 후보에도 오른 바 있다.

체스터 엘튼(Chester Elton)
세계적으로 100만 부 이상 팔린 비즈니스계의 베스트셀러 작가이자 동기 부여 전문가. 그중 『당근의 법칙(The Carrot Principle)』과 『오렌지 레볼루션(The Orange Revolution)』은 《뉴욕타임스》와 《Wall Street Journal(월스트리트저널)》에서 베스트셀러에 선정되었으며, CNN 방송 진행자인 래리 킹(Larry King)은 엘튼의 저서들을 '현대 경영자들의 필독서'라고 칭송했다.

© IRMIN EITEL

크리스 뱅글(Chris Bangle)
크리스 뱅글은 1981년 독일 오펠에서 디자이너로 일을 시작했다. 1985년에는 피아트(Fiat)로 옮겨 가 쿠페 피아트(Coupe Fiat)를 디자인했으며, 1992년에는 미국인으로서 BMW 최초의 디자인 총괄팀장이 되었다. 뱅글은 21세기 자동차 업계에서 가장 광범위한 영향력을 미친 인물로 꼽힌다. '디자인을 통해 감정을 전략화하라'는 그의 신조는 다른 차원의 디자인을 창조했으며, BMW사가 자동차 시장에서 리더로 성장하는 데 크게 기여했다.

© The Natural History Museum London

크리스 스트링거(Chris Stringer)
인간 기원 연구의 리더이자 영국왕립학회 회원인 크리스 스트링거는 1973년부터 런던 자연사 박물관을 이끌어온 인류학자다. 현재 고고학자와 연대 측정 전문가, 유전학자들과의 함께 호모 사피엔스의 지구적 진화를 재구성하는 연구를 추진 중이며, 저서로는 『Homo Britainnicus』, 『The Complete World of Human Evolution』, 『The Origin of Our Species』 등이 있다.

© Jose Diaz Ortiz

클레어 디아즈 오티즈(Claire Diaz-Ortiz)
인기 있는 작가이자 강연가이며 테크놀로지 혁신가. 트위터 창립 초기 멤버로서 사회 혁신을 주도적으로 이끌어온 그녀는 '트위터에서 교황을 얻은 여인', '선을 향한 원동력'이라는 명성을 얻었다. 또한 에이즈에 걸린 케냐의 고아들에게 교육, 스포츠, 사회 적응 훈련을 제공하는 비정부 국제 조직 '호프 런스'의 공동 창립자다. 저서로는 『Hope Runs』, 『Twitter for Good』 등이 있다.

© Jamie Cotton

크레이그 워커(Craig Walker)
1998년 《덴버포스트》의 사진 기자로 이름을 알리기 시작한 크레이그 워커는 뉴욕 무역센터 테러와 아프가니스탄·이라크 전, 미군의 외상 후 스트레스 장애, 월 가 시위 등의 보도 사진을 촬영해왔다. 2010년에는 「이안 피셔: 미군 장병(Ian Fisher: American Soldier)」으로, 2012년에는 「웰컴 홈, 스콧 오스트롬의 이야기(Welcome Home, The Story of Scott Ostrom)」로 퓰리처상을 수상했다.

대니얼 고틀립(Daniel Gottlieb)
대니얼 고틀립은 1979년 큰 교통사고로 사지마비 판정을 받은 뒤 수년 동안 절망과 우울함에 빠져 지냈다. 엎친 데 덮친 격으로 자신을 떠났던 아내마저 몇 년 뒤 사망하고, 뒤이어 누이와 부모님마저 세상을 떠났다. 대니얼의 인생이 달라지기 시작한 건 그때부터였다. 그는 모두가 떠난 뒤 자신이 살아온 30년 인생을 되돌아보며 역경이 우리에게 어떤 방식으로 더 나은 삶과 사랑의 방식을 가르쳐주는지 깨달았다. 저서로는 『Letters to Sam(샘에게 보내는 편지)』가 있다.

데이브 울리히(Dave Ulrich)
미시건 로스 경영 대학원 교수이자 'RBL그룹'이라는 컨설팅 회사의 공동 경영자. RBL 그룹은 기업과 리더들의 가치 경영을 돕는 데 주력하고 있으며, 여기서 울리히는 기업이 어떤 방식으로 자신들이 원하는 인재상을 만들고 발굴하는지 연구하고 있다. 그의 주장에 따르면 대부분의 기업은 자신들이 갖고 싶어 하는 '외부 이미지'를 '내부 관리'에 적용하는 방식을 택하고 있으며, 울리히는 이 같은 접근 방식을 '리더십 브랜드'라고 부른다.

© Rogovin photo

데이비드 미어만 스콧(David Meerman Scott)
국제적으로 인정받는 전략가. 10권이 넘는 그의 저작과 블로그(www.webinknow.com)는 기업 성장 전략을 연구하는 전문가들의 필독 자료로 인정받고 있다. 스콧의 조언들은 개인과 조직, 제품이 두각을 드러내고 주목받는 데 꼭 필요한 통찰력을 제공한다. 그가 쓴 『The New Rules of Marketing & PR』은 26개 언어로 번역되어 30만 부 이상 판매되었다.

다이앤 코일(Diane Coyle)

저널리스트이자 경제 평론가. 신기술이 세계를 어떻게 변화시키는지 연구하는 경제학자이며, 영국 BBC 최고 의결 기관인 BBC 트러스트의 부의장이다. 영국 이민 자문 위원회에서 활동했으며, 현재 'EDF 에너지'의 자문 위원으로 있다. 저서로는 『The Economics of Enough』, 『Paradoxes of Prosperity(번영의 역설)』 등이 있으며, 세계 경제 발전에 기여한 공로를 인정받아 2009년 대영 제국 공로훈장을 수상했다.

© Jack Miller photography

다이앤 래비치(Diane Ravitch)

미국 교육 분야에서 가장 큰 영향력을 미치는 인물이라 평가받는 인물. 컬럼비아 교육 대학에서 부교수를 역임했으며, 현재 뉴욕대에서 연구 교수로 재직하고 있다. 부시 첫 행정부에서 정보 담당 차관보를 지낸 그녀는 2010년 『The Death and Life of the Great American School System(미국의 공교육 개혁, 그 빛과 그림자)』를 출간하며 미국 교육의 허와 실을 정확하게 꼬집었다.

© Doug ojcieszak

더그 워체식(Doug Wojcieszak)

'쏘리 웍스!'를 창설한 정보 공개 트레이닝 컨설턴트. 쏘리 웍스!는 소비자들이 의료 사고에 효과적으로 대응할 수 있도록 정보를 제공하고, 병원이 의료 사고를 진지하게 수용할 수 있도록 유도하는 비영리 단체다. 그는 병원과의 분쟁을 통해 의료진의 '사과'가 유족에게 얼마나 큰 위로가 되는지를 절감하고, 병원 측의 완전한 정보 공개와 사과가 의료 과실 소송을 줄일 수 있는 첫 번째 단추임을 주장해왔다.

이먼 버틀러(Eamonn Butler)

정책 싱크탱크 애덤 스미스 학회 이사. 1970년대 미국 하원에서 일했으며, 힐즈데일 칼리지에서 철학을 가르쳤다. 혁실적 경제학자로 분류되는 밀턴 프리드먼과 하이에크, 루트비히 폰 미제스, 애덤 스미스 등에 관한 책을 썼으며, 오스트리아 학파의 경제학자들과 공공선택에 관한 저서를 집필했다. 주요 저서로는 『The Condensed Wealth of Nations』, 『The Best Book on the Market(시장 경제의 법칙)』 등이 있다.

에드 펠라(Ed Fella)

독특한 활자체와 활자 디자인으로 유명한 작가. 자신을 '상업 미술가'라고 칭하는 에드 펠라는 1950년대 디트로이트 광고 업계에 발을 들인 후, 크라이슬러 상(Chrysler Award)과 아이가 메달(AIGA MEdal) 등을 수상했다. 그의 독창적인 작업은 디자인 관련 책에 자주 소개되었으며, 작품들은 뉴욕 국립 디자인 박물관(National Design Museum)과 뉴욕 현대 미술관(MOMA)에 전시되어 있다.

© DAVID A SASTRE

에두아르도 살세도 알바란(Eduardo Salcedo-Albaran)

범죄정보를 제공하고 정책을 입안하는 초국적 연구단체 보텍스(Vortex)의 창설자. 보텍스는 인공 지능과 신경 과학, 사회 관계망 분석 등을 통해 범죄를 연구하고 해결책을 제안하는 비정부 기구로서 특히 범죄 조직의 마약 거래와 부정부패, 국가 포획 등을 방지하는 데 심혈을 기울이고 있다. 콜롬비아 대통령 안보 기관의 고문으로 활동했으며, 국제투명성기구, 중앙아메리카 공공안전기구에서 일한 바 있다.

엔리케 단스(Enrique Dans)

기술 도입과 기업가 정신, 혁신 분야에서 최고 전문가로 꼽히는 경영학 박사. 국제 경영 펠로십에서 프로그램 교육자로 일했으며, 현재 IE 경영 대학원에서 테크놀로지가 어떻게 기업과 소비자에 어떤 영향을 미치는지 연구하고 있다. 그는 개인 블로그(www.enriquedans.com)와 다양한 매체를 통해 자신의 영향력을 펼쳐 나가고 있다. 저서로는 『Todo va a Cambiar』가 있다.

에르네스토 시롤리(Ernesto Sirolli)

경제 발전을 주도하는 세계적인 컨설턴트. 1971년 아프리카에서 국제 원조 분야의 일을 시작한 이후 호주와 뉴질랜드, 캐나다, 영국, 아프리카, 라틴아메리카와, 미국, 아시아에서 창업과 자치 경제를 고취시키는 프로젝트를 수행해왔다. 현재 미국에서 시롤리 인스티튜트(Sirolli Institute)를 운영하고 있으며, 고위 공직자들을 상대로 지역 주민들의 열정과 상상력을 파악하는 방법을 교육하고 있다.

© IMD

조지 콜라이저(George Kohlrieser)

조직임상 심리학자이자 인질 협상가. 40년 동안 일선 경찰들과 함께 움직이며 가정 폭력 상황에서 살인을 줄이는 일에 주력했다. 정서적 유대감의 힘에 대해 확실한 믿음을 가지고 있는 그는 이스라엘, 팔레스타인, 크로아티아 같은 분쟁 지역의 경찰, 군사 조직과 갈등을 줄일 수 있는 방안에 대해 연구하고 있다. 미국인이 가장 좋아하는 라디오 토크쇼 진행자이기도 한 그는 『Hostage at the Table』, 『Mind Innovation(마인드 이노베이션)』 등을 집필했다.

© Luke Lois

조지 로이스(George Lois)

우리 시대의 가장 창조적 광고인이라 일컬어지는 인물. 1950년대 광고계에 '창조적 혁명(Creative Revolution)의 바람을 불러일으킨 그는 위기에 처해 있던 《Esquire(에스콰이어)》와 MTV, 《USA Today(USA 투데이)》 등을 광고로 다시 일으켰다. 특히 《에스콰이어》의 표지들은 뉴욕 현대미술관(MOMA)에 전시될 정도로 그 작품성을 높이 평가받았다. 미국 그래픽아트협회와 출판디자이너협회 등으로부터 디자인상을 수상한 바 있다.

© Andy Newman

그레고리 머과이어(Gregory Maguire)
미국의 베스트셀러 소설가. 전미청소년문학협회 위원이며, 이사벨라 스튜어트 가드너와 데코르도바 미술관에서 예술과 문화에 대해 강의하고 있다. 그가 쓴 소설 『Wicked(위키드)』는 전 세계적으로 300만 부가 팔렸으며, 뮤지컬로도 제작되었다. 고전 동화를 성인 소설로 재창조한 『Confessions of an Ugly Stepsister(신데렐라 언니의 고백)』은 2002년 영화로 만들어지기도 했다.

© Eddie DaRoza

하워드 린즌(Howard Lindzon)
중개인과 투자자들이 실시간으로 아이디어와 정보를 교환하는 소셜 네트워크 '스톡트위츠(StockTwits)'의 공동 설립자. 스톡트위츠는 미국의 경제지 《Fast Company(패스트 컴퍼니)》가 선정한 '혁신적인 10대 웹 기반 업체'에 선정된 바 있다. 엔젤투자자로서 명성이 높은 린즌은 투자와 창업 분야에서 20년의 경력을 자랑하는 베테랑이다. 성공 사례로는 'Rent.com'과 'Lifelock' 등을 들 수 있다. 현재 '소셜 레버리지(Social Leverage)'라는 지주 회사의 무한 책임 파트너를 맡고 있다.

하워드 모스코비츠(Howard Moskowitz)
세계적 석학들의 정신적 스승이라 인정받는 하워드 모스코비츠는 정신 물리학 분야의 실험 심리학자이자 '모스코비츠 제이콥스 주식회사(Moskowitz Jacobs Inc)'의 회장이다. 1972년 미각과 후각을 전문으로 다루는 최초의 학술지 《Chemical Senses(화학감각)》을 창간했으며, 마인드게노믹스(Mind Genomics, 마음 유전체학)이라는 새로운 지식 분야를 창립했다. 세계적 시장 조사 기술을 발명한 공로를 인정받아 2005년 미국마케팅협회 최고의 상인 팔린상(Parlin Award)를 수상했다.

휴 매클라우드(Hugh MacLeod)
20년 동안 인생과 사업을 주제로 그림을 그려온 만화가. 21세기에 창업을 한다는 것이 무슨 의미인가를 그림과 글, 사업을 통해 직접 정의하고 구현해왔다. 그가 작업한 수천 점의 드로잉 중 대부분은 작은 명함 뒷면을 이용한 것이며, 창업주와 광고계 경영진, CEO들에게 영감의 원천으로 기능하고 있다. 베스트셀러인 『Ignore Everybody(이그노어! 너만의 생각을 키워라)』가 국내에 번역되어 있다.

Jeffry Pike, © 2014 The President and Fellows of Harvard College

아이린 페퍼버그(Irene Pepperberg)
하버드 대학 교수이자 알렉스재단(The Alex Foundation)의 이사장. 애초 화학자의 길을 걷던 그녀는 동물들의 소통 능력을 보고 충격을 받아 동물인지과학을 연구하기 시작했다. 저서 『The Alex Studies』는 20년이 넘는 세월 동안 천재라 불리는 앵무새 알렉스를 연구 기술한 과정이며, 베스트셀러인 『Alex & Me(천재 앵무새 알렉스와 나)』는 알렉스가 죽은 뒤 그 추억을 풀어놓은 회고록이다.

© Maurice Mikkers

이타이 탈감(Itay Talgam)
'사람을 리드하는 지휘자'로 유명한 이스라엘 출신의 마에스트로. 끊임없는 대화를 통해 정부와 학계, 경영, 교육, 의료 등 다양한 분야에서 소통과 조화를 이끌어내고 있다. 레너드 번스타인(Leonard Bernstein)의 지도를 받은 그는 1987년 파리 오케스트라를 지휘하면서 국제 무대에 화려하게 데뷔했다. 저서로는 펭귄북스에서 발간 예정인 『The Ignorant Maestro』가 있다.

© Amanda Cawdrey, a2photography

제이콥 골든버그(Jacob Goldenberg)
창조적인 생각이나 일을 할 때 인간의 뇌가 어떻게 작동하는지를 연구하는 과학자. 주로 창의력, 신제품 개발, 혁신 유통, 소셜 네트워크가 시장 역학의 복잡성에 어떤 영향을 미치는지 분석하고 연구한다. 이스라엘 혁신 컨설팅 기업 SIT의 공동 창립자이며 '마케팅 사이언스 인스티튜트(Marketing Science Institute)'의 이사다. 저서로는 『Inside the Box(틀 안에서 생각하기)』와 『Cracking the Ad Code』가 있다.

잭디시 세스(Jagdish Sheth)
에모리 대학 고이주에타 경영 대학원의 마케팅 전략 부문 찰스 H. 켈스타트 지위 교수(H. Kellstadt Professor of Marketing)로 글로벌 경쟁, 전략적 사고, CRM 분야의 세계적 권위자다. 주요 저서로는 『The Theory of Buyer Behavior』, 『The Rule of Three』, 『Firms of Endearment』 등이 있으며, 국내에는 『Self-Destructive Habits of Good Companies(배드 해빗: 성공한 기업의 7가지 자기파괴 습관)』이 번역·소개되었다.

제이 엘리엇(Jay Elliot)
의료 어플리케이션 기업인 '아이메드고(iMedGo, Inc.)'와 소프트웨어 개발업체인 '미고 소프트웨어(Migo Software)'의 창립자. IBM, 인텔, 애플에서 30년 이상 근무했으며, 애플에서는 스티브 잡스 밑에서 수석 부사장으로 일했다. 미고 소프트웨어에서는 개인 컴퓨터 설정을 USB에 저장할 수 있는 소프트웨어를 직접 설계하기도 했다. 저서로는 『The Steve Jobs Way: iLeadership for a New Generation(아이리더십)』과 『Leading Apple with Steve Jobs(왜 따르는가)』 등이 있다.

© Heward Jue

젠 림(Jenn Lim)
딜리버링 해피니스(Delivering Happiness)의 공동 창립자. 딜리버링 해피니스는 행복과 열정, 목표 의식을 일상생활로 퍼뜨리기 위해 세운 공익적 기업이다. 인터넷 쇼핑몰 '자포스(Zappos)' 컨설턴트인 그녀는 '자포스 컬처북' 제도를 만들어 기업이 직원들의 만족감과 행복을 기반으로 생산성과 이윤을 높일 수 있다는 새로운 경제 모델을 제시했다.

© Daniel Ohlsson

제니 월든(Jennie Wallden)
요리책 저자이자 푸드 크리에이터. 한국에서 태어난 그녀는 어렸을 때 스웨덴 가정으로 입양되었으며, 이탈리아와 프랑스, 영국과 미국을 두루 거치며 자랐다. 새로운 음식에 대한 그녀의 왕성한 호기심은 이렇게 많은 국가를 여행한 경험에서 유래한다. 그녀가 본격적인 요리사의 길로 들어선 건 2013년 「마스터셰프 스웨덴」에서 우승하면서부터다. 현재 퓨전 요리 전문가로서 완전히 새로운 삶을 살고 있다.

© Jeremy Cowart

존 아쿠프(Jon Acuff)
『뉴욕타임스』가 선정한 베스트셀러 작가. 작가가 되기 전에는 16년 동안 유명 기업에 근무하며 브랜딩 업무를 진행했다. 2010년 작가로 데뷔한 뒤부터는 학술회와 대학, 기업, 교회 등에서 수백 명의 청중을 대상으로 강연 활동을 펼쳐왔다. 저서로는 『Start: Punch Fear in the Face, Escape Average & Do Work that Matters』와 『Quitter: Closing the Gap Between Your Day Job & Your Dream Job(꿈꾸는 월급쟁이)』 등이 있다.

조너선 스쿨러(Jonathan Schooler)
캘리포니아 산타바바라 대학의 실험 심리학·뇌과학 담당 교수. 심리적 동요가 경험 자각에 어떤 영향을 미치는지, 철학적 교육과 지적 행동 사이에 어떤 관계가 있는지 등을 실험하고 연구한다. 그는 캐나다 리서치 체어(Canada Research Chair)가 지원하는 연구 교수직을 역임했으며, 150편이 넘는 보고서를 주요 매체에 기고했다. 오늘날 그의 실험 결과는 각종 심리학 저서에 적극적으로 인용되고 있다.

© Jeff Thiebauth

후안 엔리케즈(Juan Enriquez)
유전체 합성 기술을 연구하는 '신테틱 게노믹스(Synthetic Genomics)'의 공동 창립자이자 생명 과학 연구투자 회사인 '엑셀 벤처 매니지먼트(Excel Venture Management)'의 상무. 생명 과학과 빅데이터 활용에 지대한 관심을 보이는 그는 첨단 발견 분야에서 적극적인 투자를 벌이고 있으며, 그가 창립한 신테틱 게노믹스는 세계 최초의 합성 생명 형태와 표준적 프로그래밍이 가능한 세포를 만들었다. 저서로는 『The Future Catches You』 등이 있다.

후안 만(Juan Mann)
프리허그의 창시자. 그는 스물두 살 때 처음 거리로 나가 사람들에게 프리허그를 제안했다. 사실 그가 프리허그를 제안한 이유는 스스로 인생의 희망을 찾기 위해서였다. 하지만 단순히 안아주는 것만으로도 사람들이 상처를 치유받고 행복해하는 모습을 보면서 이 캠페인을 전 세계적으로 알려야겠다는 생각을 품게 되었다. 지금도 그는 어딘가의 낯선 골목에서 사람들에게 팔을 벌리고 서 있을 것이다.

© Eclipse Photography Studio

케이 브랫(Kay Bratt)
아동 인권 운동가이자 작가. 4년 동안 중국 고아원에서 일했던 경험을 살려 아동 인권 운동에 앞장서고 있다. 현재 중국의 아이들을 후원하는 비영리 단체 회원이며, 관련 소설을 쓰는 작가다. 그녀의 활동에 관심이 많은 사람은 그녀가 쓴 통렬한 회고록 『The Scavenger's Daughters』를 꼭 읽어보기 바란다.

키쇼어 마부바니(Kishore Mahbubani)
'아시아의 토인비', '동양적 윤리를 설파하는 막스 베버'라고 불리는 정치 사상가. 대학에서 철학과 역사를 전공하고 공직자로 일하면서 공공이슈에 대한 글을 써 왔다. 국제 정치 무대에서 다양한 역할을 수행했으며, UN 대사로 일하던 2001년 1월부터 2002년 5월까지는 안전보장이사회의 의장을 맡았다. 저서로는 『Can Asians Think?』, 『Beyond The Age Of Innocence』, 『The New Asian Hemisphere(헬로아시아)』 등이 있다.

리나 웬(Leana Wen)
하버드 대학 출신의 응급의학 전문의이자 TED 강연자. 의대생 시절 어머니를 암으로 잃은 리나 웬은 '매뉴얼 중심' 치료 절차의 문제점을 인식하고, 의료 체제를 '환자 중심'으로 개혁하는 데 매진해왔다. 현재 다양한 활동을 통해 의료 개혁과 환자 인권 향상 방안을 추진하고 있으며, 저서로는 베스트셀러 『When Doctors Don't Listen: How to Avoid Misdiagnoses and Unnecessary Tests』가 있다.

© Rasmus Rasmussen

리 레피버(Lee LeFever)
오늘날 트위터를 모르는 사람은 거의 없다. 그러나 트위터가 갓 출범했을 때는 사용법을 이해하지 못하는 사람이 많았다. 그래서 만들어진 동영상이 '트위터 쉽게 설명하기(Twitter in Plain English)'였다. 화이트보드 위에 단순한 그림과 목소리로 사용법을 설명하는 이 동영상은 시청 횟수 1,000만 회를 돌파하며 트위터가 성장하는 데 한몫을 담당했다. 동영상을 만든 곳은 '커먼 크래프트(Common Craft)'라는 컨설팅 업체이며, 리 레피버는 이 회사의 창업자다.

레너드 클라인록(Leonard Kleinrock)
인터넷의 아버지로 칭송받는 인물. 그는 인터넷이 생기기 한참 전인 1962년, MIT 대학원 재학 중에 인터넷의 기반이 되는 패킷 교환망의 이론적 바탕을 세웠다. 이후에는 큐잉 이론(queueing theory)을 네트워크 평가 툴로 도입하여 최적 디자인 처리 절차를 개발했다. 현재 캘리포니아 대학(UCLA) 전산과 교수이며, 2007년 미국 대통령이 수여하는 과학 분야의 최고의 상 국립과학메달(National Medal of Science)을 수상했다.

© Antonio Vesagas

매그너스 린드비스트(Magnus Lindkvist)
미래학자이자 트렌드 탐색가. 트렌드 연구 기관인 '패턴 인식(Pattern Recognition)'의 CEO로서 여러 단체와 함께 미래상을 연구하고 있다. 거대한 세상의 흐름을 독특한 시각으로 포착하는 트렌드학을 정립했으며, 미래학자들의 모임인 TED에서 주도적인 역할을 담당하고 있다. 저서로는 『Everything We Know is Wrong!(우리가 아는 모든 것은 틀렸다)』, 『When Future Begins(미래가 시작될 때)』 등이 있다.

마크 그리피스(Mark Griffiths)
국제게임연구회(International Gaming Research Unit) 이사이자 노팅엄 트랜트 대학의 도박 연구 교수. 도박 연구에 관한 탁월한 학문적 기여를 인정받아 1994년 존 로제크란스 연구상(John Rosecrance Research Prize)을 비롯해 14개의 상을 수상했다. 지금까지 450여 편의 연구 논문과 신문 칼럼을 썼으며, 저서로는 『Problem Gaming in Europe』, 『Gambling Addiction and its Treatment Within the NHS』 등이 있다.

마셜 골드스미스(Marshall Goldsmith)
리더들의 발전과 변화를 돕는 세계적인 경영 컨설턴트 전문가. 미국 경영자협회가 선정한 '위대한 비즈니스 사상가 50인', 《Forbes(포브스)》가 선정한 '세계에서 가장 영향력 있는 경영사상가 15인'으로 꼽혔다. 현재까지 150명이 넘는 최고 경영자와 함께 일하며 조직의 행동 양식을 긍정적으로 변화시키는 데 기여했다. 저서로는 『MOJO(모조)』(공저), 『The Many Facets of Leadership(리더십 바이블)』(공저), 『The Leader of the Future』 등이 있다.

© John Baxter

마틴 켐프(Martin Kemp)
옥스퍼드 대학 미술사학과 교수. 자연의 과학적 모델과 예술 이론 및 실제적 관계를 연구하며, 그중에서도 레오나르도 다빈치의 예술·과학 분야에 관심이 많다. 2006년 유럽에서 개최된 '유니버설 레오나르도 프로젝트'를 이끌었으며, '레오나르도 다빈치 소사이어티'에서 활동하고 있다. 스코틀랜드 국립 미술관과 빅토리아 알버트 박물관, 대영 박물관의 이사를 역임했다.

© Deidra Wilson

모리스 애슐리(Maurice Ashley)
흑인 최초의 체스 그랜드마스터. 두 권의 책을 쓴 작가이며 TV 중계 해설가와 애플리케이션 설계자, 퍼즐 고안자, 동기 부여 강연자로 활동하기도 했다. 자메이카와 브루클린의 길거리에서 성장한 그는 우범 지대나 정글에 사는 가난한 젊은이들을 찾아가 끊임없이 이야기를 나누는 것으로 유명하다. 『Chess for Success』는 체스의 장점과 자신의 비전을 집약한 책으로 젊은이들을 위해 쓴 것이다.

© Barbara Corballis

마이클 코벌리스(Michael Corballis)
뉴질랜드 대학에서 수학 석사 학위를, 오클랜드 대학에서 심리학 석사 학위를 받았으며, 현재 캐나다 맥길 대학에서 교수로 재직 중이다. 기억, 언어, 뇌의 비대칭, 인지 혁명 등을 연구하는 코벌리스는 실험 심리학과 인지 신경 과학 분야에 많은 저서를 남겼다. 『The Lopsided Ape』, 『The Wandering Mind』 등이 유명하며, 우리나라에는 『Pieces of Mind(뇌, 인간을 읽다)』가 번역·출간되었다

마이클 포셀(Michael Fossel)
노화 방지 분야의 세계적 권위자. 1996년 출간한 노화 관련 서적 『Reversing Human Aging』이 화제가 되면서 이름을 알리기 시작했다. 현재 미시간 주립 대학 임상의학 교수로 재직 중이며, 미국 응급의학협회, 과학진흥회, 노화협회 등의 회원으로 활동 중이다. 그레타 블랙번(Greta Blackburn), 데이브 워이내로우스키(Dave Woynarowski)와의 공저 『Telemere(텔로미어)』가 우리나라에 번역·출간되었다.

마이클 휴고스(Michael Hugos)
작가와 강연자로 활동하며, 조직혁신 연구소를 운영하고 있다. 북미 배급사(North American distribution company)에서 최고정보관리자(CIO)로 일하며 공급 체인과 e-비즈니스 시스템을 개발했다. 창업한 뒤에는 마이크로소프트와 스타벅스, 해군 의료물자부대 등의 애플리케이션 개발과 컨설팅을 맡았다. 저서로는 『Enterprise Games』와 『Essential of Wupply Chain Management(공급체인관리의 핵심)』 등이 있다.

나이젤 니콜슨(Nigel Nicholson)
비즈니스와 리더십에 진화 심리학을 적용한 선구적 인물. 런던 경영 대학원의 교수이자 조직 행동학의 권위자로서 경영자 교육, 위험 관리, 의사 결정, 대인 관계 기술 등의 비즈니스 전반에 관한 폭넓은 연구를 진행하고 있다. 그의 수업은 철학과 과학, 예술 분야를 아우르는 혁신적인 교습 방법으로 유명하다. 저서로는 『Managing the Human Animal』, 『Family Wars(패밀리 워즈)』, 『The 'I' of Leadership(전략적 i 리더십)』 등이 있다.

© Jeff Mikkelson

올리버 버크먼(Oliver Burkeman)
《가디언》에 정기적으로 글을 기고하는 저널리스트. '영국의 말콤 글래드웰'이라고 불리는 그는 2006년 《가디언》에 「이 칼럼이 당신의 인생을 바꿔줄 것이다」라는 글을 연재하며 스타 저널리스트의 반열에 올랐다. 칼럼에서 그는 갱단이 지배하는 멕시코를 찾아가 죽음의 의미를 성찰하는 등 행복 중독에 빠진 사회를 날카롭게 비판했다. 저서로는 『HELP!(행복중독자)』와 『The Antidote(합리적 행복)』 등이 있다.

© Union Theological Seminary

폴 니터(Paul Knitter)
종교 다원주의와 종교 간 대화가 인류 발전과 생태에 어떤 영향을 미쳤는지 연구하는 신학자. 1986년부터 2004년까지 'CRISPAZ(엘살바도르의 평화를 위한 기독교도)' 회장을 지냈으며, 종교 간 화해 증진을 위한 종교평화위원회(Interreligious Peace Council) 평의원으로 활동했다. 저서로는 『Jesus and the Other Names(예수와 또 다른 이름들)』, 『Without Buddha I Could not be a Christian(붓다 없이 나는 그리스도인일 수 없었다)』 등이 있다.

© Mike Griffith

피터 하트(Peter E. Hart)
인공 지능과 정보 공학, 리더십 부문에서 40년 이상 큰 업적을 일군 컴퓨터 공학자. 그가 개발한 이론 분석과 알고리즘은 현대 컴퓨터 공학 분야에서 가장 널리 응용되는 프로그램이다. 스탠퍼드 대학에서 박사 학위를 받은 뒤 세계 최초의 모바일 자동차 로봇 '셰이키(SHAKEY)' 개발을 총괄했고, 상업적 성과를 유도하는 세계 최초의 전문가 시스템을 구축했다.

필 쿡(Phil Cooke)
작가 겸 프로그램 제작자. 전 세계 50여 개국의 현장을 돌며 프로그램을 제작했다. 그 과정에서 총격을 당하거나 쿠데타에 휩쓸리는 등 온갖 고초를 겪었다. 그는 비영리 단체와 리더들이 사회적인 이야기를 던질 수 있도록 자신의 매체를 개방했으며, 직접 사회 문제를 제기하기도 했다. 저서로는 급변하는 문화의 방향성을 다룬 『Jolt!』와 소명 의식을 다룬 『One Big Thing』, 『Outspoken』 등이 있다.

필립 코틀러(Philip Kotler)
미국을 대표하는 경영학자. 단순 판매 전략이던 마케팅을 경영 과학 수준으로 끌어올린 그는 '마케팅의 아버지'라고 불리며, 현존하는 어떤 마케팅 이론도 그의 그늘에서 벗어날 수 없다는 평가를 받는다. 지금까지 IBM, 아메리카은행, GE, AT&T 등에서 전문 컨설턴트로 활동했으며, 세계적인 기업을 대상으로 마케팅 전략과 계획 수립, 마케팅 조직, 국제 마케팅 등을 강연해왔다. 저서로는 『Marketing 3.0(마켓 3.0)』, 『Social Marketing(필립 코틀러의 소셜 마케팅)』 등이 있다.

레베카 코스타(Rebecca Costa)
사회·경제적 현상과 추세를 진화로 설명하는 사회생물학자. 토머스 프리드먼, 제레드 다이아몬드, 말콤 글래드웰의 뒤를 이어 이 시대의 쟁점들을 가장 흥미로운 시각으로 분석한다는 평가를 받고 있다. 인간 진화, 글로벌 시장 문제, 신기술 등 다양한 분야에서 주체적인 목소리를 내는 그녀는 전 세계의 비즈니스 리더, 과학자, 혁신가들과 함께 더 나은 지구를 만들기 위한 논의를 진행 중이다.

© Norwegian Design Council

로버트 오스틴(Robert Austin)
코펜하겐 경영 대학의 창의혁신 경영 담당 교수. IT 리더십과 창업 설계를 가르치고 있으며, 하버드 경영 대학원에서 창조 경제, 운영 관리, IT 경영과 회계 등의 테크놀로지 경영을 강의했다. 다양한 학술 논문을 기고했으며, 저서로는 『The Soul of Design』, 『Harder Than I Thought: Adventures of a 21st Century CEO』, 『The Adventures of an IT Leader』 등이 있다.

로저 섕크(Roger Schank)
'소크라틱 아츠(Socratic Arts)'의 최고 경영자. 인지 심리학과 인공 지능 연구의 선구자인 그는 인간이 선천적으로 스토리를 이해하도록 설계되었다며 스토리텔링 중심의 학교 설계가 필요하다고 주장했다. 그가 운영하는 소크라틱 아츠는 현재 e-러닝 분야에서 독보적인 위치를 차지하고 있다. 저서로는 『Coloring Outside the Lines』, 『Engines for Education』, 『Making Minds Less Well Educated Than Our Own』 등이 있다.

© Jannecke Nilsen

세바스찬 콘란(Sebastian Conran)
국제적으로 인정받는 제품 디자이너. 울프올린스(Wolff Olins)에서 전문 디자이너로서의 경력을 쌓기 시작했으며, 1986년 직접 디자인 스튜디오를 설립했다. 그는 "디자이너란 미래에 대한 비전, 즉 세상을 총체적이면서도 새로운 관점으로 바라볼 수 있도록 사람들에게 제시하는 것이다. 디자이너는 디자인을 통해 삶의 질을 높일 수 있는 기회를 제공해야 한다."라는 철학을 가지고 있다.

지그문트 그로븐(Sigmund Groven)
노르웨이의 음악 가정에서 태어나 40년 이상 하모니카 솔로 연주가와 작곡가로 활동했다. 1990년 카네기홀에서 미국 데뷔를 치렀고, 2002년 잘츠부르크 모차르테움 오케스트라와 협연한 첫 번째 하모니카 연주자가 되었다. 1997년에는 노르웨이 공연권리협회 회장으로 선출되었으며, 2002년에는 노르웨이 작가·작곡가협회 명예 회원으로 지명됐다.

© Darko Stanimirovic, Belgrade Raw

스르쟈 포포비치(Srdja Popovic)
세르비아 독재자 밀로셰비치를 몰아내는 데 핵심적 역할을 한 비폭력 운동가. 탁월한 리더십과 불의에 굴하지 않는 당당함을 지닌 인물이다. 비폭력 행동과 전략 센터(Centre for Applied Nonviolent Action and Strategies)', 일명 캔버스(CANVAS)의 총감독으로 활동하고 있으며, 공저로는 『Nonviolent struggle』와 『CANVAS core curriculum – comprehensive guide for nonviolent struggle』이 있다. 그의 강의 영상은 TED에서 감상할 수 있다.

© Bruce Heavin

스테판 부커(Stefan Bucher)
'344lovesyou.com'과 'dailymonster.com'의 그래픽 디자이너. 인기 애플리케이션인 몬스터 메이커(Monster Maker)를 제작했다. 팝 아티스트 데이비드 호크니, 영화감독 주드 아패토우와 함께 디자인 작업을 진행했으며, 영화 「더 폴: 오디어스와 환상의 문」, 「신들의 전쟁」의 타이틀 디자인을 맡았다. 저서로는 『Questions-The Creative Person's Do-It-Yourself Guide to Insight, Survival, and Artistic Fulfillment』 등이 있다.

선다레산 자야라만(Sundaresan Jayaraman)
조지아 공과 대학의 섬유 공학과 교수. 그가 이끄는 연구 팀은 세계 최초로 웨어러블 마더보드(일명 스마트 셔츠)를 개발했다. 이러한 공로를 인정받아 그는 1989년 국립과학재단으로부터 젊은 연구자 부문 대통령상을, 조지아 주로부터는 조지아 테크놀로지 연구 리더상을 받은 바 있다. 현재 미국 국립아카데미와 국립원료제조위원회 소속으로 활발한 활동을 펼치고 있다.

© Jolyon Troscianko

수잔 블랙모어(Susan Blackmore)
영국의 심리학자이자 과학 저술가. 학자로서 그녀의 이력은 조금 독특하다. 의식 경계 상태의 심령 현상을 연구한 바 있으며 문화전파학(memetics)과 진화론, 의식과 명상 등에도 관심을 가졌다. 마약 합법화 운동을 펼치며 선불교를 수련하고 밴드 연주도 하고 있다. 저서로는 『The Meme Machine(밈)』, 『Dying to Live』, 『Zen and the Art of Consciousness』 등이 있다.

© Lane Hartwell

타라 헌트(Tara Hunt)
《패스트 컴퍼니》가 선정한 '첨단 기술 분야에서 가장 영향력 있는 여성' 중 한 사람으로 창업 전문가와 강연가로 활동하고 있다. 1990년대 후반 등장한 인터넷 마케팅과 실리콘 밸리의 뉴마케팅에서 두각을 드러냈으며, 소셜 네트워크로 대표되는 참여형 웹을 발전시켰다. 인터넷에서 'MISSLOGUE'라는 아이디로 유명세를 떨치고 있으며, 저서로는 『The Power of Social Networking(우피경제학)』이 있다.

토머스 프레이(Thomas Frey)
미래학의 아버지라 불리는 인물. IBM에서 엔지니어·디자이너로 일하는 동안 번득이는 아이디어를 발표해 다수의 공로상을 받았으며, 지금은 다빈치 연구소 소장으로서 미래 예측과 관련된 다양한 활동을 펼치고 있다. 그는 미래 사회에 주목받을 신기술의 방향을 '환경 위해요소와의 싸움'으로 설명하며, 대체 에너지 기술이 특히 발달할 것으로 예상했다. 대표 저서로는 『Communicating with the Future』가 있다.

© Cheyenne Ellis

티머시 코리건(Timothy Corrigan)
'취향을 빚어내는 마술사'라는 극찬을 받는 건축 인테리어 디자이너. 그에게 디자인을 의뢰하는 고객층은 유럽과 중앙아시아의 왕족, 할리우드 명사, 기업가 등의 재력가들이다. 편안함과 우아함을 추구하는 티머시 코리건의 디자인 철학은 수많은 잡지에서 앞다퉈 소개할 정도로 그 가치를 인정받고 있다. 저서로는 『An Invitation to Chateau du Grand-Lucé』가 있다.

© Jonathan Robert Willis

토드 헨리(Todd Henry)
비즈니스맨들의 창조적 성과를 지원하는 컨설팅 기업 '액시덴탈 크리에이티브(Accidental Creative)'의 창업자이자 최고 경영자. 미국에서 가장 인기 있는 강연자이며 자기계발 칼럼니스트다. 소셜 네트워크 등을 통해 전 세계의 젊은 비즈니스맨들과 활발하게 소통해온 그는 "진정한 성공은 자기 자신을 뛰어넘는 바로 그 순간부터 시작된다!"라고 강조한다. 저서로는 『Accidental Creative(나를 뛰어넘는 법)』과 『Die Empty』가 있다.

빈센트 패터슨(Vincent Paterson)
공연 감독이자 안무가. 그의 경력은 영화, 연극, 브로드웨이 뮤지컬, 콘서트 투어와 오페라, 뮤직 비디오와 TV 광고 등 연예 산업의 모든 장르를 망라한다. 마이클 잭슨 최고의 뮤직비디오 「Bad」와 마돈나의 월드 투어, 여러 유명 가수들의 공연을 연출했으며 영화 「에비타」와 「태양의 서커스」 등을 연출했다. 그가 연출한 「갱스타 러브」는 복싱 클럽을 배경으로 한 연극으로 그에게 로스앤젤레스 드라마로그 감독상을 안겨주었다.

© Chris Rainier

웨이드 데이비스(Wade Davis)
인류학자, 민속식물학자, 민족지학자, 베스트셀러 작가, 사진작가, 영화 제작자 등 분야를 가리지 않고 활동하는 열렬한 모험가. 아마존 강과 안데스 산맥 주위에 거주하는 다양한 원주민 부족들과 3년 이상 생활하며 6,000종 이상의 식물 표본을 수집했다. 아이티에서 좀비의 실체에 대해 조사했으며, 이러한 연구를 바탕으로 쓴 첫 번째 책 『Serpent and the Rainbow(나는 좀비를 만났다)』는 아홉 개 언어로 번역되고 영화로도 제작되었다.

웬디 월시(Wendy Walsh)
인간관계를 주로 다루는 임상심리학자. '러브 구루'라는 이름으로 더 잘 알려져 있으며, 미국 CNN과 호주 9Network에서 성과 사랑, 성 역할과 이혼 등을 상담하며 명성을 쌓았다. 저서로는 『The 30-Day Love Detox』와 『The Wild and Garden Plants of Ireland』 등이 있으며, 현재 「투데이쇼(Today Show)」와 「굿모닝 아메리카(Good Morning America)」 등의 TV 프로그램에 정기적으로 출연해 인간관계에 대한 조언을 제공하고 있다.

© LaNola Kathleen Stone

휘트니 존슨(Whitney Johnnson)
'부티크 투자 회사(Boutique Investment Firm)'의 공동 창립자. 파괴적 혁신을 주도하는 휘트니 존슨은 J&J, 펩시, 모건스탠리 등의 기업에 컨설팅을 제공하며, 대중을 상대로 정적인 강연도 펼치고 있다. 2013년 미래 사상가 상(Future Thinker Award)의 최고상 후보에 올랐으며, 저서로는 『Dare, Dream, Do』가 있다.

윌리엄 데이먼(William Damon)
스탠퍼드 대학 교육학 교수이자 스탠퍼드 청소년센터장. 국내외 정치·경제 문제를 심도 있게 분석하는 공공정책 전문 연구 기관 후버 연구소에서 선임 연구원으로 활동하고 있다. 현재 첫걸음을 내딛는 데 실패한 청소년들의 사례를 분석하고 연구함으로써 윤리적이고 효과적인 교육 방법을 개발하는 데 총력을 기울이고 있다. 저서로는 『The Moral Child』, 『The Path to Purpose(무엇을 위해 살 것인가)』 등이 있다.

율리아 브로드스카야(Yulia Brodskaya)
페이퍼 아티스트. 종이와 풀, 단 두 가지 재료를 사용해 조형물을 창작하며, 종이를 나누는 소박한 기법으로 풍부하고 역동적인 3차원 종이 예술을 이끌어낸다. 에르메스와 스타벅스, 고디바 등이 그녀의 작품을 소장하거나 전시하고 있다. 그녀는 자신의 작품 세계에 대해 이렇게 설명한다. "전 언제나 종이에 특별한 매력을 느꼈어요. 다양한 방법을 시도한 끝에 결국 '저만의' 기법을 찾아냈죠. 제 작품은 종이 위가 아니라 종이가 말아져서 펼쳐지는 세계입니다."

옮긴이 오수원

서강대학교 영어영문학과를 졸업하고, 같은 대학원에서 페미니즘 관련 논문으로 석사학위를 받았다. 대학원에 있는 동안 인문학 역서 작업에 참여했으며, 지금은 파주에서 전문 번역가로 활동하고 있다. 역사, 정치, 경제, 소설, 예술을 비롯한 인문학에 관심이 많다. 『리틀 비』, 『행복을 내일로 미루는 바보』, 『위대한 몽상가』, 『현대 과학. 종교 논쟁』, 『결심의 기술』, 『도시 해킹』, 『우리는 이렇게 나이 들어간다』 등을 우리말로 옮겼다.

세계 석학들의 인생을 송두리째 바꾼 결정적 순간

준비된 우연

초판 1쇄 인쇄 2015년 3월 25일
초판 5쇄 발행 2022년 1월 28일

지은이 필립 코틀러, 마셜 골드스미스, 크리스 뱅글 외 75명
기획·엮음 허병민
옮긴이 오수원
펴낸이 김선식

경영총괄 김은영
콘텐츠개발4팀장 김대한 **콘텐츠개발4팀** 황정민, 임소연, 박혜원, 옥다애
마케팅본부장 권장규 **마케팅4팀** 박태준
미디어홍보본부장 정명찬 **홍보팀** 안지혜, 김민정, 이소영, 김은지, 박재연, 오수미, 이예주
뉴미디어팀 허지호, 임유나, 송희진, 홍수경, 박지수
저작권팀 한승빈, 김재원 **편집관리팀** 조세현, 백설희
경영관리본부 하미선, 박상민, 윤이경, 이소희, 이우철, 김혜진, 김재경, 최완규, 이지우, 안혜선, 오지영, 김소영

펴낸곳 다산북스 **출판등록** 2005년 12월 23일 제313-2005-00277호
주소 경기도 파주시 회동길 490 다산북스 파주사옥 3층
전화 02-702-1724 **팩스** 02-703-2219 **이메일** dasanbooks@dasanbooks.com
홈페이지 www.dasanbooks.com **블로그** blog.naver.com/dasan_books
종이 한솔피엔에스 **출력·제본** 갑우문화사 **후가공** 이지앤비 **특허** 제10-1081185호

ⓒ 2015, 허병민

ISBN 979-11-306-0493-0 (13320)

· 책값은 뒤표지에 있습니다.
· 파본은 구입하신 서점에서 교환해드립니다.
· 이 책은 저작권법에 의하여 보호를 받는 저작물이므로 무단 전재와 복제를 금합니다.

다산북스(DASANBOOKS)는 독자 여러분의 책에 관한 아이디어와 원고 투고를 기쁜 마음으로 기다리고 있습니다. 책 출간을 원하는 아이디어가 있으신 분은 다산북스 홈페이지 '원고투고'란으로 간단한 개요와 취지, 연락처 등을 보내주세요. 머뭇거리지 말고 문을 두드리세요.